Le Recadrage

Richard Bandler
John Grinder

Le Recadrage

Transformer la perception de la réalité avec la PNL

Mis en forme par Steve Andreas et Connirae Andreas
Traduit de l'américain par François Olivier

INTERÉDITIONS

L'édition originale de cet ouvrage a été publiée aux états-Unis par Real People Press sous le titre *ReFraming – Neuro-Linguistic Programming and the Transformation on Meaning.*

Maquette de couverture : Hokus Pokus créations
Illustrations de couverture : © Fotolia

InterEditions est une marque de
Dunod Éditeur, 11 rue Paul Bert, 92240 Malakoff
ISBN 978-2-7296-1842-1

Table des matières

Préface

Une ancienne légende taoïste chinoise raconte l'histoire d'un fermier qui vivait dans un pauvre village reculé. Les gens le trouvaient fortuné car il possédait un cheval qu'il utilisait pour les labours et le transport. Un jour, son cheval s'est enfui. Tous les voisins ont déploré le désastre que cela représentait, mais le fermier s'est contenté de dire : « Peut-être. »

Quelques jours plus tard, le cheval est revenu, ramenant avec lui deux chevaux sauvages. Les voisins se sont réjouis de cette bonne fortune, mais le fermier s'est encore contenté de dire : « Peut-être. »

Le lendemain, le fils du fermier a essayé de monter sur l'un des chevaux sauvages ; celui-ci l'a projeté au sol et lui a cassé la jambe. Les voisins ont tous exprimé leurs condoléances face à ce mauvais sort, mais le fermier s'est à nouveau contenté de dire : « Peut-être. »

La semaine suivante, des soldats sont venus enrôler de force les jeunes du village. Ils ont rejeté le fils du fermier à cause de sa jambe cassée. Quand les voisins lui ont dit quelle chance il avait, le fermier s'est contenté de dire : « Peut-être. » ...

La signification d'un événement dépend du « cadre » dans lequel nous le percevons. Lorsque nous changeons le cadre, nous changeons la signification. C'est une bonne chose d'avoir deux chevaux sauvages, ça l'est moins au vu du fils à la jambe cassée. La jambe cassée semble être une mauvaise chose dans le contexte d'un village paisible, mais elle devient positive dans le contexte de la conscription et de la guerre.

C'est ce qu'on appelle le recadrage : changer le cadre dans lequel une personne perçoit des événements pour en changer la signification. Quand la signification change, les réactions et comportements de la personne changent aussi.

Le recadrage n'est pas nouveau. De nombreuses fables et contes de fées incluent des comportements ou des événements qui changent de sens quand le cadre change. L'oisillon semble être un vilain petit canard mais s'avère être un cygne — plus beau que les canards auxquels il se comparait.

Le recadrage apparaît dans pratiquement toutes les blagues. Ce qui semble être une chose change et se transforme en une autre.

1) « Qu'est-ce qui est vert et qui a des roues ? »

2) « Qu'est-ce que Merlin l'Enchanteur et Winnie l'Ourson ont en commun ? »[1]

Le recadrage est aussi l'élément pivot du processus créatif : c'est la capacité de mettre un événement banal dans un nouveau cadre utile et agréable. Un ami du physicien Donald Glaser lui a montré un verre de bière et lui a dit en blaguant : « Pourquoi est-ce que tu n'utilises pas *ça* pour attraper tes particules subatomiques ? » Glaser a regardé les bulles qui se formaient dans la bière et est retourné à son laboratoire inventer la « chambre à bulles » pour détecter la trajectoire des particules dans des expériences sur les particules à haute énergie. Dans *Le Cri d'Archimède*, Arthur Koestler appelle ce processus la « bissociation » : la capacité d'associer simultanément un événement dans deux contextes très éloignés et distincts.

Dans la théorie générale de la communication, un axiome de base dit qu'un signal n'a de sens qu'en fonction du cadre ou contexte dans lequel il apparaît. Le couinement d'une chaussure sur un trottoir encombré a peu de signification ; le même couinement sous votre fenêtre quand vous êtes seul dans votre lit en a une toute autre. Une lumière dans le beffroi d'une église n'est rien d'autre que cela ; mais pour Paul Revere[2], cela signifiait l'arrivée des Anglais : « Une lumière si c'est par la terre, deux si c'est par la mer. » La lumière n'a de sens que par rapport aux instructions préalables qui ont établi un cadre — un contexte interne qui crée une signification.

Le recadrage apparaît également beaucoup dans le contexte thérapeutique. Quand un thérapeute s'arrange pour qu'un client « voie les choses différemment », « se place à un autre point de vue » ou « prenne en compte d'autres facteurs », ce sont des tentatives de recadrer les événements pour que le client réagisse différemment.

La conceptualisation explicite du recadrage a été employée par

---

[1] Réponses en fin de préface.

[2] Héros de la guerre de l'Indépendance des États-Unis.

des thérapeutes qui comprennent que le « comportement problématique » n'a de sens que s'il est perçu dans le contexte où il se produit. Il y a parmi eux des thérapeutes tournés vers la famille ou les systèmes, notamment Paul Watzlawick, Jay Haley et Salvador Minuchin. Ces thérapeutes utilisent généralement ce qui est décrit dans le premier chapitre de ce livre sous le nom de « recadrage de contenu ». Ils ont développé des interventions de recadrage spécifiques telles que « prescrire le symptôme » et « l'injonction paradoxale » qui recadrent efficacement le comportement pour le changer. Ils utilisent également des techniques d'intervention directes pour changer le contexte physique même dans lequel le comportement se produit.

Virginia Satir utilise beaucoup de recadrage dans son travail, depuis la simple redéfinition jusqu'à un recadrage plus élaboré à travers son psychodrame dans sa « fête des parties » et ses « reconstructions de famille ».

Carl Whitaker recadre les familles avec lesquelles il travaille à travers tout ce qu'il dit. Les symptômes sont recadrés en réussites ou capacités, la « lucidité » devient la folie et la « folie » devient la lucidité.

Une méthode de recadrage plus élaborée et « polyvalente », appelée « recadrage en six points », a été développée par Richard Bandler et John Grinder. Vous pouvez trouver une excellente présentation et description du recadrage en six points (ainsi que d'autres outils de base de la PNL) dans le troisième chapitre de leur livre *Les Secrets de la communication* (1982). Le présent ouvrage présuppose que vous vous êtes déjà familiarisé avec ce modèle ; une grande partie de ce que vous lirez ici n'aura tout son sens que si vous connaissez et avez déjà pratiqué ce genre de recadrage.

En guise de nouveautés, ce livre propose une description explicite de la structure de base du recadrage et une présentation d'autres modèles de recadrage. Ce livre présente, étape par étape, des techniques précises pour appliquer ces modèles ainsi que des méthodes pour déterminer quel modèle est le plus approprié pour résoudre un problème précis.

Ceci est un livre de recadrage « avancé ». Les trois premiers chapitres présentent des variations distinctes de modèles de recadrage utiles dans certains contextes et dans la résolution de types de problème précis. Puis viennent des chapitres sur la flexibilité dans l'utilisation du recadrage en six points (chapitre 4), sur le recadrage avec les couples, les familles et d'autres grands systèmes tels que l'environnement professionnel (chapitre 5), et sur le recadrage avec les alcooliques et d'autres exemples d'états dissociés (chapitre 6).

Le recadrage est un outil de communication très puissant. Cet ouvrage le sort du domaine empirique et le transforme en un ensemble d'interventions prévisibles et systématiques pour effectuer des changements comportementaux.

Ce livre a été édité à partir de la transcription d'un ensemble de séminaires et d'ateliers différents animés par Richard Bandler et John Grinder ; il est présenté ici sous la forme d'un atelier de trois jours. Nous ne faisons pas de distinction entre Richard et John quand ils parlent, et nous avons changé le nom des participants.

Quand vous lisez ce livre, souvenez-vous que Richard Bandler et John Grinder *font* en général ce qu'ils disent. Le lecteur averti trouvera dans ce texte beaucoup plus d'informations qu'il n'y peut paraître au premier abord.

Connirae Andreas
Steve Andreas

Réponses :

1) « L'herbe... J'ai menti pour les roues ! »

2) « Ils ont le même deuxième prénom. »

Chapitre 1

Le recadrage de contenu : changer le sens ou le contexte

Vous avez tous appris le modèle de recadrage en six points : vous établissez la communication avec une partie, vous trouvez son intention positive puis créez trois autres comportements afin de la satisfaire[1]. C'est un excellent modèle passe-partout qui marchera dans de nombreuses circonstances. Il inclue un pont vers le futur et une vérification de l'écologie de sorte que vous ne pouvez guère vous tromper si vous suivez le protocole avec congruence et vos sens en éveil.

Cependant, ce n'est *qu'un* modèle de recadrage. Il en existe d'autres que nous n'enseignons généralement pas dans nos ateliers, principalement par faute de temps. L'un d'eux, le « recadrage de contenu », est le plus employé dans un contexte thérapeutique. Nous l'appelons le recadrage de contenu car, à l'inverse du recadrage en six points, il faut connaître précisément le contenu pour effectuer le recadrage.

Exemples de recadrage de contenu

Il y a deux types de recadrage de contenu et je vais vous en donner un exemple de chaque. Voici un de mes préférés : un jour, dans un atelier, Leslie Cameron-Bandler travaillait avec une femme au comportement compulsif — une maniaque de la propreté : elle époussetait même les ampoules électriques ! Le reste de sa famille avait trouvé un mode de fonctionnement raisonnable pour vivre dans ces conditions, excepté pour une chose : le tapis. Elle passait beaucoup de temps à veiller à ce que les gens ne marchent pas sur son tapis, non par crainte de la boue ou de la poussière, mais pour

---

[1] Voir le chapitre 4.

éviter qu'ils ne laissent des empreintes !

Quand j'étais jeune, j'avais dans ma famille des gens qui, quand ils achetaient un tapis, mettaient de grandes feuilles en plastique par dessus ; les visiteurs n'avaient pas le droit de marcher à côté du plastique. C'étaient les mêmes qui, quand ils achetaient un piano, le fermaient à clé pour que personne ne puisse en jouer, parce qu'ils ne voulaient pas avoir à nettoyer les touches. Ils auraient dû vivre dans une photo. Ils auraient pu se tenir devant la maison, prendre une photo, mourir et mettre la photo à l'emplacement de la maison. Cela aurait été beaucoup plus simple.

Quand cette femme-là baissait les yeux sur son tapis et voyait une trace de pas, elle avait une réaction kinesthésique intense au niveau de ses intestins. Elle se précipitait pour chercher l'aspirateur et nettoyait le tapis sur le champ. C'était une maîtresse de maison professionnelle. Elle passait l'aspirateur sur le tapis trois à sept fois par jour. Elle passait énormément de temps à faire entrer les gens par la porte de derrière et à les harceler s'ils n'en faisaient rien, ou les obligeait à enlever leurs chaussures et marcher légèrement. Avez-vous déjà essayé de marcher sans mettre de poids sur vos pieds ? La seule personne que je connaisse qui y arrive, c'est celle qui, dans le générique de l'émission *Kung Fu* où ils déroulent un tapis en papier de riz, marche dessus sans laisser une seule trace. Le jour où vous saurez faire cela, vous pourrez épouser la dame en question et habiter chez elle.

Dans sa famille, il n'y avait pas de délinquants ni de drogués manifeste, mais trois enfants qui encourageaient tous Leslie. La famille s'entendait bien s'ils n'étaient pas dans la maison. S'ils sortaient dîner, ils n'avaient aucun problème. S'ils partaient en vacances, ils n'avaient aucun problème. Mais tous parlaient d'elle comme d'une harpie à la maison parce qu'elle les harcelait pour un rien, surtout à propos du tapis.

Leslie a fait la chose suivante, elle a dit à cette femme : « Je veux que vous fermiez les yeux et que vous voyiez votre tapis. Il n'y a aucune trace de pas dessus. Il est propre et bien brossé — il n'y a aucune marque nulle part. » Cette femme a fermé les yeux, elle était au septième ciel, avec un large sourire. Puis Leslie a ajouté : « *Et vous vous rendez parfaitement compte que cela signifie que vous êtes complètement seule et que les personnes que vous aimez et chérissez ne sont pas là.* » L'expression de la femme s'est radicalement transformée et elle s'est sentie mal ! Puis Leslie lui a dit : « Maintenant, mettez quelques traces de pas, regardez-les et sachez que les gens que vous chérissez le plus au monde sont à proximité. » Et, bien sûr, elle s'est à nouveau sentie bien.

Si vous voulez, vous pouvez appeler cette intervention un « échange de sentiments ». Vous pouvez dire que c'est un changement de stratégie. Vous pouvez dire qu'il s'agit d'un ancrage. Vous pouvez lui donner beaucoup de noms, mais il est plus utile d'y penser comme un recadrage. Dans ce type de recadrage précis, le stimulus extérieur ne change pas dans la réalité, mais sa *signification* change. Vous pouvez utiliser ce genre de recadrage chaque fois que vous décidez que le stimulus d'un comportement problématique n'a pas vraiment besoin de changer — il n'y a rien de fondamentalement mal.

L'autre possibilité, bien sûr, aurait été d'attaquer le reste de la famille et de les faire rentrer dans le rang pour qu'ils ne laissent plus de traces. La mère de cette femme avait déjà essayé ; cela n'avait pas très bien marché.

Si les gens ont une expérience sensorielle qu'ils n'aiment pas, c'est qu'en fait ils n'aiment pas leur *réaction*. Une manière de changer la réaction est de comprendre qu'elle ne repose pas sur ce qui se passe dans le domaine de l'expérience sensorielle. Si vous changez ce que *signifie* l'expérience pour eux, leur réaction va changer.

Que savons-nous de cette femme qui garde tout si propre ? Qu'elle a une stratégie qui lui permet de décider quand il est temps de se sentir mal. Elle ne se sent pas mal en vacances ni au restaurant. Je suis prêt à parier qu'elle ne se sent pas mal quand elle entre dans la maison de *quelqu'un d'autre* et que c'est en désordre, parce que sa réaction est liée à la propriété. Sa maison est *son* territoire ; elle se sent mal uniquement dans certaines limites. Peut-être que la cour ou le garage ne font pas partie de son territoire. Certaines personnes ont des maisons impeccables mais ne considèrent pas que les chambres de leurs enfants fassent partie de la maison, donc le fait qu'elles puissent être mal entretenues ne les dérange pas.

Évidemment, certains individus utilisent des stratégies de motivation négatives. Ils entrent dans la cuisine et voient de la vaisselle sale partout ; ils font : « Beurk ! » Pour que la mauvaise sensation s'en aille, ils doivent faire la vaisselle. Quand c'est fini, ils font : « Ahhhh ! » Quand ils entrent dans une chambre d'hôtel propre, ils ne font pas « Ahhhh ! » parce que ce n'est pas *à eux*. Donc il y a une sorte de stratégie à l'œuvre.

Une façon d'aider cette famille serait de modifier la stratégie de cette femme, stratégie qui présente par ailleurs d'autres aspects désagréables. Mais pour résoudre le problème présent et obtenir un gain thérapeutique très limité, il suffit qu'elle se sente bien à propos d'une chose : le tapis. Ce n'est pas un changement profond mais c'est quelque chose que vous devez savoir faire. C'est *particulièrement* vrai pour ceux d'entre vous qui fréquentez le monde des affaires parce que le recadrage de contenu est l'essence de la vente.

Certaines personnes appellent ça la « redéfinition » ou le « réétiquetage ». Quel que soit le nom que vous lui donnez, vous attachez une nouvelle réponse à une expérience sensorielle. Vous conservez le même contenu et y collez un nouveau sens — le même *genre* de sens que la personne y a déjà mis. La « mère propreté » estime que, lorsqu'elle perçoit des empreintes sur son tapis, cela signifie quelque chose de suffisamment important pour qu'elle se sente mal. Si vous pouvez redéfinir les empreintes afin qu'elles soient suffisamment importantes pour se sentir bien, alors sa réaction va changer.

Pour obtenir un changement, il est essentiel de donner des signaux analogiques non-verbaux congruents afin de soutenir ce que vous dites lorsque vous effectuez le recadrage : une expression du visage et un ton de voix sérieux.

Si vous voulez en savoir plus sur le recadrage de contenu, il vous faut étudier Virginia Satir. Elle est passée maître dans cet art. Le recadrage de contenu est une de ses principales manœuvres de recadrage pour ancrer une nouvelle réponse au sein d'une famille. Voici ce que je l'ai vu faire. Je lui ai presque fait rater son coup car j'ai éclaté de rire quand elle l'a fait. Ce n'est pas approprié dans un contexte de thérapie familiale, alors j'ai commencé à tousser. C'est une bonne couverture : quand vous commencez à rire, vous pouvez le transformer tout de suite en toux et personne ne remarquera quoi que ce soit.

Virginia travaillait avec une famille. Le père était un banquier véritablement coincé. Il devait avoir un diplôme. Ce n'était pas un mauvais bougre ; il avait d'excellentes intentions. Il prenait bien soin de sa famille et était suffisamment préoccupé pour aller en thérapie. Mais il était fondamentalement coincé. Selon Virginia, sa femme était d'une complaisance extrême, toujours d'accord avec tout et n'importe quoi et s'excusant pour tout... Lorsque vous dites : « Quelle journée *splendide* ! » le complaisant va dire : « Oui, je suis désolé ! » La fille était une combinaison intéressante de ses parents. Pour elle, son père avait le rôle du méchant et sa mère celui du gentil, donc elle se rangeait toujours à ses côtés. Cependant, elle *agissait* comme son père.

Pendant les séances, le père se plaignait régulièrement que sa femme n'avait pas bien élevé sa fille parce que celle-ci était vraiment têtue. Une fois, Virginia l'a interrompu, elle s'est tournée vers lui, l'a regardé et lui a dit : « Vous êtes un homme qui a fait son chemin dans la vie. C'est bien vrai ?

— Oui.

— Tout ce que vous possédez, est-ce qu'on vous l'a donné ? Est-ce que votre père dirigeait la banque et vous a dit : 'Tiens, tu es président de la banque' ?

— Non, non. J'ai gravi les échelons.

— Donc, vous avez une certaine persévérance, n'est-ce pas ?

— Oui.

— Eh bien, il y a une partie de vous qui vous a permis de vous retrouver où vous êtes et d'être un bon banquier. Et vous devez parfois refuser de donner à quelqu'un quelque chose que vous pourriez lui donner parce que vous savez que, si vous le faites, il se passera quelque chose de mal par la suite.

— Oui.

— Oui, il y a une partie de vous qui est suffisamment têtue pour vraiment vous protéger quand c'est important.

— Eh bien, oui. Mais, vous savez, on ne peut pas laisser ce genre de choses prendre des proportions indues.

— Alors je veux que vous regardiez votre fille et que vous vous rendiez compte que, sans l'ombre d'un doute, vous lui avez appris à être têtue et à se défendre, et que c'est un cadeau inestimable. Vous lui avez fait cadeau de quelque chose qui ne peut être acheté, et c'est quelque chose qui lui sauvera peut-être la vie. Imaginez l'importance que cela aura quand votre fille aura un rendez-vous avec un homme qui a de mauvaises intentions. »

La distinction entre les deux types de recadrage

Je ne sais pas si vous arrivez déjà à percevoir une mécanique dans tout ça. *Chaque expérience vécue dans le monde et chaque comportement est approprié, dans certains contextes, dans certains cadres.*

Il y a deux sortes de recadrage de contenu. Je vous ai donné un exemple de chaque. Pouvez-vous me dire la différence entre les deux ? Pouvez-vous entendre la différence essentielle entre les deux exemples que je viens de vous donner ?

HOMME : L'un a changé le contexte, l'autre a changé le sens.

Oui. Exactement. Dans le dernier exemple, Virginia a changé le contexte. Dans le contexte de la famille, c'est mal vu d'être têtu. Cela devient bon dans le contexte de la banque ou quand un homme essaye de profiter de la fille lors d'une soirée.

JEAN : Donc, en fait, vous changez le contexte que le père utilise pour évaluer le comportement de la fille.

Parfaitement. Il ne percevra plus son comportement comme un combat contre lui, mais comme une victoire personnelle : il lui a appris à se défendre des hommes aux mauvaises intentions.

JEAN : Donc vous changez le contexte dans l'imaginaire et vous obtenez une réaction différente « là-bas », puis vous ramenez cette réaction dans le contexte présent. Vous le faites réagir à quelque chose qui n'est pas en train de se produire.

Il réagit déjà par rapport à « quelque chose qui n'est pas en train de se produire ». Vous vous arrangez pour qu'il réagisse à un quelque chose qui n'est pas en train de se produire *de différent*. La plupart des comportements qui vous étonnent chez vos clients démontrent que la majeure partie de leur contexte est interne, et que vous n'y accédez pas encore. Quand un homme dit à sa femme : « Je t'aime » et qu'elle répond : « Enfant de salaud ! », c'est un assez bon indicateur qu'elle opère à partir d'un contexte interne unique. Si vous explorez un peu, vous allez peut-être découvrir que, la dernière fois qu'un homme lui a dit ça, il est parti pour ne jamais revenir. Une grande partie de votre capacité a établir et à maintenir le rapport avec vos clients réside dans votre capacité de comprendre que ce qui vous paraît vraiment bizarre et inapproprié indique seulement que vous n'arrivez pas à évaluer correctement le contexte qui est à l'origine de ce comportement.

Plutôt que d'imposer un nouveau contexte, vous pouvez

utiliser les propres ressources du client pour trouver un nouveau contexte. Votre client vous dit : « Je veux arrêter de faire X. » Vous lui demandez : « Y a-t-il un endroit où il est approprié de faire X ? » S'il répond : « Oui, il existe quelques endroits, mais ailleurs, c'est désastreux de faire X », alors vous savez où ce comportement se trouve à sa place. Vous contextualisez ce comportement et substituez de nouveaux comportements dans le contexte où X était un désastre.

Si le client vous dit : « Non, ce n'est approprié nulle part », vous pouvez l'aider à trouver des contextes appropriés en lui donnant des instructions spécifiques dans un système de représentation. « Observez-vous et écoutez-vous en train d'avoir ce comportement... Alors, où est-ce que cela s'est produit ?

— Oh, ça s'est passé à l'église. Je me suis levé et j'ai crié 'Nom de Dieu !' et ils sont accourus et m'ont jeté dehors.

— Bon. Vous savez que lorsque vous avez crié 'Nom de Dieu !' quand vous étiez au milieu d'un groupe de gens à l'église, ça a mal tourné pour vous, et vous ne voulez pas que cela se reproduise. Trouvons un endroit où il serait utile d'avoir ce comportement. Vous vous voyez et vous vous entendez le dire à l'église. Je veux maintenant que vous changiez le décor — les bancs, l'autel et l'intérieur de l'église. Je veux que vous mettiez de nouveaux décors jusqu'à ce que vous en trouviez un dans lequel, si vous vous levez et dites 'Nom de Dieu !', chaque partie de vous est d'accord pour dire qu'il s'agit d'une réponse appropriée et, en regardant les visages des personnes qui vous entourent, que les autres aussi trouvent cela approprié. Dès que vous trouvez un tel contexte, entrez en vous-même et demandez à la partie de vous qui vous fait vous lever et dire 'Nom de Dieu !' si elle serait d'accord d'être votre ressource principale *juste* dans ce contexte. »

C'est un accompagnement visuel, bien sûr. Vous devez adapter la recherche du nouveau contexte au processus interne réel de la personne en termes de système de représentation. Pour certaines personnes, il serait plus approprié de faire des recherches auditives ou kinesthésiques.

Voici un autre moyen d'aborder cela plus formellement et généralement : identifier un comportement que vous voulez changer. Je veux que chacun d'entre vous choisisse un comportement en soi qu'il n'apprécie pas. Ce n'est pas la peine de le dire à voix haute ; choisissez simplement...

Alors, plutôt que de contacter directement la partie qui génère le comportement, entrez en vous-même et demandez si une partie, *n'importe laquelle*, peut trouver un contexte, *n'importe lequel*, dans lequel vous *voulez* être capable de générer exactement ce comportement...

Maintenant, demandez à la partie de vous qui vous fait adopter ce comportement si elle serait prête à être la partie de vous la plus importante dans ce contexte et de générer parfaitement et avec congruence ce comportement *uniquement* dans ce contexte...

Ce sont des variations sur le thème du recadrage de contexte. Tous les modèles de recadrage que nous utilisons sont fondés sur une sorte de recadrage de contenu. Dans l'exemple de la fille têtue, nous avons conservé la signification du comportement et l'avons mis dans un nouveau contexte.

Et qu'avons-nous fait dans l'exemple de la femme avec son tapis ? ... Nous avons conservé le contexte et changé la *signification* du comportement dans ce même contexte. Tout est resté identique sauf *l'implication* du comportement.

Prenons un autre exemple. Imaginons qu'une personne a une partie avide et croit que c'est mal d'avoir une partie avide. Une façon de changer cela est delui faire trouver un contexte ou une situation où il est très important d'être avide — peut-être après une guerre atomique, ou alors être avide de savoir. On peut toujours trouver un changement de contexte qui change la signification du comportement.

Une autre possibilité consiste à découvrir le comportement qu'elle génère et qu'elle appelle « être avide », et à donner un nouveau nom avec une nouvelle signification au comportement lui-même. « L'avidité » a des connotations négatives, mais si vous donnez au comportement une nouvelle étiquette avec des connotations positives, comme par exemple « être capable de satisfaire vos besoins », vous pouvez changer la signification du comportement.

Une « fête des parties » de Virginia Satir n'est rien d'autre qu'un moyen de faire cela de tas de façons différentes. Si vous avez une partie retorse et malicieuse, elle change de nom et devient « votre capacité à être constructif de façon créative » ou quelque chose du genre. Peu importe le nom que vous trouvez tant qu'il a des connotations positives. Vous dites : « Regardez, chaque partie de vous est une partie précieuse qui fait des choses positives pour vous. Si vous organisez vos parties pour qu'elles agissent en coopérant, de façon à faire ressortir ce qu'elles essayent de faire pour vous, alors elles fonctionneront mieux. »

Prenons le cas de la fille têtue : dans le vécu du père, « être têtu » se transforme depuis quelque chose qui va contre lui en quelque chose avec lequel il se sent bien quand il le voit, car il sait que sa fille aura besoin de ce comportement pour survivre dans ce monde. Cela change sa réponse interne.

Dans l'autre exemple, quand la mère regardait les empreintes sur son tapis, elle les prenait comme un commentaire disant qu'elle n'était pas une bonne maîtresse de maison — qu'elle n'avait pas fait tout ce qu'elle devait faire. Si vous changez la signification des empreintes en : « Vous êtes avec des gens que vous aimez », alors son vécu change. *Ce changement dans le vécu est vraiment la seule pièce essentielle de tout modèle de recadrage.* C'est ça, le recadrage.

HOMME : Quand vous changez la signification, est-ce que vous n'êtes pas en train de mettre en place une équivalence complexe ?

Oui. En fait, on ne met pas en place une équivalence complexe, on en modifie une déjà présente. On fait un troc. Cette femme a déjà une équivalence complexe. Elle dit : « Empreinte sur le tapis signifie mauvaise maîtresse de maison, donc je me sens mal. » Vous dites : « Puisque vous êtes si calée en équivalences complexes, essayez celle-ci, elle est beaucoup plus plaisante : empreinte sur le tapis signifie les gens que vous aimez sont à proximité, donc vous vous sentez bien. »

Pour que le recadrage fonctionne, il est parfois bon de commencer par le cas contraire. Leslie aurait pu regarder cette femme et lui dire : « Non, non, non. Vous vous trompez. Quand vous voyez les empreintes, cela veut dire que les gens que vous aimez sont là. » Ça n'aurait pas eu d'impact, ça n'aurait pas changé son vécu intérieur ni sa réponse. Donc l'ordre dans lequel vous dites les choses et votre façon de parler sont *très* importants.

« Vous voyez le tapis et il est *impeccable* ! Vous l'avez nettoyé *parfaitement*. Il est bien gonflé, vous voyez chaque fibre. » C'est de la synchronisation : elle répond à l'équivalence complexe. Puis vous dirigez : « Et, soudain, vous vous rendez compte que cela signifie que vous êtes *toute seule*. » C'est une chose à laquelle elle n'avait pas pensé auparavant. Si vous y réfléchissez, cela n'est pas forcément vrai. Peut-être que toute la famille se trouve dans la pièce à côté.

Mais ça *sonne* tellement vrai dans ce contexte que vous pouvez l'utiliser pour influer sur un comportement. Puis vous revenez : « Mettez quelques empreintes maintenant, et rendez-vous compte que ceux que vous aimez sont proches. »

Quand utiliser quel recadrage

Quel genre de recadrage est le plus approprié si quelqu'un vous dit : « Je ne sais pas prendre de notes. Je suis si stupide » ? Les deux vont marcher, mais lequel est le plus direct ? Si, comme dans cet exemple, vous entendez une équivalence complexe, cela vous parle de signification. Si je dis que je n'aime pas quelque chose, surtout chez les autres, cela est typiquement lié au sens. Si je dis : « Bertrand n'a jamais été intéressé par mes groupes ; il est assis au fond dans un coin », c'est une déclaration sur la *signification* d'un comportement.

Si vous dites « Ça m'ennuie quand X se produit », quel genre de recadrage est le plus approprié ? ... Le recadrage de sens. Quel type de phrases va vous indiquer que le recadrage de contexte est le plus approprié ?

FEMME : « Je në suis pas heureuse quand je me trouve dans cette pièce. »

Quel genre de recadrage sera le plus direct dans ce cas, contexte ou sens ? Elle dit en substance : « Je n'aime pas ce que cela veut dire », donc c'est encore la signification.

Que se passe-t-il si je dis « Je suis trop tyrannique » ? ... Cela indique un contexte. Trop tyrannique pour *quoi* ? ... ou pour *qui* ?

Alors, quelle est la différence entre les deux ? Chaque forme est une sorte de généralisation. Savez-vous faire la différence entre ces deux genres de généralisation ? Si vous arrivez à identifier la forme, cela vous dira quel genre de recadrage aura une utilisation plus *immédiate*.

Aucun comportement par lui-même n'est approprié ou inapproprié. Chaque comportement sera utile quelque part ; identifier le *où*, c'est du recadrage de contexte. Et aucun comportement par lui-même n'a de sens, donc vous *pouvez* lui faire signifier n'importe quoi : c'est le recadrage de sens. La façon dont vous le faites est fonction de votre capacité à décrire *dans quelle mesure* une chose a telle ou telle signification, ce qui n'est que l'expression de votre créativité et de votre capacité d'expression.

Amusons-nous un peu avec ça. Exprimez quelques doléances et je vais les recadrer.

FEMME : Il n'y a plus de café le soir et je n'aime pas ça.

Est-ce que vous dormez bien, ces temps-ci ?

HOMME : Il y a trop de sessions programmées en même temps. Je décide de participer à un atelier, puis je veux participer à un autre. Je ne peux pas changer de session au milieu de l'après-midi parce que l'autre est déjà trop avancée.

Oui, je comprends, je sais ce que vous ressentez. Et une des bonnes choses dans ce genre d'organisation est que cela vous donne un entraînement supplémentaire dans le processus de prise de décision.

FEMME : Là, je ne vois pas le recadrage.

J'ai placé sa remarque dans un cadre où elle a une fonction autre que celle qu'il avait perçue consciemment : cela lui donne un entraînement en prise de décision.

HOMME : Ma femme met un temps fou pour prendre des décisions. Elle doit regarder chaque robe dans le magasin et toutes les comparer avant d'en choisir une.

Donc elle fait très attention quand elle prend une décision. N'est-ce pas un compliment merveilleux qu'elle vous ait choisi vous, parmi tous les hommes de la terre !

HOMME : Je ne veux pas dire à ma femme ce que je veux sexuellement parce que ça la forcerait à se limiter.

Mais vous *êtes* prêt à limiter sa capacité de vous plaire lorsqu'elle le désire en ne lui disant pas ce que vous aimez ?

FEMME : Mes enfants hurlent et courent trop dans tous les sens.

Lorsqu'ils jouent à l'extérieur ou qu'ils participent à une rencontre sportive, cela doit vous donner un sentiment de fierté de voir combien vos enfants sont restés naturels et à quel point vous et votre mari avez préservé leur exubérance naturelle.

Maintenant, je vais me plaindre et vous allez me recadrer. « Je me sens mal parce que mon patron me critique tout le temps. »

HOMME : Il doit vraiment prêter attention au travail que vous faites et vous apprécier suffisamment pour vouloir vous aider à vous améliorer.

Oui. Bien. « Je suis trop décontracté. »

FEMME : Je pense à certains de mes amis qui ont des crises cardiaques parce qu'ils réagissent trop quand quelqu'un leur demande de faire quelque chose qu'ils n'ont pas envie de faire.

Exercice

Je veux que vous vous entraîniez au recadrage de sens et de contexte pendant vingt minutes. Mettez-vous par groupes de trois. L'un d'entre vous sera client, un autre programmeur et le dernier observateur. Échangez les rôles régulièrement.

Le rôle du client est de venir avec une doléance. Vous pouvez jouer le rôle d'un de vos véritables clients et énoncer une plainte importante que vous entendez fréquemment dans votre cabinet. Ou vous pouvez prétendre jouer le rôle d'un client mais émettre une plainte en rapport avec votre propre évolution personnelle. Je vous demande d'énoncer votre plainte d'une certaine façon pour faciliter la vie de votre partenaire. La forme de la plainte indiquera à l'autre quel genre de recadrage est le plus approprié.

1) Présentez votre plainte sous la forme d'une équivalence complexe qui lie une réponse à une classe d'événements : « Je ressens X quand il se passe Y » ou

2) Présentez la plainte comme une généralisation du comparatif sur vous ou sur quelqu'un d'autre, après avoir enlevé le contexte : « Je suis trop Z » ou « Il est trop Q ».

Le rôle du programmeur est de trouver une façon de recadrer le problème, puis de faire le recadrage de sorte qu'il ait un impact. Ceci est un séminaire qui vous permet de vous entraîner, donc ne vous forcez pas à répondre tout de suite. Laissez-moi vous donner une stratégie pour générer des recadrages. D'abord, identifiez la forme de la plainte que vous a présentée votre client pour savoir quel genre de recadrage viser. Avec une équivalence complexe, vous faites un recadrage de *sens* ; avec une généralisation du comparatif, vous faites un recadrage de *contexte*. L'étape suivante est de créer une représentation interne de la plainte que vous avez reçue : visualisez une image, ressentez ce que ça donne en kinesthésique ou faites une description auditive.

Pour un recadrage de contexte, demandez-vous : « Dans quel contexte ce comportement précis, dont la personne se plaint, aurait-il de la valeur ? » Pensez à différents contextes jusqu'à ce que vous en ayez trouvé un qui change l'évaluation du comportement.

Pour un recadrage de sens, demandez-vous : « Y a-t-il un cadre plus large ou différent dans lequel ce comportement a une valeur positive ? », « Quel autre aspect de cette situation n'apparaît pas à la personne et qui donne un cadre de sens différent ? » ou simplement « Qu'est-ce que ce comportement peut signifier d'autre ? » ou encore « Comment est-ce que je pourrais décrire cette situation différemment ? ».

Lorsque vous avez trouvé un nouveau cadre pour le comportement, prenez quelques instants pour trouver différentes façons d'effectuer le recadrage puis choisissez celle dont vous pensez qu'elle aura le plus d'impact. La synchronisation et la conduite seront très importantes. Si vous avez des difficultés, prenez l'observateur à part et utilisez-le comme ressource.

Lorsque vous avez trouvé un recadrage, demandez au client de répéter sa plainte, puis faites le recadrage. Observez attentivement les changements non-verbaux de votre client pendant qu'il examine ce que vous avez dit.

L'observateur et le programmeur ont tous deux la charge d'avoir une description sensorielle des changements non-verbaux que traverse le client tandis qu'il fait la transition entre se plaindre d'un comportement et apprécier au moins partiellement la valeur de ce comportement dans un autre cadre.

Avez-vous des questions ?

FEMME : Quelle est l'utilité de la pause avant de faire le recadrage ?

Je veux que vous preniez le temps d'utiliser une des stratégies précises que je vous ai indiquées pour trouver un recadrage de contenu verbal. Si vous avez l'habitude de faire des recadrages de contenu et que vous trouvez tout de suite une réponse, très bien, allez-y. Mais si vous hésitez, je veux que vous preniez du recul. Entrez en vous-même et vérifiez tous les systèmes de représentation pour trouver visuellement, auditivement et kinesthésiquement comment vous pouvez recadrer verbalement le contenu de la plainte.

Si vous avez l'habitude du recadrage, il vous sera utile de prendre un peu de temps pour découvrir quelle est votre stratégie habituelle pour le recadrage verbal de contenu et d'en utiliser *une autre* pour augmenter votre flexibilité. Si d'habitude vous conduisez visuellement et cherchez d'autres contextes visuellement, essayez de le faire kinesthésiquement ou auditivement.

Revenez avec un exemple réussi de chaque type de recadrage de contenu et avec une description sensorielle précise des changements que vous avez observés chez le client. Nous comparerons les descriptions pour découvrir s'il est possible de généraliser certaines des choses que vous avez observées.

Discussion

FEMME : J'ai eu beaucoup de mal à recadrer le problème que m'a présenté mon partenaire. C'était une interaction avec sa femme, et quand elle fait quelque chose qu'elle...

Vous a-t-il donné une phrase ?

FEMME : Oui. Il veut arrêter de faire autant d'excursions visuelles quand il parle à sa femme.

Cela ne rentre pas dans une des deux formes que je lui ai demandé de respecter, donc ça n'a rien à voir avec ce que nous faisons aujourd'hui, *sauf s'il* la reformule pour vous *ou si* vous l'interrogez jusqu'à obtenir une déclaration qui correspond à une de ces formes. Je veux que vous utilisiez les deux formes que je vous ai montrées plus tôt pour que vous ayez un certain contrôle sur votre langage et votre forme d'expression. J'ai dit : « Décrivez un problème sous une de ces deux formes. » Il l'a fait sous une autre forme, donc cela n'a rien à voir avec ce que nous faisons ici. Si vous deviez le méta-modéliser, vous arriveriez à une de ces deux formes. Mais vous n'êtes pas la seule à avoir fait ça. Beaucoup de gens sont venus me voir pour me demander : « Que faites-vous avec cette phrase ? » Et j'ai dit : « Rien. Ça n'a rien à voir avec ce que nous faisons ici. »

Une des clés de la réussite en PNL est de savoir sur quel genre de problème votre procédure fonctionne. Si vous le savez, vous pouvez réussir autant de démonstrations que vous voulez. Vous demandez simplement des volontaires qui ont quelque chose sur lequel votre procédure fonctionne. Vous dites : « Qui a un problème comme ça, à savoir vous entrez dans un contexte et vous voulez ressentir quelque chose de précis, mais vous ressentez autre chose à la place et ça se produit tout le temps ? » Si vous disposez d'un modèle thérapeutique tel que l'ancrage pour traiter ça, vous ne pouvez pas perdre.

Des gens viennent souvent nous dire à la fin des séminaires : « Vous faites de la thérapie *si vite* ! » Ça va vite parce que nous demandons des problèmes qui correspondent à la forme que nous souhaitons démontrer. Dès que quelqu'un lève la main, c'est bon.

Il est très important de savoir identifier ces formes et de les demander. Si vous avez un client qui vient vous voir et qui vous dit : « Ben vous savez, j'ai toutes sortes de problèmes », vous pouvez lui demander : « En avez-vous des comme ça ? » Il va répondre : « Oui, j'en ai quelques uns. J'ai ces deux-là. » Vous pouvez les traiter, puis décrire une autre forme et demander : « Et de ceux-là, en avez-vous ? » C'est un état d'esprit tout à fait différent pour faire de la thérapie. S'il y a certaines choses que vous faites qui marchent, il est important de pouvoir décrire le genre de problèmes pour lesquels ça marche.

Si vous utilisez un de ces deux modèles de recadrage et que vous l'utilisez quand ce n'est pas approprié, ça ne marchera pas. C'est comme prendre le protocole de traitement des phobies et l'utiliser pour autre chose. Cela n'aura pas d'impact parce que c'est conçu pour faire autre chose. Un homme qui avait participé à un de nos ateliers à Chicago m'a appelé un mois plus tard et m'a dit : « Vous avez travaillé avec une femme qui avait la phobie des oiseaux et ça a très bien marché, mais je le fais avec tous mes clients et ça ne marche pas. » Je lui ai demandé : « Est-ce qu'ils ont des phobies ? » Il m'a répondu : « Non, je n'ai aucun client qui a des phobies. » C'est ce qu'il m'a dit ! Je lui ai demandé : « Alors, pourquoi est-ce que vous utilisez cette technique ? » Et il m'a répondu : « Parce que ça avait *marché* ! » Il avait vraiment tout compris !

Au fond, c'est la plus grande erreur commise depuis le début en thérapie. Quelqu'un fait quelque chose et ça marche. Puis il pense : « Ça a marché ! Bien ! On va l'utiliser pour *tout* ! Et on va appeler ça une nouvelle école de thérapie. » Ensuite il fonce et essaye cette chose-là avec tout le monde. Ça marche avec certains mais pas avec d'autres et il ne comprend pas pourquoi.

En fait, c'est très simple. la structure de ce qu'il a fait est appropriée pour atteindre certains objectifs mais pas d'autres. Puisque ces objectifs précis n'étaient pas décrits, les gens ne savaient pas comment les chercher ni les trouver. J'espère que vous allez vous rendre compte qu'il y a des moments appropriés et d'autres inappropriés pour utiliser ces outils. Il est important de savoir ce que font et ne font pas vos outils. Autrement, vous allez devoir le découvrir par tâtonnement.

Recadrage et tendances suicidaires

GÉRARD : J'aimerais avoir les réactions des gens par rapport à un recadrage que j'ai fait. Mon partenaire a joué le rôle d'une personne qui avait tenté de se suicider plusieurs fois. Elle m'a dit : « Les gens comme vous, vous dites en savoir un rayon sur les comportements humains. Quand vous ne faites rien d'autre que de continuer à m'enfermer plutôt que de me laisser me tuer, je n'aime pas ça. »

MARIE : J'ai aussi dit autre chose : « Je sais vraiment que je veux me tuer. » Sa réponse a été : « Bien ! Je suis vraiment content que vous sachiez ce que vous voulez. » Puis j'ai réagi : « Alors, si vous l'appréciez, pourquoi est-ce que vous m'enfermez ici ? Je n'aime pas que vous appeliez la police quand j'avale des comprimés. »

D'accord. Ça, c'est la plainte. Prenez tous un instant pour trouver un recadrage de contenu que vous pourriez faire là-dessus, puis Gérard nous dira ce qu'il a fait... Gérard, allez-y.

GÉRARD : Je lui ai dit : « Vous savez, je n'avais jamais vraiment compris le suicide auparavant. On ne sait vraiment pas ce qui se passe chez des gens comme vous, et vous me donnez une opportunité sans précédents d'apprendre. J'aimerais bien coopérer avec vous, mais ce que vous me proposez est trop simple et je n'en tirerai pas assez d'enseignements. J'aimerais que vous trouviez un moyen beaucoup plus complexe de mourir pour que je puisse vraiment apprendre. » Elle a été manifestement très surprise par ce que j'ai dit. Elle a fait « Ouf ! » et a inspiré fortement, en rentrant son ventre.

MARIE : Quand il a dit ça, j'ai eu l'impression qu'il était aussi fou que moi !

CÉLINE : Quand Marie parlait de suicide, j'ai pensé que c'était formidable d'avoir quelque chose dans la vie pour lequel on est prêt à mourir. Donc il serait important de chercher *la* chose pour laquelle ça vaudrait vraiment le coup de donner sa vie et de prendre le temps de le faire.

MARIE : Ça, je comprends ; ça me convient. La question est : « Et après, qu'est-ce que je peux faire de ça ? » J'espère que vous allez pouvoir me le dire.

Ce qui est important dans les réponses de Céline et de Gérard, c'est qu'ils acceptent tous deux l'idée de suicide. C'est une bonne synchronisation et ça établit le rapport. Et puisqu'ils ont maintenant accepté l'idée qu'elle va se tuer, ils passent au *quand* et au *comment*. La réponse de Céline est en fait une extension du *comment* : « Si vous devez le faire, autant le faire *bien*. C'est une chose bien trop précieuse pour le faire n'importe comment ». Avec ce genre de patients, l'exploration de ce pour quoi il va mourir résulte en la découverte de l'intention qui se cache derrière le comportement suicidaire. Typiquement, le patient suicidaire ne vous fera jamais de déclaration positive. Il ne peut pas. Le suicide est un acte désespéré : il préfère mourir plutôt que de continuer à vivre avec le genre d'expériences qu'il traverse actuellement.

Céline et Gérard ont proposé une sorte de traitement de choc pour obtenir le rapport. On suit ça par une déclaration qui présuppose que la seule bonne façon de mourir est de mourir *pour* quelque chose de positif. Vous obtiendrez l'intention positive derrière le suicide et vous pouvez alors aborder cette intention de différentes façons. C'est une séquence particulièrement plaisante.

ANNE : J'ai fait ça avec une de mes clientes qui parlait d'une partie d'elle qui voulait mourir. J'ai dit : « Comme c'est merveilleux de rechercher le paradis sur terre. » Puis nous avons exploré ce que serait le paradis sur terre pour elle et elle était beaucoup moins déprimée par la suite.

Le « paradis sur terre » est évidemment un moyen de définir un bénéfice secondaire très général : l'intention positive recherchée à travers le suicide. En fait, vous remplacez l'étiquette « suicide » par « essayer d'atteindre le paradis sur terre. » Chaque fois que votre réétiquetage peut inclure un idiome tel que « le paradis sur terre, » cela aura plus de force parce que cela fait appel aux deux hémisphères cérébraux simultanément. C'est une des rares formes de langage traitées simultanément dans les deux hémisphères, donc cela a plus de force. Son équivalence complexe pour « le paradis sur terre » va être en substance l'objectif vers lequel vous pourrez tendre autrement que par le suicide. C'est une jolie façon de se retrouver dans une situation appropriée pour un recadrage en six points.

HOMME : Quand votre client parle de se suicider, peut-on dire : « Formidable ! » ?

Là encore, c'est une bonne première étape, surtout si tous vos messages analogiques non-verbaux soutiennent ce que vous dites. Une façon d'interrompre le schéma répétitif d'un client est de faire quelque chose de totalement inattendu. Une des réactions au suicide les plus inattendues dans notre culture est de féliciter la personne, d'être d'accord avec elle et d'approuver sa déclaration. Cela va l'interrompre et vous établirez tout de suite le rapport avec la partie qui a fait la déclaration. Ce n'est pas une manœuvre complète, mais c'est une bonne façon de changer l'emphase sur ce qui se passe. Il ne faut pas en rester là, surtout s'il s'agit de vie ou de mort. Il faut immédiatement exploiter cette ouverture pour découvrir les objectifs. « Qui aimeriez-vous qui découvre votre corps ? » « Avez-vous écrit une lettre d'accompagnement ? Voulez-vous que je vous aide à la rédiger ? » C'est une façon de préciser le but que souhaite atteindre cette partie de lui à travers le suicide.

Donc, ce ne sont que des premiers pas dans une intervention thérapeutique complète. Ce sont des moyens simples d'interrompre et de changer le cadre à travers lequel la personne comprend son comportement, et cela vous donne beaucoup plus de marge de manœuvre. De toute façon, c'est le but du recadrage : créer de l'espace pour pouvoir manœuvrer. Si vous avez un comportement X, c'est un comportement très spécifique. Il a des composantes sensorielles : voir, ressentir et entendre. Si vous essayez de changer directement ce comportement, ce sera très difficile. Cependant, si ce comportement, avec toutes ces spécificités, est soudain perçu dans un contexte plus large, un cadre plus grand, vous pouvez vous rendre compte que vous vous êtes engagé, non pas à avoir ce comportement, mais à atteindre *l'objectif* vers lequel ce comportement est censé vous mener dans votre modèle du monde. D'un seul coup, vous avez beaucoup plus de place pour manœuvrer. Vous maintenez l'objectif — le but que vous cherchez à atteindre — et comprenez que ce schéma comportemental précis n'est qu'*une* façon de l'atteindre. Il y a des tas d'autres façons d'atteindre le « paradis sur terre. »

Laissez-moi vous rappeler que nous n'enlevons pratiquement jamais une réponse, excepté provisoirement. Il y a peut-être un contexte dans lequel même le meurtre, le suicide, etc. est un bon choix. Je ne veux pas prendre le rôle de Dieu au point de retirer tout choix à quelqu'un ; je veux uniquement ajouter des alternatives supplémentaires plus congruentes avec la compréhension consciente que la personne a de ce qu'elle veut réaliser. Je ne veux pas enlever la capacité d'adopter le « comportement inapproprié » parce qu'il peut devenir approprié à un autre moment dans un autre contexte.

Cependant, avec un client suicidaire, il est tout à fait approprié d'enlever *temporairement* le choix du suicide. Je vous recommande d'être très explicite au début de votre travail avec lui. « Je suis d'accord qu'il est mieux pour vous de mourir que de continuer à vivre comme aujourd'hui. Je crois que je peux vous assister pour changer votre vie pour qu'elle vaille le coup d'être vécue. Je ne vous accepterai comme client *que si* vous abandonnez l'option du suicide pendant les trois mois à venir. Au bout de cette période, si vous croyez toujours que le suicide est approprié, alors j'irai même jusqu'à vous aider. Êtes-vous d'accord ? »

C'est ce que je dis verbalement. Ce faisant, je lis les réponses non verbales du client pour être certain d'avoir un accord inconscient total. Toute personne qui essaye de se suicider est suffisamment dissociée pour ne pas savoir consciemment si elle va vraiment se suicider ou non.

Après avoir utilisé la PNL pendant trois mois, la situation aura tellement changé que la question du suicide ne se posera plus. J'aborderai moi-même le sujet, juste pour m'assurer qu'il est clos et parce que j'ai passé un accord.

Milton Erickson utilisait souvent un contrat comme celui-ci. Il disait ensuite que, puisque la personne envisageait le suicide, elle pouvait partir dans un feu d'artifice. « Combien d'argent avez-vous sur votre compte ? » « Oh, 20 000 francs. » « Bien. D'ici mercredi, vous aurez rencontré un coiffeur spécialisé, et quelqu'un de compétent qui va vous apprendre à vous habiller correctement.

Vous avez l'air dégoûtant ! Vous allez aussi consulter quelqu'un qui peut vous apprendre à marcher, à parler et à rencontrer des gens, à la fois dans un cadre mondain et au cours d'un entretien. » Elle ne peut pas objecter à la dépense parce qu'elle sera bientôt morte, donc ça n'a pas d'importance. Il exploite le fait qu'elle prévoit d'être morte comme *levier* pour lui faire adopter de nouveaux comportements qui rendront le suicide inutile.

HOMME : Et si vous décidez que le suicide est un choix approprié, parce que la personne est très âgée, impotente, souffre atrocement ou quelque chose de ce genre ?

Alors je ferai la même chose qu'avec les membres d'un couple qui ont décidé de mettre fin à leur relation. Je les aiderai à boucler la fin de la relation de sorte qu'ils puissent continuer proprement et avec congruence. Typiquement, lorsqu'une personne termine une relation, elle emporte avec elle plein d' « affaires non terminées » et laisse des tas de choses en désordre derrière elle. C'est aussi vrai pour le suicide.

Laissez-moi vous donner un rituel que j'ai utilisé à cette fin. Je demande à la personne de choisir un endroit à l'extérieur qui lui est cher, de préférence un endroit en altitude d'où elle peut contempler le monde. « Dans votre imagination, allez à cet endroit et réunissez autour de vous toutes les personnes qui ont eu de l'importance dans votre vie. Prenez-les une par une, regardez-les dans les yeux et faites-leur part de votre décision de vous suicider. Vous avez peut-être envie de leur dire d'autres choses pour que vous soyez pleinement satisfait de la façon dont vous terminez cette relation. Si c'est le cas, dites-les maintenant. Pensez à tous les messages non dits ou les activités non terminées et, ce faisant, observez leur réaction, afin de savoir si vous mettez fin à la relation d'une façon satisfaisante pour vous. Prenez tout le temps qu'il vous faut, jusqu'à ce que vous ayez un sentiment de complétude avec cette personne...

« Puis je veux que vous et cette personne vous tourniez ensemble vers le futur pour voir comment les événement présents vont se développer en vous. Ce faisant, je veux que vous vous interrogiez pour savoir s'il y a quelque chose que vous voulez faire maintenant, avant de partir, pour influer sur ces événements futurs...

« Maintenant, prenez le temps de faire la même chose avec chacune des personnes réunies autour de vous. »

Si la personne est réellement prête à mourir, cela peut attirer son attention sur ce qu'elle doit faire au préalable pour que sa mort ait l'impact le plus constructif possible sur ses amis et ses proches. Si la personne n'est pas congruente dans sa volonté de mourir, ce rituel va vous donner des tas d'informations sur les intentions derrière sa décision de se suicider, que vous pourrez utiliser pour développer de nouvelles façons de les satisfaire. Vous allez aussi en apprendre long sur les personnes et les événements qui comptent pour elle, et vous pourrez utiliser ceci comme levier pour vous aider à accomplir les changements que vous voudrez effectuer.

Les observations effectuées pendant un recadrage

Revenons maintenant à l'exercice et parlons de son autre volet. Qui veut me donner une description fondée sur les sens de ce que vous avez pu voir, entendre ou ressentir — si vous étiez physiquement en contact — qui semblait indiquer que vous avez fait un recadrage réussi ? Qu'avez-vous observé quand il y a eu une réorgani-sation de la compréhension inconsciente — et souvent partiellement consciente — de la personne qui a indiqué que vous avez fait un recadrage réussi ?

BENOÎT : Le corps s'est détendu, surtout au niveau de la poitrine. La tension musculaire au niveau du visage et des épaules a diminué.

Quelqu'un a-t-il un contre-exemple ? Est-ce que quelqu'un s'est tendu dans ces zones là quand le recadrage réussissait ?

HOMME : Ils semblaient se tendre avec la surprise initiale... puis ils se détendaient.

BRIGITTE : J'ai remarqué que j'ai eu ce que j'appelle une légère crise d'épilepsie interne, puis je me suis détendue.

D'accord. Est-ce que c'était visible extérieurement ?

LE PARTENAIRE DE BRIGITTE : Oui. J'ai aussi remarqué autre chose. Quand Brigitte réfléchissait à quelque chose, elle « ruminait » métaphoriquement. Elle ruminait aussi littéralement. Ses mouvements de mâchoire étaient très visibles.

D'accord. Et que s'est-il passé quand elle a pris la décision de l'avaler ou non ?

LE PARTENAIRE DE BRIGITTE : Sa mâchoire s'est détendue et sa peau a nettement changé de couleur. Chaque fois que j'ai fait le recadrage, ses joues et son front ont rosi.

Bien. Donc il y avait un afflux de sang au niveau cutané. Y a-t-il des contre-exemples ?

FEMME : Avec la tension, la peau pâlissait, puis les couleurs sont revenues avec le relâchement.

Nous décrivons actuellement des signes visibles du fonctionnement du système nerveux autonome. Ce système est composé de deux parties : le système nerveux sympathique et le système nerveux parasympathique. Les deux ont tendance à s'équilibrer à travers des effets opposés.

L'activation sympathique se manifeste par une tension musculaire accrue et la préparation à répondre physiquement à une menace. Il y a plus d'adrénaline, la peau pâlit en même temps que les vaisseaux sanguins et les pupilles se contractent. L'activation parasympathique s'exprime par un relâchement musculaire, un rougissement de la peau, une dilatation des vaisseaux sanguins, une dilatation des pupilles, etc.

Ce sont des caractéristiques visibles très générales de ces deux systèmes. Ce que nous avons décrit, c'est que les gens ont tendance à avoir une activation sympathique lorsqu'ils se plaignent et lorsqu'ils envisagent le recadrage. Puis ils passent à une activation parasympathique lorsque le recadrage fonctionne, phénomène auquel on pouvait s'attendre. Si le recadrage fonctionne, ce qui était perçu comme un problème à gérer n'est plus un problème du tout. Quels autres changements avez-vous perçus ?

FRANÇOIS : J'ai vu des changements d'accès. Typiquement, quand le client exprimait sa plainte, il était dans un mode d'accès particulier. Ceux que j'ai vus étaient souvent fortement kinesthésiques. Alors que nous faisions le recadrage, leurs accès sont passés à une structure visuelle ou auditive. Lorsque nous avons reparlé de la situation problématique, ils ont eu des accès suivant la seconde structure.

Excellent. C'est un test non verbal vraiment élégant[1] pour savoir si votre recadrage continue de fonctionner après que vous l'ayez fait. Votre client va peut-être l'accepter au moment où vous le faites. Par la suite, il va peut-être le rejeter parce qu'il y a de

---

[1] NdT : Bandler et Grinder emploient le terme *élégant* pour indiquer à la fois habileté et esthétisme. Cette signification sera maintenue dans le reste du texte.

nouvelles objections. Cependant, si vous parlez plus tard d'un autre aspect du problème et que vous voyez qu'il traverse la séquence d'accès caractéristique du recadrage plutôt que celle présente avant le recadrage, alors vous savez qu'il a intégré le recadrage dans son expérience de la zone problématique.

FEMME : C'est ce qui s'est passé avec Robert. Ses yeux sont allés dans le visuel construit quand il s'est plaint. Lors du recadrage, ses yeux sont restés dans le vide, regardant devant lui. Puis quand j'ai reparlé de son problème, ses yeux sont repartis dans le vide.

Formidable. En ce qui me concerne, il y a une généralisation : si vous avez une séquence d'accès différente lorsque la personne envisage la même zone à problèmes, c'est une indication que le recadrage fonctionne *à ce moment-là*. Vous observez une nouvelle stratégie. Plutôt que de rester enfermée dans un ressenti kinesthésique, la personne peut prendre une nouvelle perspective. Ou alors vous pouvez observer la même séquence, mais avec une réponse différente. Vous vous en rendez compte en observant les indices autonomiques dont vous avez parlé précédemment : les changements dans la coloration de la peau, la respiration, les tensions musculaires, etc.

Ensuite, vous passez à autre chose ou vous installez quelque chose de nouveau chez le client pour qu'il ait de nombreux choix dans le contexte que vous avez recadré. Puis, plus tard, à la fin de la séance, vous pouvez utiliser ce que vous avez observé plus tôt pour vérifier si le recadrage a tenu. Vous pouvez demander : « Au fait, est-ce que Monsieur Machin — qui fait partie du problème initialement présenté — porte une moustache ? » Si vous percevez les changements qui ont caractérisé le moment du recadrage, alors vous savez que ça a été intégré. Sinon, s'il reprend la séquence originelle, vous pouvez vous douter qu'il y a encore du travail à faire. D'autres exemples ou commentaires ?

FEMME : Ma cliente jouait le rôle d'une personne aveugle et elle m'a dit : « Vous, les voyants, vous ne comprenez vraiment pas ce que c'est que d'être aveugle. » J'ai dit : « Oui, on doit passer à côté d'un tas de choses. » Tout son corps s'est redressé et ses yeux se sont ouverts.

Super ! Ce que vous avez dit a *renversé* le présupposé contenu dans sa déclaration. Elle se plaint : « Vous ne savez pas ce que c'est que d'être aveugle et de passer à côté de tant de choses. » Vous répondez : « *Nous* sommes ceux qui passons à côté d'un tas de choses. »

Autres exemples de recadrage de contenu

C'est un schéma typique utilisé par Carl Whitaker. Laissez-moi vous donner un exemple. Carl travaille avec une famille et le père dit : « Personne dans cette famille ne m'a jamais soutenu en prenant soin de moi. Je dois tout faire moi-même. Personne ne se soucie ni ne s'occupe de moi. Ça a été comme ça toute ma vie. » Le comportement non verbal qui accompagne ce qu'il dit est : « N'est-ce pas horrible de devoir vivre ainsi ? » Carl observe et écoute attentivement. Quand l'homme a terminé, Carl reste silencieux alors que l'homme attend quelques mots de soutien comme : « Oh, c'est vraiment affreux. Nous pouvons peut-être effectuer des changements au sein de la famille. » Alors Carl le regarde et lui dit : « Dieu merci ! »

Les objectifs sont : 1) interruption du schéma répétitif (encore appelé « pattern »), parce que la réponse de Carl est tellement inattendue, 2) le père va chercher un moyen de découvrir comment il peut se réjouir de ce comportement et 3) cela honore la partie du père qui a organisé ce comportement d'une façon telle que personne ne le soutient ouvertement en prenant soin de lui.

Si vous pensez au message offert, il s'agit en fait d'une plainte de l'esprit conscient à propos de ses propres comportements. Il s'est conduit de sorte que nul n'a formé avec lui une relation dans laquelle on prend soin de lui. La réponse de Carl valide la partie qui le met dans cette situation où les gens ne prennent pas soin de lui. Au fond, il dit : « Je suis vraiment content que cette partie de vous ait établi ce genre de relation avec les membres de votre famille et ait été à l'origine de ces comportements. »

C'est un recadrage de sens. C'est rapide et cela peut être très efficace. Carl présuppose qu'il y a quelque chose de vraiment bien dans ce comportement et que le père va pouvoir se rendre compte, au moins inconsciemment, de ce que Carl veut dire en disant « Dieu merci ! » Néanmoins, c'est faire une supposition qui n'est pas strictement parlant justifiable. Il est possible — bien que fortement improbable — qu'il n'y ait rien de bon dans ce comportement. Ayant eu l'opportunité d'observer et d'écouter Carl, j'ai confiance en ses compétences de communicateur. S'il avait dit ça et que la réaction du père n'avait pas été congruente avec l'objectif recherché, je pense qu'il aurait eu suffisamment d'expérience sensorielle et de flexibilité pour essayer quelque chose de plus approprié. Carl est très fin, il ne reviendrait pas là-dessus et n'en parlerait pas ; il passerait simplement à un autre recadrage ou une autre intervention qui aiderait la personne à effectuer le changement.

Je n'ai pas confiance dans les formules. Il y a par exemple en Gestalt une formule disant que la culpabilité est en fait du ressentiment, qui cache de la colère et, plus enfoui encore, un besoin. Cela pourrait être une formule utile pour certaines personnes. Si vous voulez utiliser une formule, c'est évidemment un choix que vous devriez garder à votre disposition. Si vous faites du recadrage de contenu, pour savoir si vos recadrages fonctionnent, vous devez prendre la responsabilité d'être sensible, au niveau perceptuel, à toute incongruence dans la réaction à votre intervention. S'ils ne fonctionnent pas, vous imposez un contenu à la personne et faites probablement quelque chose de nuisible. Si un retour d'information vous permet de savoir que le recadrage a fonctionné, ceci indique que vous avez fait une conjecture qui entre en résonance et qui est congruente avec un ensemble inconscient de schémas répétitifs de la personne.

On peut voir le recadrage de contenu comme un artifice temporaire qui élargit le cadre perceptuel d'une personne. Le client est focalisé sur le fait qu'une chose précise constitue le problème. Il a fixé son attention consciente sur le fait qu'il se passe X, et vous montrez qu'il s'agit en fait « vraiment » de Y ou Z. Lorsque vous avez réussi à ébranler son cadre perceptuel, c'est beaucoup plus facile de passer à la suite.

Par exemple, il y a un homme en Californie qui a un unique recadrage de contenu qui fonctionne avec les anorexiques. Il a un taux de réussite de 80 % avec l'anorexie, qui est un problème difficile pour la plupart des thérapeutes. Il amène toute la famille dans une pièce avec un miroir sans tain. Il y a dans la pièce une table avec un grand plat de hot dogs. Il entre et dit : « Je suis le Docteur Machin ; vous avez un quart d'heure pour faire manger cette jeune femme. À tout à l'heure. » Puis il sort.

La famille fait toutes sortes de choses pour essayer de la faire manger. Certains la maintiennent physiquement, mettent la nourriture dans sa bouche et la forcent à avaler. Ils font de leur mieux, comme ils en ont l'habitude, c'est-à-dire que ce n'est pas très efficace. Au bout de quinze minutes, le docteur revient et dit à la famille : « Vous avez encore misérablement échoué. Sortez ! » Il vire tout le monde sauf l'anorexique, puis il se tourne vers elle et lui dit : « Alors, depuis combien de temps avez-vous utilisé ce moyen pour capter l'attention de votre famille ? »

C'est une grossière imposition de contenu sur l'anorexique, mais ça marche. Le cycle de l'anorexie est maintenant rompu quatre fois sur cinq et l'anorexique peut commencer à guérir. Je ne me bats pas contre de tels succès.

FEMME : Je fais quelque chose de similaire quand je veux changer la façon dont les membres d'une famille perçoivent l'enfant « à problèmes ». Dans une séance familiale, je dis à l'enfant : « N'arrête pas d'avoir des ennuis. Tu fais quelque chose de très important avec ce comportement. Continue de le faire tant que tu n'as pas capté l'attention de ces imbéciles ou que tu n'as pas trouvé un meilleur moyen d'y arriver. »

Excellent. En fait, cette intervention contient deux recadrages : 1) décrire le comportement problématique comme utile pour capter l'attention et 2) caractériser le comportement problématique symptomatique comme étant sous contrôle conscient. Cela peut être très utile. Chaque fois que vous réétiquetez ainsi le comportement de quelqu'un d'autre, vous imposez vos propres croyances et valeurs. Vous hallucinez librement et vous projetez votre hallucination. Il n'y a rien de mal à ça tant que vous savez ce que vous faites et que vous en mesurez les conséquences.

Laissez-moi vous donner un autre exemple extrait des travaux de Virginia Satir. Elle travaillait avec un couple et le mari hurlait à la femme : « Salope, bla bla bla. » Quand il s'est arrêté, Virginia lui a dit : « Jérôme, je veux vous dire que je sais que vous êtes en colère. Vous avez l'air en colère, votre voix exprime la colère, et je veux vous dire qu'une des choses les plus importantes pour *n'importe quel* membre d'une famille est de ressentir ses émotions et de pouvoir les exprimer. J'espère que tout le monde dans cette famille a la capacité d'exprimer sa colère avec autant de congruence que Jérôme l'a fait. »

C'est de la synchronisation : elle a construit un cadre qui dit :

« C'est bien ! C'est vraiment formidable. » Le mari ne criait plus ; il écoutait ce message élogieux sur ses cris et hurlements — ce qu'il n'attendait pas le moins du monde !

Puis Virginia s'est approché très près du mari. Elle a posé sa main sur son ventre et lui a dit d'une voix douce et basse : « Et je me demande si vous seriez prêt à me parler de ces sentiments d'isolement, de douleur et de solitude qui se cachent sous cette colère ? »

Qu'il y ait eu ou non des sentiments d'isolement, de solitude et de douleur *avant* qu'elle dise cela, il y en a *maintenant* ! Le père ne hurlait plus, et il n'était même plus en colère. À partir de là, Virginia a pu construire des schémas d'interaction plus constructifs au sein de la famille.

L'importance du processus

Certaines personnes qui ont connu le travail puissant de Virginia Satir copient simplement le contenu de ce qu'elle a dit et qui avait fonctionné. Vous n'arriverez jamais à être un communicateur efficace si vous fondez vos réponses exclusivement sur le contenu, parce que le contenu va varier à l'infini. Chacun de nous représente une autre possibilité humaine unique en termes de contenu. Cependant, nous semblons tous utiliser le même genre de processus ou stratégies pour construire notre vécu. Donc vous vous faites un cadeau en tant que communicateur professionnel si vous vous focalisez sur, et écoutez attentivement, le genre de messages offerts qui identifient le processus par opposition au contenu. C'est un des avantages de l'utilisation du modèle de recadrage en six points. Il est plus complexe mais il assure l'intégrité du client parce que c'est un processus pur qui ne touche pas au contenu.

Est-ce que tout le monde comprend ce qui est écrit ici ?

IL NOUS ARRIVERA DE NE PAS SERVIR À DÎNER.

HOMME : Est-ce que c'est vrai ?

C'est certainement vrai maintenant, n'est-ce pas ?

FEMME : Ça m'a fait réfléchir.

HOMME : C'est vrai même quand on dîne.

Bien sûr, si on est pinailleur. Est-ce que vous avez tous compris que c'est une déclaration vraie à cet instant précis ? Est-ce que ça a un sens pour vous ?

Ça ressemble à un piège et c'en est un. Ce que je voulais montrer, c'est que lorsque vous faites des déclarations et qu'elles *semblent* avoir un sens, les gens vont leur donner toutes les connotations nécessaires pour qu'elles aient un sens. Imaginons que je sorte et que je laisse cette phrase ici. Certaines personnes pourraient rentrer dans la salle et dire : « Quoi ? On ne va pas dîner ? » Les gens prêtent très peu d'attention à la précision du sens. Lorsque je l'ai écrit, plusieurs personnes ont regardé et se sont exclamé : « Ohhh ! Mais j'ai *payé* pour mes repas ! » La déclaration est parfaitement vraie. La seule chose qui lui donne du sens est le contexte dans laquelle elle est présentée.

Lorsque Leslie a fait le recadrage dont je vous ai parlé dans le contexte d'une thérapie, le résultat a été très fort, même si ce qu'elle a dit ne voulait en fait rien dire. « Le fait que votre tapis est propre signifie qu'il n'y a personne » *n'a rien à voir avec la solitude*. La façon de le dire est très importante. Dire : « Le fait que votre tapis est propre signifie qu'il n'y a personne à la maison à l'instant présent » aura beaucoup moins d'impact que de dire : « Et vous voyez que votre tapis est propre et vous vous *rendez compte* que cela signifie que vous êtes *toute seule* ! » Ces deux déclarations ont des connotations tout à fait différentes, même si la signification peut être identique.

HOMME : Vous activez des ancres avec votre ton de voix et votre emphase.

C'est cela. La connotation de ce que vous dites a autant d'importance que les mots que vous employez. Nous employons les mêmes schémas pour construire les connotations que ceux que nous utilisons en hypnose, ce que nous appelons le « Milton-model » : l'ambiguïté, la nominalisation et toutes ces bonnes choses. La plupart du temps, les gens ne remarquent pas consciemment toutes ces formes linguistiques parce que le langage va trop vite pour traiter chaque mot exactement. Des gens vont lire : « Il nous arrivera de ne pas servir à dîner. » « *Pas de dîner !* » Ça ne dit pas qu'il n'y aura pas de dîner. Si je dis : « Vous vous rendez compte que vous êtes seul », cela ne veut pas dire que personne ne va venir plus tard. Mais le fait de le dire *l'implique*.

Si je vous regarde et que je vous dis : « Vous êtes *encore* au premier rang ? » c'est juste une question, mais le ton et l'emphase donnent quelques implications supplémentaires. « *Encore* vous ? » « Est-ce que vous avez *encore* une question ? » Je n'insisterai jamais assez sur l'importance de ce que nous appelons la « congruence » et « la force d'expression ». Ce sera toujours une partie importante du contexte dans lequel le recadrage a lieu.

Le contexte physique aussi est très important. C'est très différent d'être dans le cabinet d'un médecin et de voir le docteur vous regarder et sembler embarrassé que d'être à la réception d'un hôtel et que le réceptionniste vous regarde de la même façon. Ce sont deux expériences *entièrement* différentes, même s'il y a des similitudes entres les expériences sensorielles. Je veux que vous ne perdiez pas de vue le contexte quand vous effectuez un recadrage. Cela vous aidera à avoir l'impact recherché.

Le cadre que vous mettez autour du nouveau comportement que vous proposez aura lui aussi un impact important sur la façon dont la personne va l'envisager. Une fois, à l'occasion d'une démonstration, quelqu'un nous a amené une cliente « frigide ». C'était une maîtresse d'école avec trois enfants. Son mari voulait sexuellement plus de choses que ce qu'elle était capable de donner et elle-même était congruente quand elle disait en vouloir plus que ce qu'elle avait été capable de donner.

J'ai rapidement établi le rapport et lui ai dit : « Alors, pensez à quelque chose de sexuel que vous pouvez faire confortablement et facilement. Ne me dites pas de quoi il s'agit. » Les légers mouvements de son corps alors qu'elle y pensait m'ont clairement montré quel était le contenu, mais elle ne s'en est pas aperçue.

Puis je lui ai dit : « Et maintenant pensez à quelque chose qui se trouve juste à la limite de ce qui est acceptable pour vous comme comportement sexuel. » Je lui ai demandé de se représenter en train d'avoir un comportement sexuel pas tout à fait acceptable avec son mari : quelque chose qui était un peu tentant et intéressant, qu'elle n'était pas certaine de pouvoir réussir, mais qu'elle pensait pouvoir être un jour capable de faire. Je lui demandais ainsi de s'imaginer faire quelque chose qui était juste à la limite de son modèle du monde.

Lorsque je lui ai demandé cela, j'ai obtenu une réponse polaire — une réaction diamétralement opposée — intense. Elle ne voulait pas le faire. Il n'en était pas question. J'avais l'impression que la partie d'elle qui objectait à ce genre de comportement avait peur qu'elle essaye réellement et l'empêchait donc, ne serait-ce que *d'envisager* le faire.

Lorsque j'ai observé sa réponse polaire, j'ai changé mes propres comportements analogiques et lui ai demandé de penser à une des activités sexuelles les plus outrancières qu'elle puisse avoir avec son mari — quelque chose qu'elle était certaine de ne *jamais jamais* avoir l'audace de faire réellement. Elle y est arrivé confortablement. Elle a accédé à sa représentation et a eu une série de mouvements musculaires implicites.

Son thérapeute m'a plus tard raconté que, le lendemain, elle a envoyé ses enfants à l'école et son mari au travail, en insistant pour que ce dernier revienne déjeuner. Quand il est arrivé, elle était emballée de cellophane avec un grand ruban rouge — exactement le comportement outrancier qu'elle n'aurait jamais envisagé d'avoir.

Si le nouveau comportement proposé est perçu comme rentrant dans le modèle de la personne de ce qu'elle pourrait faire, elle ne va peut-être même pas l'envisager. Mais si on sort suffisamment de son modèle, on obtient une dissociation qui lui permet de l'envisager. Puisque le nouveau comportement est cadré comme étant complètement au-delà de ce que cette femme envisagerait de faire, la partie qui objecte n'a pas d'objection à apporter et on peut laisser cette femme y penser en toute sécurité. Le fait d'y penser lui a permis de contempler pleinement ce que ça ferait d'avoir le nouveau comportement, installant par là-même les programmes internes permettant de l'adopter plus tard. Cette action de contempler pleinement le comportement dans son contexte est en fait un pont vers le futur — la même chose que la cinquième étape du recadrage en six points.

HOMME : Pourquoi est-ce que la partie n'objecte pas au comportement pendant le pont vers le futur ?

Cette partie-là objectait à ce que la femme *envisage* d'avoir le comportement, pas au comportement lui-même. Une fois que la femme l'a effectivement envisagé, la partie n'a pas objecté. Si une partie avait objecté, la femme n'aurait pas adopté ce comportement.

De nombreuses personnes se limitent en n'envisageant jamais certains comportements. Si elles les envisageaient, elles les trouveraient souvent acceptables. Mais certaines parties objectent à ce qu'elle *envisagent* le comportement. À partir de peu d'éléments, la partie fait l'hypothèse que ce sera mal d'avoir le nouveau comportement ; elle peut aussi penser que si vous envisagez un nouveau comportement, vous allez l'adopter.

Recadrages « positifs » et « négatifs »

Un des plus grands cadeaux que vous pouvez faire à vos clients est de leur apprendre à faire la distinction entre envisager un comportement et l'avoir. S'ils y arrivent, ils peuvent envisager pleinement ce que cela ferait d'avoir *n'importe quel* comportement. Tandis qu'ils l'envisagent, ils peuvent découvrir de l'intérieur ce que ça donne et si ça vaut le coup de l'adopter vraiment — par rapport à leurs valeurs et à leurs objectifs.

HOMME : Donc le recadrage — que ce soit pour une petite croyance ou un grand présupposé — consiste simplement à prendre une inquiétude et la transformer en quelque chose de positif.

Non. Faites attention avec les trucs « positifs ». Vous recadrez d'une façon *utile*, dans certains *contextes*. Vous devez être vigilants avec ces notions de « positif-négatif ». C'est *positif* d'être *utile*. Ceci est un recadrage, au passage.

Jusqu'à présent, nous avons parlé exclusivement de recadrer quelque chose de « mal » en quelque chose de bien, et c'est souvent ainsi que c'est le plus utile en thérapie. Mais le recadrage ne sert pas seulement à prendre des choses qui ont des connotations négatives et les changer pour qu'elles aient des connotations positives. Il est parfois utile de recadrer dans l'autre sens. Prenez l'exemple d'une personne qui croit vraiment en elle-même mais qui est incompétente. Elle a besoin que sa confiance soit recadrée comme étant de la *sur*confiance.

J'ai vu Frank Farrelly faire un recadrage « négatif » intéressant. Pendant une conférence au cours de laquelle je devais modéliser son comportement, il travaillait avec un homme qui, grosso modo, disait qu'il ne pouvait rien tirer de sa femme. Frank, en pleine forme comme d'habitude, harcelait l'homme à tel point que celui-ci ne pouvait plus suivre ce qu'il disait.

FRANK : Alors, est-ce que vous draguez les autres femmes ? Hein ?

HOMME : Ben, oui, parfois.

— Mais vous vous retrouvez avec votre femme et il ne se passe rien ?

— Ben, oui, je suis complètement tendu.

— Alors, *où* êtes-vous tendu ? *Ceci est très important !*

— Ben, vous savez, partout.

— Et quand vous êtes avec d'autres femmes, est-ce que vous vous êtez tendu partout ?

— Non, non. Vous savez, j'ai eu des tas d'interactions avec d'autres femmes et, heu...

— Des *interactions* ? Est-ce que c'est comme baiser ? (Frank est très raffiné.)

— Heu, ah... Oui.

— Votre femme est au courant ?

— Non.

— Et est-ce que votre femme a, elle aussi, des « interactions » ?

— Ben, heu, non.

— Comment le savez-vous ?

— Ben, vous savez, je sens que...

— Ah ! L'intensité de vos sentiments ne permet pas de tester ce qui fait partie de la réalité !

Ça, c'est une sorte de recadrage. Si vous trouvez que le racadrage ne sert qu'à prendre quelque chose de désagréable et le transformer en quelque chose de bien, alors il ne vous faut probablement pas être thérapeute. De nombreuses personnes ont besoin d'avoir une vue plus réaliste d'eux-mêmes et du monde, et ce n'est pas toujours drôle.

L'homme avec qui Frank Farrelly travaillait *présumait* que sa femme n'avait pas « d'interactions » avec d'autres hommes et qu'elle ne savait pas qu'il voyait d'autres femmes. Il présumait aussi quelque chose de beaucoup plus dramatique : qu'elle n'était pas importante pour lui. C'est le genre de personne qui vient en thérapie quand sa femme le laisse tomber comme une chaussette sale. D'un seul coup, plus aucune femme au monde ne fera l'affaire. J'appelle ces gens-là les « lamenteurs ». Ils viennent se lamenter sur leurs amours perdus. Et s'ils avaient eu plus d'expérience sensorielle dès le début, ils ne les auraient peut-être jamais perdus.

Imaginons que je me suis retrouvé thérapeute sans vraiment savoir pourquoi. Je faisais mes études et la chimie était trop difficile, je n'appréciais pas vraiment les maths et l'histoire m'ennuyait. Tous mes amis voulaient devenir enseignants mais cela ne m'intéressait pas parce que je voulais rencontrer de nouvelles personnes. Je ne me sentais pas sûr de moi, or, quand j'ai commencé une thérapie, j'ai vu que les gens se complimentaient toujours et j'ai trouvé ça super. Donc je suis devenu thérapeute ; j'ai mon diplôme, mais j'ai encore l'impression de ne pas être sûr de moi, ce qui me pose problème. Si je généralise mes propres problèmes au reste du monde, il y aura un tas de gens que je ne pourrai pas aider, parce que certaines personnes n'ont pas mon problème. D'ailleurs, si certains d'entre eux ne se sentaient pas sûrs d'eux-mêmes, ils se porteraient mieux.

Il y a des tas de gens qui ne savent pas exploiter l'expérience sensorielle pour tester et découvrir ce qu'ils font bien ou mal. Ils ont vraiment besoin d'une forte dose de doute envers eux-mêmes. Lorsqu'ils sont trop sûrs d'eux, ils font souvent quelque chose qui fait qu'ils vont avoir mal. Cependant, ils n'utilisent pas ça pour être moins sûrs d'eux-mêmes utilement. Ils traversent des cycles semblables à ceux d'un maniaco-dépressif : compétence, *COMPÉTENCE*, COMPÉTENCE, échec ! Je rencontre souvent des gens comme ça. Ce que vous pouvez faire pour les aider, c'est de tendre la jambe et les faire trébucher juste au moment où ils commencent à se sentir vraiment compétents — avant qu'ils ne tombent de trop haut. Puis vous pouvez commencer à les aider à construire un système de prise en compte des informations sensorielles qui va leur donner une information correcte sur eux-mêmes.

Ne pensez donc pas que le recadrage est approprié uniquement dans un contexte où on prend quelque chose de négatif pour le rendre positif. Parfois, une bonne dose de peur, d'incompétence, d'incertitude ou de suspicion peut être très utile.

FEMME : Vous ressemblez au diable.

Vous n'êtes pas la première à me le dire ! Dans un de mes séminaires, une personne est venue me voir...

FEMME : Un homme ou une femme ?

Quelle importance ? Êtes-vous sexiste ? Voilà comment

renverser un présupposé ! Cette personne s'est approchée de moi et m'a dit timidement : « Est-ce que vous me dites que c'est acceptable d'être rusé ?

— Oui, c'est ce que je vous dis.

— Oh, j'y arrivais *si bien* quand j'étais jeune, et je n'y arrive plus depuis des années. Est-ce que ce sera manipulatoire ?

— Oui. »

Je crois qu'il s'agit d'un exemple où le recadrage est vraiment nécessaire.

Virginia Satir fait des « fêtes des parties », à savoir des recadrages qui utilisent le psychodrame. Chacun joue le rôle de la partie de quelqu'un d'autre. Si vous n'aimez pas quelqu'un, c'est une excellente opportunité pour vous venger. Je n'ai jamais joué le Petit Chaperon Rouge ou un rôle de ce genre. Je me suis toujours retrouvé dans le rôle de Machiavel. Et j'étais toujours le *dernier* à être recadré ! Au cours d'une de ces fêtes, j'ai joué le rôle de la capacité manipulatoire d'une personne. Je ne sais pas pourquoi ; j'imagine que j'ai la figure de l'emploi. Soudain, au milieu de la fête des parties, cette personne s'est arrêtée et a dit : « *J'aime* cette partie ! Je n'y ai jamais vraiment pensé, mais ma capacité de manipuler m'a apporté *des tas* de bonnes choses. » Et si vous y réfléchissez, c'est vrai.

Cependant, il y a un recadrage de contenu dans le champ de la psychologie humaniste : « C'est mal de manipuler. » Si vous regardez dans le dictionnaire, la première définition de la manipulation est : « travailler ou opérer avec la ou les mains ; d'utiliser, surtout adroitement ; de gérer ou de contrôler ingénieusement. » Ça n'a rien à voir avec le bien ou le mal ; c'est en rapport avec la capacité de faire quelque chose *efficacement*.

Si votre cadre est « toute personne qui manipule est mauvaise », cela vous limite pour faire de nombreuses choses. Si, comme Sidney Jourard, vous croyez que « toute personne bonne est transparente », cela veut dire que vous devez faire des efforts démesurés pour dire quelque chose de désagréable aux gens. Si vous allez à des conférences de psychologie humaniste, les gens viennent vous voir et vous disent : « Bonjour, vous avez une triste mine aujourd'hui. » « Je ne me sens pas vraiment bien mais je vais quand même vous dire ce que je fais. » Lorsque vous êtes pris dans un tel cadre, cela limite vos choix. Et peu importe que le cadre soit

« bon » ou « mauvais ».

En tant que communicateur, vous cherchez à avoir la capacité de décaler les cadres que les gens mettent partout. Si quelqu'un croit que quelque chose est mal, la question est : « Quand, où, comment et pour qui ? » Le recadrage est une façon différente de faire ce que vous faites avec les questions du Méta-Modèle. Plutôt que de poser la question « Pour qui ? », vous le changez. Si quelqu'un dit : « La stupidité est intrinsèquement mauvaise ; c'est mal d'être stupide. » vous dites : « Certaines personnes utilisent la stupidité pour apprendre énormément de choses. Certains utilisent la stupidité pour faire faire des choses aux autres. C'est très intelligent. »

Typiquement, les gens croient que le succès est bon et que la confusion est mauvaise. Nous vous disons dans nos ateliers que le succès est la plus dangereuse des expériences humaines parce qu'il nous empêche de remarquer d'autres choses et d'apprendre d'autres façons de faire. Cela signifie aussi que, chaque fois que vous échouez, vous avez une opportunité sans précédent d'apprendre quelque chose que vous n'auriez pas remarqué autrement. La confusion est la porte vers la réorganisation de vos perceptions et l'apprentissage de nouvelles choses. Si vous n'étiez jamais confus, cela voudrait dire que tout ce qui vous arrive correspond à vos attentes et rentre parfaitement dans votre modèle du monde. La vie serait une succession d'expériences répétitives et ennuyeuses. La confusion signale que quelque chose ne colle pas et que vous avez l'opportunité d'apprendre quelque chose de nouveau.

L'expression « opportunité sans précédent » est en elle-même un recadrage car elle vous oriente vers la recherche de l'opportunité qui existe toujours, même dans les pires désastres.

Nous faisons un autre recadrage : « *La signification de votre communication est la réponse que vous obtenez.* » La plupart des gens ne raisonnent pas ainsi. Ils croient connaître la signification de leur communication et que, si quelqu'un ne la comprend pas, c'est de la faute de l'autre. Si vous croyez vraiment que la signification de votre communication est la réponse que vous obtenez, vous ne pouvez pas blâmer l'autre. Vous communiquez jusqu'à ce que vous obteniez la réponse que vous souhaitez. Un monde sans blâme est un état de conscience très modifié pour certains !

BENOÎT : Les croyances des gens, ou présuppositions, leur posent souvent problème. Comment retirer une clé de voûte du système de croyance de quelqu'un ? Pouvez-vous en donner un exemple ?

Pourquoi faire ça ? Laissez-moi d'abord vous le demander. Comment savez-vous qu'une personne se portera mieux sans une croyance particulière ? Vous demandez un modèle sans avoir un objectif.

Je ne retire les clés de voûte de la réalité de quelqu'un que si je crois que ça va l'emmener dans une direction utile. Je ne suis pas d'accord pour dire que ça va être utile de le faire avec tous les participants de ce séminaire. Il y a ici des personnes dont je ne vais pas toucher les clés de voûte. Je prends cette décision à partir de mon vécu sensoriel. La seule chose qui peut justifier une telle décision est de connaître les conséquences de cet acte. Admettons qu'une personne ici présente fonde 80 % de son expérience sur certaines croyances religieuses. Que se passe-t-il si je retire la clé de voûte sur le bien et le mal ? Je n'ai aucun moyen de savoir ce que je vais obtenir ! Et si je ne *sais* pas ce que je vais obtenir, je m'abstiens !

BENOÎT : J'aimerais quand même savoir.

FEMME : Je pense que vous pouvez le faire en toute sécurité avec Benoît parce que c'est ce qu'il demande.

Je ne le ferai quand même pas. Je me fiche de ce que veut son esprit conscient. Les esprits conscients sont stupides.

FEMME : Et si son esprit inconscient veut que vous le fassiez ?

Les esprits inconscients peuvent être *tout aussi* stupides. Et je ne vise personne en particulier !

BENOÎT : Disons qu'un homme vient vous voir. Vous l'écoutez et il devient évident que les femmes cherchent *intrinsèquement* à contrôler son comportement. Sa mère l'a toujours contrôlé et, à l'âge de 36 ans, il n'est toujours pas marié à cause de cette croyance limitante. Cela pourrait lui être utile de généraliser sa croyance et de se rendre compte que *tout le monde* cherche à contrôler le comportement d'autrui.

Oui, bien sûr. Mais ça va être la *dernière* étape. Je *commencerais* par décrire métaphoriquement combien cela me fait plaisir d'avoir une femme qui essaye de contrôler mon comportement — quel compliment cela représente. Parce que si elle n'essayait pas de me contrôler, cela voudrait dire qu'elle ne s'intéresse pas du tout à moi.

C'est un recadrage de sens.

FEMME : J'imagine que cet homme a côtoyé des hommes qui ont longtemps essayé de le contrôler et ça ne l'a pas dérangé. C'est pour cela que ça ne semble pas être la chose essentielle à recadrer. Je ne pense pas que ça le dérange d'être contrôlé par un homme.

Bien sûr que non.

FEMME : Donc, même si vous recadrez que c'est une bonne chose d'être contrôlé, il peut toujours dire : « Oui, d'accord, c'est bien d'être contrôlé et je choisis d'être contrôlé par un homme. »

Eh bien, vous leur attribuez plus de mérite que moi. Je ne pense pas que les gens savent généralement faire ce genre de distinction. D'abord, je doute sérieusement qu'il admette que les hommes cherchent à contrôler les femmes ou à se contrôler entre eux autant — et ce serait toujours *autant* — que les femmes le font.

FEMME : Mais c'est ce qu'il vit et il le tolère, et il ne le *voit* pas.

Oui, mais c'est juste un manque d'expérience sensorielle. Son manque d'expérience sensorielle va être fondé sur tous les présupposés de ses comportements. C'est comme les accès visuels : si vous les connaissez, vous êtes plus à même de les voir. Il *sait* que les femmes contrôlent, donc il va plus facilement remarquer les fois où une femme manipule. Cependant, un homme va pouvoir contrôler à fond son comportement parce qu'il ne va pas s'en rendre compte. Je veux uniquement changer sa réponse interne. Actuellement, il répond négativement au fait d'être contrôlé par une femme. Si je peux transformer ça en une réponse positive, *alors* il me sera possible de faire ce que je veux, à savoir le faire contrôler les autres de façon élégante et éloquente.

HOMME : Hier soir, j'étais très content de voir un documentaire sur le mouvement féministe. Sans ça, je n'aurais pas compris à quel point les femmes peuvent contrôler les hommes.

Je trouve que plus les femmes s'impliquent dans le mouvement féministe, *moins* elles peuvent contrôler les hommes. C'est mon vécu. C'est une des défaveurs que le mouvement féministe a rendues aux femmes. Je pense que nous traversons une phase où les femmes vont conserver certaines choses acquises grâce au mouvement féministe, comme avoir des salaires revus à la hausse et ne pas avoir à effectuer certaines tâches qu'elles ne souhaitent pas accomplir. Mais les femmes vont revenir vers des trucs sympas comme les vêtements sexys. Il y avait l'autre jour une émission de mode à la télé qui montrait toutes les nouvelles tendances. La mode revient vraiment aux vêtements de femme. Les féministes ne *peuvent pas* porter ça.

Donc, qui est limité ? Quand vous dites : « Nous n'allons pas faire ça », alors vous perdez. Si vous dites : « Je vais le faire quand je veux, et je ne le ferai pas quand je n'en ai pas envie », *alors* vous avez un choix et une base sur laquelle fonder un contrôle.

HOMME : Dans le cas de l'homme qui croit que les femmes veulent le contrôler, est-ce que ce serait une stratégie appropriée de lui faire remarquer la façon dont *il* contrôle les gens, même s'il est un homme ?

Non. Certainement pas. Votre question est : « Serait-il approprié de faire en sorte que cet homme voit ou sente consciemment qu'il contrôle des gens *sans le savoir* ? Donc peut-être que les femmes ne le savent pas non plus. » Et je réponds : « Certainement pas, c'est la mauvaise approche. » C'est un choix dans la syntaxe, *l'ordre* dans lequel vous faites les choses. Si vous faites les choses dans le désordre, vous vous compliquez la vie. *Si* vous réussissez, quelle serait la conséquence de l'avoir convaincu qu'il a contrôlé des gens sans le savoir pendant des années ?

HOMME : Probablement la culpabilité. Il est comme sa mère.

Exactement ! La culpabilité. Et il va tout de suite voir un psychiatre.

HOMME : On pourrait recadrer sa croyance sur la culpabilité.

On pourrait le faire. *Mais si vous changez par avance la signification du contrôle, c'est beaucoup plus facile.* Si vous *commencez* par transformer le contrôle en quelque chose de bon, il n'aura pas à se sentir coupable. Et c'est beaucoup plus facile de recadrer le contrôle si ce n'est pas lui qui l'exerce. Si vous recadrez de sorte qu'il se rend compte que les femmes qui essayent de le contrôler veulent son corps, alors le contrôle est quelque chose qui vaut le coup. Vous lui dites un peu plus tard : « Au fait, c'est aussi vrai pour vous. » La syntaxe, *l'ordre* de ce que vous faites, facilite les choses pour lui et pour vous.

Recadrage et vente

FRANK : Vous avez dit tout à l'heure que le recadrage de contenu est la base de toute vente. Pouvez-vous donner des exemples ?

Bien sûr. Imaginons qu'une personne vienne acheter une voiture chère. Elle regarde un modèle et dit : « Je ne me vois pas conduire une voiture comme ça, elle est trop sportive et frivole. » Pour vous synchroniser avec son objection, vous commencez par dire : « Je ne me vois certainement pas dans un modèle avec une décoration sportive ou quelque chose de voyant. » Puis vous continuez : « Mais l'accélération et la puissance de cette voiture n'ont rien de frivole, c'est la capacité de manœuvrer rapidement. Cette voiture se comporte mieux sur les chaussées humides et les routes de montagne, et je ne trouve pas que ma sécurité soit un sujet frivole. »

Vous lui présentez une source d'objection qui n'existe pas dans la voiture, comme la décoration sportive. Puis vous recadrez l'implication du contenu. Le fait que c'est une voiture de sport rapide ne signifie pas qu'elle est frivole, cela signifie qu'elle est *sûre*.

Il vous faut évidemment recueillir suffisamment d'informations pour savoir ce qui va séduire cette personne-là. La sécurité ne veut rien dire pour certaines personnes. Pour effectuer un recadrage de contenu efficace, vous devez connaître un minimum les critères qu'elle trouve importants. Puis vous prenez les éléments auxquels elle objecte et trouvez le moyen pour qu'ils satisfassent certains de ses autres critères. Vous pouvez parler d'économie d'argent, de gain de temps, de prestige ou de tout autre chose qui est importante pour elle.

Si quelqu'un dit : « Elle a une ligne trop sportive, je veux quelque chose de plus traditionnel », vous redéfinissez la voiture dans un cadre traditionnel : la sécurité, la vitesse, les statistiques des pannes montrent que vous préservez votre investissement et votre vie.

S'il est d'accord mais dit que les autres ne s'en rendent pas compte, vous pouvez le recadrer. « C'est un signe de tradition que de faire ce que *vous* savez être le mieux. Conduire une telle voiture est traditionnel, même si les autres personnes ne savent pas que vous êtes traditionnel. » Vous impliquez avec votre emphase et votre ton de voix que c'est une question d'apparence en contraste avec la véritable fonction de la voiture.

Vous pouvez aussi exploiter cette inquiétude sur les apparences et ce que pensent les autres. Vous pouvez l'utiliser pour le convaincre d'acheter une voiture. « Vous savez, beaucoup de gens entrent ici et se moquent de ce que pensent les autres. Ils décident ce qui est approprié pour *eux* et vont de l'avant ! Bien entendu, ce sont les personnes qui sont par la suite satisfaites de leur décision. » Un dilemme se présente à lui car « ce que pensent les autres » se retrouve des deux côtés de la balance. D'un côté, certains pourraient penser que la voiture est trop sportive ; d'un autre, vous dites : « Vous vous préoccupez trop de ce que les gens pourraient penser de vous. » Vous utilisez ainsi son inquiétude sur le regard d'autrui pour le pousser à prendre sa propre décision.

Tous les vendeurs doivent être capables de reformuler les objections sur le prix. « Cette voiture coûte certainement plus cher que tel ou tel autre modèle du même genre. En fait, elle coûte le double, mais si vous avez une vision à court terme de l'acquisition d'une voiture, alors il vaut mieux acheter une voiture chère parce que vous allez pouvoir monter un plan de financement sur un plus long terme et payer des mensualités moindres. Vous payerez moins d'argent chaque mois pour conduire une meilleure voiture. Il vous faudra plus longtemps pour en être le propriétaire mais, au final, vous posséderez un véhicule que vous pourrez toujours conduire et non un tas de ferraille qui ne vaut rien. »

Typiquement, je regarde le client et je lui dit : « Pensez-vous que tous ces docteurs et avocats conduisent des voitures comme celle-ci uniquement pour frimer ? Ils le font parce qu'ils connaissent la valeur de l'argent. Si vous pensez que cela coûte moins cher de payer 5 000 francs par mois pendant trois ans pour avoir cette voiture-là que de payer 5 000 francs par mois pendant cinq ans pour avoir celle-ci, comparez les deux au bout de cinq ans. Comparez leur valeur et leur état, et vérifiez laquelle roule encore. Vous allez vous rendre compte que c'est beaucoup trop frivole et onéreux d'acheter une voiture bon marché. Vous ne pouvez pas vous *payer* ce luxe. Vous allez peut-être économiser quelques francs sur le paiement à la commande et sur vos mensualités mais, dans trois ans, il vous faudra acheter une nouvelle voiture. »

Dans cinq ans, la personne qui a acheté la voiture la plus chère va pouvoir la regarder et dire : « J'ai encore une voiture qui tient la route. Elle roule bien et c'était un bon investissement. » En tant que vendeur, votre travail consiste à créer cette expérience pour le client *maintenant* pour qu'il puisse tenir compte de ça quand il choisit sa voiture.

Le point vraiment critique dans la réalisation d'un recadrage réussi, c'est de découvrir suffisamment de choses sur le modèle du monde de la personne pour savoir quel genre de recadrage va fonctionner pour lui. Vous pouvez recueillir l'information directement et vous devez écouter très attentivement ses objections. Chacune d'entre elles va vous renseigner sur ses critères importants. Plus vous en savez sur son modèle du monde, plus vous pouvez faire un recadrage approprié. La plupart des vendeurs échouent misérablement dans la phase de recueil d'informations. Ils sont souvent aussi très mauvais en synchronisation. Ils ont tendance à avoir un discours standard qui peut être complètement inapproprié, plutôt que de se synchroniser et de recueillir des informations sur les critères de *ce* client précis.

Beaucoup de vendeurs pensent qu'ils devraient essayer de vendre tout à tout le monde. C'est une situation dans laquelle *ils* ont besoin d'être recadrés, parce qu'ils doivent comprendre qu'ils gagnent parfois plus d'argent en ne vendant *pas* quelque chose. Lorsque vous découvrez que votre produit n'est vraiment pas approprié pour répondre à la demande d'un client précis, il vaut mieux *ne pas* vendre. Si votre produit est aussi bon qu'un autre ou bien qu'il n'y a pas moyen de faire la différence, peu importe. Mais si vous êtes vraiment convaincu que quelque chose est mieux, alors vous êtes mieux placé pour convaincre le client afin qu'il puisse être satisfait de son achat.

Si vous lui vendez quelque chose qui ne correspond pas à ses critères, il va avoir ce que les vendeurs appellent le « remords de l'acheteur ». Les gens parlent à leurs amis de leurs achats insatisfaisants et en font souvent porter le chapeau au vendeur. Vous n'avez pas besoin de ce genre de publicité.

Les clients satisfaits en parlent aussi à leurs amis, et les clients satisfaits ne sont pas nécessairement des gens à qui vous avez vendu quelque chose. Si leur expérience avec vous a été satisfaisante, ils vous enverront leurs amis, même s'ils n'ont rien acheté eux-mêmes.

Je connais un agent immobilier qui est très doué dans le recueil d'informations. Elle est capable de sélectionner les quelques maisons qui pourraient plaire à un client précis. Si celles-ci ne conviennent pas, elle n'essaie pas de lui montrer autre chose. Elle dit simplement : « Je sais ce que vous recherchez. Je vous ai montré tout ce qui peut vous intéresser. Je vous appellerai quand j'aurai du nouveau. » Presque toutes ses ventes font suite à des recommandations de gens à qui elle *n'a pas* vendu mais qui ont apprécié sa façon de les traiter.

Il existe un petit livre formidable sur ce sujet, *Miracle sur la 34e rue*. Un homme est embauché pour jouer le rôle du père Noël dans un grand magasin new-yorkais. Il commence à envoyer des parents à d'autres magasins quand il sait qu'ils y feront de meilleures affaires. Le gérant du magasin l'apprend et est sur le point de le licencier. Juste à ce moment-là, une foule de gens entrent dans le magasin parce qu'ils ont entendu parler de ce père Noël qui ne veut pas les rouler pour qu'ils achètent n'importe quoi. Et, bien sûr, ils vident le magasin. La plupart des vendeurs ont une vision à court terme et n'envisagent jamais les bénéfices à long terme de reconnaître quand il n'y a pas adéquation entre le produit et l'acheteur.

Le recadrage traite le problème constitué par la façon dont les gens font des généralisations. Certaines personnes ne voient pas qu'ils vont se retrouver dans la même situation dans trois ans s'ils achètent une voiture qui ne va pas tenir le coup. Ou alors ils achètent une voiture d'occasion parce que c'est moins cher et ils ne pensent pas à des facteurs tels que la fiabilité, la possibilité de panne, etc. Lorsqu'ils achètent une voiture et qu'ils comparent les prix, ils voient la différence sur le prix total mais ne posent pas la question de « *Quand ?* » Quelque chose qui coûte moins cher maintenant coûtera peut-être *beaucoup* plus cher à long terme.

C'est la même situation que le père qui dit à sa fille : « Ne soit jamais têtue. » plutôt que de se dire : « Elle est difficile à contrôler et c'est embêtant ; je cherche un moyen de contourner cette difficulté mais ce même comportement me sera plus tard utile dans d'autres circonstances. » Le processus de généralisation de la plupart des gens ne contient pas la notion d'utilisation. Le racadrage dit : « Vous pouvez le voir comme ci, ou comme ça, ou encore de cette façon. La signification que vous lui donnez n'est pas la 'vraie' signification. *Toutes* ces significations sont bien formées dans votre façon de percevoir le monde. »

Repensez à la « mère propreté » avec laquelle Leslie a travaillé. Lorsque Leslie lui a fait visualiser le tapis propre et lui a dit : « Et rendez-vous compte que cela signifie que vous êtes seule ! » l'ancienne signification était : « Vous êtes une bonne mère et une bonne maîtresse de maison » et la nouvelle était : « Les gens que vous aimez ne sont pas près de vous ! »

Leslie a simplement changé *une* réponse chez cette mère, mais cela a radicalement transformé toute la famille. Avant, la mère voyait des empreintes, se sentait mal, puis harcelait son entourage parce qu'ils ne faisaient pas attention et manquaient de respect. Après, elle voyait les empreintes, était réconfortée par le fait que les personnes qu'elle aimait étaient proches. Résultat : elle était gentille avec eux. *Elle est devenue aussi douée pour apprécier sa famille qu'elle l'avait été pour les harceler !* Après quelques semaines, la famille était *complètement* transformée.

On ne force pas les gens à faire quelque chose quand on élargit leur vision à travers le recadrage. Ils le feront *seulement si* la nouvelle vision a plus de sens que la précédente et qu'il s'agit d'une façon indéniablement valable de percevoir le monde.

Lorsque les gens pensent à acheter quelque chose, ils se décident souvent à l'avance et n'envisagent même pas les alternatives. Ils ne se rendent pas compte qu'ils peuvent payer une voiture sur trois à cinq ans, la louer ou la payer comptant. Il y a toujours des variables comme celles-ci auxquelles *ils n'ont jamais pensé.* Ces variables sont la base qui permet de faire correspondre le produit avec ce qu'ils pensent d'eux-mêmes. Si quelqu'un entre dans le garage d'une marque précise, il veut déjà la voiture. C'est juste une question de faire correspondre ce désir avec tous les autres critères.

Bien sûr, la compréhension qu'a une personne ne correspondra jamais complètement au monde extérieur. Vous ne pouvez jamais savoir combien de temps une voiture va durer. Vous pouvez toujours tomber sur un « mauvais numéro ». Ou vous pouvez acheter une de ces voitures pourries qui se révèle être un de ces joyaux qui durent une éternité. Les gens qui ont acheté des Edsels pensaient s'être fait avoir, mais regardez combien elles valent aujourd'hui !

Si vous appelez une femme, que vous lui dites : « Je fais du porte à porte pour vendre des casseroles. Je veux venir vous voir, » et qu'elle répond : « Oui, venez », alors je sais qu'il y a au moins une partie d'elle qui est intéressée par les casseroles. Il y a une partie d'elle qui veut en acheter, et il y a probablement d'autres parties qui ne voient pas comment le fait d'acheter ces casseroles répond aux critères de bonne formulation pour qu'elle achète quoi que ce soit. Si vous ne tenez pas compte de ces autres parties quand vous bouclez la vente, vous allez créer le « remords de l'acheteur ».

Je pense que le remords de l'acheteur n'est pas du regret. Cela signifie simplement que le produit n'a pas été vendu de façon adéquate et que la décision d'acheter n'a pas été entièrement prise. En d'autres termes, on n'a pas donné au produit une forme qui répond à tous les critères de la personne. Puis, plus tard, quand un de ces critères n'est pas respecté, l'acheteur se dit : « J'aurais dû m'en douter » et ça gâche tout. À partir de là, le produit est une ancre pour des sentiments désagréables.

Nous avons travaillé avec des gens qui font du porte à porte pour vendre de la porcelaine. Leur problème venait de ce que ces vendeurs sont au bas de l'échelle en termes de prestige. Les gens croient que les vendeurs au porte à porte vont les baratiner pour leur faire acheter des produits trop chers. Leur porcelaine était de bonne qualité et à un prix raisonnable ; leurs clients voulaient vraiment la porcelaine et l'achetaient. Mais quand, le lendemain, les clients allaient travailler, leurs amis leur disaient : « *Oh ! Tu t'es fait avoir par un vendeur au porte à porte ?* » et ils se sentaient roulés.

J'ai proposé aux vendeurs de faire un pont vers le futur pour éliminer ce problème. Je leur ai fait dire à leurs clients juste après avoir établi le contrat : « Regardez. J'ai ce contrat et je vais tout de suite le déchirer si vous le souhaitez. Je sais que des gens vont vous dire : 'Vous avez acheté quelque chose à un vendeur qui fait du porte à porte ? Vous vous êtes fait *rouler*.' Vous voulez quelque chose ou vous ne le voulez pas. Si vous ne voulez pas la porcelaine, je déchire le contrat. » À ce moment-là, vous pouvez déchirer un peu le haut du contrat pour leur donner des frissons. Vous les regardez et vous leur dites : « Des tas de vendeurs au porte à porte vendent des produits trop chers. Si vous voulez faire un tour et comparer, très bien. J'ai besoin de savoir que vous voulez acheter et que vous êtes *certain* de le vouloir. Je ne veux pas que vous reveniez me voir et que vous soyez mécontent. Je veux des clients qui m'envoient d'autres gens parce qu'ils sont satisfaits de ce qu'ils ont acheté. Je sais que certaines personnes vont vous dire que vous avez été roulé, et si cela crée le doute chez vous, c'est mauvais pour moi. J'ai besoin de savoir que vous n'allez pas ternir ma réputation. »

Cela recadre efficacement quelque chose qui va se produire dans le futur. Quand ça se produit, cela suscite une nouvelle réponse. À la place de : « Oh, je suis encore un pigeon, » la personne réagit par : « Oh, il m'avait prévenu. » Cela rend la personne *encore plus* confiante parce que le vendeur savait à l'avance ce qui allait se passer.

Quand j'ai proposé ça aux vendeurs de porcelaine, ils étaient morts de trouille. Ils pensaient qu'ils allaient perdre de nombreuses ventes. Mais cette proposition ne protège pas uniquement le vendeur, elle protège aussi le client. Si vous ne faites pas ça, vous méritez d'avoir des clients insatisfaits.

De nombreux vendeurs se perçoivent comme tirant profit des gens, mais leur véritable travail est de les protéger. Je pense que ce recadrage devrait être fait dans toute l'industrie. Les vendeurs qui agissent ainsi gagnent beaucoup plus d'argent avec beaucoup moins de travail parce qu'on leur envoie plus de clientèle. Ils n'ont pas besoin de forcer les gens à faire quoi que ce soit. De nombreux vendeurs agissent comme des bulldozers et il y a un certain nombre de personnes qui peuvent être terrassées. Mais vous créez de ce fait beaucoup de remords chez vos clients et, au bout du compte, vous devez travailler beaucoup plus dur.

Les recadrages ne sont pas des arnaques. Ce qui fait qu'un recadrage marche, c'est qu'il répond aux critères de bonne formulation des besoins d'une personne précise. Ce n'est pas une tromperie. C'est un fait véridique. Les meilleurs recadrages sont ceux qui sont des façons *aussi* valables de voir le monde que celles qu'emploie la personne actuellement. Les recadrages n'ont pas besoin d'être plus valides, mais d'être *aussi* valides.

Quand le père dit : « Oh, ma fille est si têtue » et que vous dites : « N'êtes-vous pas fière qu'elle puisse dire 'non' aux hommes qui ont de mauvaises intentions ? », c'est une façon vraiment valable de voir les choses. Dans d'autres circonstances et à un autre moment, ce père envisagerait vraiment les choses de cette façon-là et serait fier d'elle, mais il n'y avait pas pensé avant que vous n'en parliez.

Vous ne pouvez pas recadrer n'importe quoi en n'importe quoi d'autre. Ça doit être quelque chose qui rentre dans le vécu de la personne. Dire au père : « Vous devriez apprécier le fait que votre fille est têtue parce que cela veut dire que c'est une femme libérée » ne va probablement pas marcher avec lui. Vous devez trouver un ensemble de perceptions valide par rapport au modèle du monde de cette personne précise.

Le recadrage consiste à dire : « Voyez, il se passe telle chose à l'extérieur et cela suscite telle réponse en vous, donc vous pensez en connaître la signification. Mais si vous y pensez de cette autre manière, alors vous auriez une réponse différente. » Être capable de penser aux choses d'un tas d'autres manières met en place tout un spectre de compréhension. Cependant, aucune de ces manières n'est « vraiment » vraie. Ce sont simplement des déclarations sur la compréhension d'une personne.

Chapitre 2

La négociation entre parties

Le modèle de recadrage en six points repose sur l'hypothèse qu'une partie de vous vous fait faire ce que vous ne voulez pas faire ou qu'une partie vous empêche de faire ce que vous voulez faire. C'est un énorme présupposé. C'est néanmoins une façon de décrire une difficulté et vous pouvez généralement organiser votre vécu ainsi.

Vous pouvez vous arranger pour que n'importe quelle difficulté *rentre* dans le modèle du recadrage en six points. On peut toujours dire que cette description est précise car il y a toujours *quelque chose* qui crée la difficulté.

Il est parfois plus pratique de faire des hypothèses complètement différentes. Vous pouvez faire comme si la difficulté provient du fait qu'il y a deux parties — ou plus — en conflit. Chaque partie a une fonction valide et des moyens valables de la réaliser, mais elles se marchent sur les pieds. Ce n'est donc pas une partie qui vous « pousse à le faire » ; il y a deux parties faisant chacune quelque chose d'utile, mais leur façon de le faire crée des conflits.

Par exemple, avez-vous déjà essayé de travailler et de ne pas y arriver ? L'histoire suivante évoque-t-elle quelque chose en vous ? Vous vous asseyez pour faire une dissertation, pour remplir des formulaires ou quoi que ce soit. Vos documents sont étalés devant vous et vous avez décidé de façon congruente de vous en occuper pendant l'heure qui vient. Vous prenez votre stylo et vous regardez vos papiers. Vous commencez à écrire et une petite voix susurre : « Hé, tu ne prendrais pas une bière ? » « Je me demande ce qu'il y a à la télévision. » « Il fait beau dehors ; il y a du *soleil*. »

La question est de savoir si on décrit cette situation en disant que vous êtes incapable de faire quelque chose à cause *d'une* partie qui vous en empêche, ou bien en disant qu'il s'agit d'une situation où vous avez *deux* parties : une qui veut sortir et s'amuser, et une qui veut travailler.

Le travail et l'amusement sont deux fonctions valides et la plupart des gens ont aussi des méthodes valides pour réaliser ces deux fonctions. Mais si les deux parties cherchent à faire leur travail en même temps, aucune des deux ne peut fonctionner correctement. Aucune des deux ne peut faire son travail aussi bien que si elles trouvaient le moyen d'organiser conjointement leurs comportements pour atteindre chacune leurs objectifs.

Il peut être plus utile de le décrire ainsi que de dire que le problème résulte d'une seule partie. Les deux descriptions peuvent donner le même résultat. C'est une question d'efficacité. Vous pouvez parfois obtenir de bons résultats plus facilement et rapidement si vous présupposez qu'il y a deux parties.

Si le problème inverse se produit également, cela indique qu'il y a *deux* parties à recadrer. Combien d'entre vous sont sortis s'amuser lorsque soudain une petite voix leur a dit : « Tu n'as pas rempli ta déclaration d'impôts », « La maison n'est pas rangée », « Tu aurais dû d'abord terminer ce rapport ». Cela vous montre que deux parties interfèrent l'une avec l'autre.

Décider quel modèle utiliser, c'est décider quand dire quel mensonge. Je suis sérieux. Si vous regardez sérieusement quelqu'un pendant une séance et que vous lui dites : « Alors, il y a une partie de vous qui trouve cela effrayant et je peux la comprendre, » c'est un énorme mensonge. « Partie de *quoi* ? » Je ne sais pas ce que cela veut dire. Ou bien nous pouvons dire : « Alors nous avons découvert une stratégie et votre difficulté est un sous-produit de cette stratégie. » Ce sont des façons de parler et ces mots ne s'appuient pas sur la réalité. *Ces descriptions sont des moyens utiles d'organiser notre vécu.*

Ce n'est pas comme si une façon était plus proche de la réalité que l'autre. Dès que vous cherchez à découvrir s'il y en a une plus proche de la réalité que l'autre, c'est fini. Les gens qui cherchent à s'approcher de la réalité « perdent les guillemets ». Par exemple, je lisais dernièrement un livre de Tolkien à des enfants. Un des personnages, Grands-Pas, dit à Frodon : « Ferme la porte. » Un des enfants s'est levé et a fermé la porte. Ça, c'est perdre les guillemets.

La plus grande perte de guillemets est ce que nous appelons « l'origine perdue » du Méta-Modèle. Le plus dangereux, et je pense le plus préjudiciable, c'est de perdre les guillemets sur vous-même et de croire que vos pensées *sont* la réalité : croire que les gens *sont* vraiment « visuels », « kinesthésiques » ou « auditifs » ; croire que les gens sont des « négociateurs », « super-calmes » ou *quoi que ce soit*. C'est psychotique de croire que vous avez vraiment un « Parent », un « Enfant » et un « Adulte » ! C'est une chose d'utiliser ces constructions pour faire du bon travail — pour organiser les comportements d'une personne. C'en est une autre que de perdre les guillemets et de croire qu'il s'agit de la réalité. Donc lorsque vous dites : « Ce mensonge-ci est une meilleure approximation de ce qui se passe 'réellement' que celui-là, » faites *très* attention parce que vous êtes en terrain miné, sur le point de devenir un gourou.

Quelqu'un comme Werner Erhard[1] est dans une situation dangereuse. S'il perd les guillemets sur ses idées, il va rentrer dans un cycle vicieux. Si une personne qui va à EST perd ses guillemets, elle va quitter EST au bout d'un certain temps et les conséquences ne seront pas trop graves. Mais si la personne qui *dirige* EST perd ses guillemets, alors tout est fini.

Je ne sais pas quel modèle de recadrage est le plus réel. Si je pensais qu'il y en a un plus réel qu'un autre, je ne vous le dirais jamais. En fait, *peu importe* s'il en existe un plus réel. Cela ne vous empêchera pas de vivre.

Quel que soit le mensonge qui marche, vous devez comprendre qu'il s'agit toujours d'un mensonge. Ce ne sont que des façons d'organiser votre vécu pour aller dans de nouvelles directions. C'est tout ce qui compte. Nous allons faire l'hypothèse que l'autre mensonge, le modèle de recadrage en six points, est dépassé parce qu'il existe depuis trop longtemps. C'est toujours une bonne option. Ce modèle — présupposer qu'une partie est responsable du comportement négatif — existe depuis plusieurs années.

Donc, pendant quelques temps, nous allons prendre un autre mensonge et faire l'hypothèse que le problème n'est pas lié à une partie qui génère un comportement dont vous ne voulez pas. Nous allons faire l'hypothèse que le comportement problématique provient de *l'interaction* de deux parties ou plus, et que la solution viendra d'une négociation entre elles.

---

[1] NdT : Werner Erhard est le fondateur d'EST, une association pour lutter contre la faim dans le monde.

Exemples

Admettons qu'une personne entre et dise : « Je ne peux pas étudier. Je m'assieds et j'essaye d'étudier, mais je ne peux pas me concentrer. Je pense au ski. » Avec l'ancien modèle, on dirait : « Il y a une partie qui coupe votre concentration. » Avec ce nouveau modèle, nous allons plutôt dire : « Bon, vous avez des tas de parties en vous. Elles courent dans tous les sens pour faire différentes choses. Vous avez la capacité d'étudier. Vous avez la capacité de sortir et de vous amuser. Lorsque vous vous asseyez pour étudier, une autre partie est aussi active et tente de remplir *sa* fonction. »

Pour négocier une solution, j'ai besoin d'identifier chaque partie, d'établir la communication entre elles et d'obtenir l'intention positive de chacune. Je pourrais commencer par la partie qui interfère avec le fait d'étudier. Je dis donc : « Je vous demande de rentrer en vous-même et de demander à la partie qui veut vraiment étudier quelle autre partie la dérange et l'empêche de se concentrer pleinement. » Puis je vais aller voir cette partie gênante pour lui demander : « Quelle est ta fonction ? » C'est une façon rapide de découvrir l'intention qui se cache derrière le comportement. « Que fais-tu pour cette personne ? » « Eh bien, je le fais sortir et s'amuser. »

Puis je veux découvrir si l'interférence est réciproque. Je demande à cette partie : « Quand tu veux que la personne sorte et s'amuse, est-ce que d'autres parties *te* gênent ? Est-ce que cette partie qui travaille arrive et te dit : 'Hé, tu devrais travailler' ? » Si vous obtenez une réponse affirmative, l'affaire est dans le sac car les deux parties veulent obtenir quelque chose l'une de l'autre, et il ne vous reste plus qu'à faire un échange.

JEAN : Je ne comprends pas comment vous arrivez à forcer cette partie à dire quelle est sa fonction.

Ah bon ? Il n'y a rien au monde qui permette d'y arriver.

JEAN : Je veux continuer à vous écouter.

Est-ce que c'est votre seule option ? Avez-vous des difficultés pour écouter lors d'une conférence ? Cela vous est-il déjà arrivé ?

JEAN : Parfois.

Est-ce que vous voulez bien rentrer en vous-même et demander à la partie de vous qui écoute pendant une conférence quelle partie l'interrompt de temps en temps... ?

Jean : Hum. Elle en connaît une.

Bien. Vous a-t-elle donné un nom ?

Jean : Oui. La partie qui s'inquiète des affaires professionnelles et financières. La partie qui s'inquiète de tas de choses — la partie inquiétude.

La « partie inquiétude ». Écoutez ça ! Lequel des deux types de recadrage de contenu est approprié maintenant ? ... De sens. C'est très important. Si vous parlez d'une partie comme étant « la vieille partie inquiétude », vous aurez beaucoup plus de mal à découvrir son intention positive.

Il y a une partie qui est préoccupée par certaines choses et elle se retrouve avec l'étiquette « partie inquiétude ». Je me demande si vous pourriez rentrer en vous-même et demander : « Est-ce que la partie qui porte l'étiquette de 'partie inquiétude' veut bien me dire quelle est sa fonction pour moi ? Qu'est-ce que tu fais pour moi ? » ... Alors, vous l'a-t-elle dit ?

Jean : Oui.

Êtes-vous d'accord pour dire que sa fonction est positive ?

Jean : Oui, elle est positive dans certaines circonstances. Je pense que la partie inquiétude en fait trop.

Eh bien, si j'étais votre partie inquiétude, c'est ce que je ferais aussi. Je n'ai rien à ajouter !

Jean : Elle me fait me conduire de façon responsable, elle me fait payer mes factures, elle me garde hors de prison.

D'accord. Et elle vous interrompt parfois quand vous voulez vous concentrer sur quelque chose d'autre. Maintenant, retournez parler à cette partie qui s'occupe de votre bien-être, que vous aimez appeler votre « partie inquiétude » — un petit peu de recadrage de sens ! — et demandez-lui la chose suivante : quand elle essaie de faire ce qu'il faut pour vous en terme de planification et de motivation pour gérer vos affaires, est-elle jamais interrompue par la partie qui préférerait écouter une conférence, une cassette ou tout autre chose ? Demandez-lui si elle est jamais interrompue par cette partie précise.

Jean : Je viens de passer en revue tout un tas d'interruptions et, quand je suis revenu, j'ai remarqué que je hochais la tête.

Cette partie « bien-être » a tendance à être plus visuelle, c'est vrai. Cela paraît raisonnable.

JEAN : Oui, je suis toujours à l'affût de dangers potentiels.

Maintenant, demandez la chose suivante à cette partie « bien-être » : si elle n'était pas interrompue quand elle passe du temps à organiser vos comportements dans l'activité que vous appelez « inquiétude » — ce que j'appelle de la « préparation » —, serait-elle prête à vous laisser écouter des conférences sans interrompre ? Demandez-lui si c'est un échange qu'elle est prête à faire *si* elle était sûre que l'autre partie ne l'interromprait pas. [Jean hoche la tête]

Bien. Maintenant, allez vers la partie qui aime écouter des conférences. Demandez-lui si elle pense qu'il est important pour vous d'écouter attentivement pendant les conférences et de ne pas vous laisser distraire par des choses qui n'ont pas grande importance à ce moment-là. [Jean hoche la tête]

Maintenant, demandez-lui si elle pense que c'est *suffisamment important* de prêter attention pendant une conférence pour qu'elle soit prête à ne pas interrompre votre partie « bien-être » quand celle-ci prépare quelque chose. Même si la partie « écouter aux conférences » n'apprécie pas le processus de payer des factures, demandez-lui si elle pense que prêter attention aux conférences est suffisamment important pour qu'elle veuille bien ne pas interrompre l'autre partie en échange...

JEAN : Hum.

Alors, si on se place du point de vue du modèle de recadrage en six points, où en sommes-nous ?

HOMME : Juste avant la vérification de l'écologie.

Juste avant ? C'est l'étape suivante ? A-t-on fait la quatrième étape — donner trois nouvelles façons à la partie ? A-t-on besoin de trois nouvelles façons ? ...

Non. Dans une négociation, on n'a pas besoin de trois options. Les deux parties ont déjà des comportements appropriés. Tout ce dont nous avons besoin, c'est qu'elles n'interfèrent par l'une avec l'autre. C'est le choix suivant, donc nous avons passé la quatrième étape.

Avons-nous obtenu que ces parties acceptent la responsabilité de ne pas s'interrompre mutuellement ? Ont-elles donné leur accord ?

Non. Elles n'ont pas donné leur accord. Elle ont dit qu'elles *seraient* d'accord. Souvenez-vous que ce processus est toujours décomposé en deux parties. D'abord, à la quatrième étape, la partie est *d'accord* que les nouveaux choix sont meilleurs et plus efficaces que celui qu'elle utilise actuellement. Ensuite, à la cinquième étape, vous demandez : « *Prendrez-vous la responsabilité de réellement mettre en pratique ces nouveaux choix ?* » De nombreuses personnes oublient cette étape. Ceux d'entre vous qui ont des enfants savent qu'il y a une différence entre dire que quelque chose mérite d'être fait et être d'accord pour le faire.

Donc, maintenant, nous voulons dire : « Voilà, je veux que ces deux parties se rencontrent et découvrent si elle veulent passer un accord de ne pas interférer l'une avec l'autre et tester cet accord pendant les six semaines à venir. La partie de vous qui est chargée de l'inquiétude et de gérer les affaires ne va pas interrompre pendant que vous écoutez une conférence ou que vous êtes engagé dans les activités que fait cette autre partie. Et cette partie-là ne va pas interrompre la planificatrice pendant qu'elle gère les affaires. » Mettez-les d'accord pour essayer pendant six semaines et voir comment ça se passe. Si l'une d'entre elles n'est pas satisfaite pendant ce laps de temps, elle vous préviendra pour que vous puissiez négocier à nouveau.

Il y a peut-être d'autres parties impliquées et les choses peuvent bien sûr changer, donc vous devez toujours donner à la personne une étape suivante. La dernière fois que je suis allé à Dallas, un thérapeute m'a dit : « J'ai participé à votre séminaire l'an dernier et j'ai fait un recadrage avec une femme au sujet de son poids. Elle a fait un régime, elle a perdu beaucoup de poids et est restée svelte pendant presque un an. Puis, depuis un mois, elle a commencé à reprendre du poids et je veux savoir l'erreur que j'ai commise. » Quelle erreur a-t-il commise ? Il pensait qu'il y avait une relation entre il y a onze mois et maintenant ! Les gens changent tout le temps. Cette femme a traversé combien de changements en onze mois qui ont pu interférer avec son poids ? Rien n'est éternel. Mais si quelque chose ne va pas, vous pouvez toujours retourner et modifier ce que vous avez fait pour prendre en compte les nouveaux changements.

Alors, que reste-t-il à faire ? Et la sixième étape, la vérification de l'écologie ? Que devons-nous faire pour vérifier l'écologie dans un modèle de négociation ?

HOMME : Demander s'il y a des objections. « Y a-t-il une

possibilité que cela ne marche pas ? »

Qui va objecter ?

HOMME : Les autres parties.

Les autres parties ne se sont pas engagées à faire quoi que ce soit, alors quelle serait leur objection ?

JEAN : Les autres parties pourraient objecter à un accord qui va les déranger.

Comment ? Donnez-moi un exemple. Les autres parties n'ont pas dit qu'elles n'allaient pas interrompre.

FEMME : Et si il y a une partie qui interrompt ?

Cette partie n'a encore donné aucun accord.

JEAN : S'il y a une partie qui utilise l'interruption comme signal d'entrer en action, nous lui retirons la possibilité d'agir. Par exemple, vous avez parlé dans un autre séminaire d'une femme qui voulait arrêter de fumer. Il s'est avéré qu'une autre partie utilisait cela comme signal qu'il était temps de parler à son mari. Elle s'asseyait tous les soirs pour fumer avec son mari et ils en profitaient pour parler. La partie qui voulait qu'elle parle avec son mari n'avait pas donné son accord, mais on lui avait retiré la possibilité de remplir sa fonction.

Bon. Dans votre cas, vous vous « inquiétez » et vous avez une partie qui dit : « Hep, faisons autre chose. » Cela interrompt la partie qui « s'inquiète ». Vous pensez qu'une autre partie pourrait tirer quelque chose de cette interruption, c'est bien cela ?

JEAN : C'est une possibilité.

Bon. Donnez-moi un exemple.

JEAN : Je n'en ai pas. il faudrait que j'en crée un.

Bien, allez-y.

JEAN : Je m'inquiète et une partie m'interrompt pour jouer. Certains de mes jeux ont une motivation claire de santé physique. Par exemple, le jogging est pour moi un jeu, mais c'est aussi en rapport avec ma santé physique. Donc si je m'inquiète et que ma partie ludique n'interrompt pas ma partie qui s'inquiète pendant longtemps, la partie qui surveille ma santé sera laissée pour compte.

Voulez-vous dire que cette partie ne peut pas interrompre toute seule ?

JEAN : Non. Elle peut effectivement interrompre toute seule, et c'est ce qu'elle ferait probablement. Alors pourquoi est-ce qu'on ne vérifie pas si elle va interrompre ou si elle a une objection ?

Quel en est le besoin ? On peut le voir d'une autre manière, et c'est ce que je veux vous montrer. Que se passe-t-il si nous demandons : « Y a-t-il une partie qui est contre le fait que ces deux parties se mettent d'accord ? » Si nous obtenons un « non », est-ce que nous apprenons quelque chose ? Non. Nous n'apprenons rien. Donc c'est une question stupide.

HOMME : Mais si on a un « oui », on a appris quelque chose.

Exact. Cependant, pouvons-nous poser une question qui va nous donner l'information que nous recherchons ; pouvons-nous poser une question qui va recueillir tous les « oui » possibles *et* autre chose ?

HOMME : Est-ce qu'une autre partie a quelque chose à suggérer ?

Oui. « Y a-t-il d'autres parties impliquées ? » « Y a-t-il d'autres parties qui interrompent ou qui exploitent ces interruptions ? » « Y a-t-il une autre partie qui pourrait interrompre l'une d'entre vous ? » Ce genre de question va nous donner l'information que nous recherchons.

HOMME : Aussi, si nous sommes passés à côté dans l'identification de ces deux parties, cela va nous remettre sur la bonne piste pour identifier les parties impliquées.

Exactement. Ce genre de questions donne aussi des informations pertinentes sur la façon dont les parties de cette personne sont organisées, ce qui est très important. Dans votre exemple, vous avez une partie « travail » et une partie « loisir ». Les parties « loisir » de certaines personnes ont en elles-mêmes une partie qui dit : « Voilà comment nous allons rester en bonne santé. » Les parties « loisir » de certaines personnes ne font que jouer aux cartes et fume des cigares, tandis que d'autres vont faire un jogging sur la plage. Tout dépend de comment vous organisez vos parties.

Au fait, le jogging est un excellent exemple de recadrage. En ce qui me concerne, toute personne qui peut faire un jogging de dix kilomètres et appeler ça un « loisir » est déjà passée maître dans l'art du recadrage. Et c'est un bon recadrage. Si vous devez faire du recadrage, autant le faire là où c'est utile. Certaines personnes décident même que « C'est *cool* de faire du jogging ». On porte des shorts et des chaussures spéciales. C'est *à la mode*. C'est un recadrage *formidable*. Je trouve cela merveilleux. Soyons tous en forme parce que c'est super. Imaginez le changement dans la vie de certaines personnes si elles pouvaient recadrer le sucre pour que ce soit mauvais. Si vous pouvez redéfinir le plaisir comme étant quelque chose de bon pour la santé, je trouve cela vraiment habile. Quand j'étais jeune, pour « s'amuser », on se battait, on mangeait des hamburgers et on fumait des cigarettes.

CATHERINE : D'un seul coup, j'ai du mal à prendre des notes. Je viens de remarquer que j'ai noté « jockey » à la place de « jogging ». Est-ce que je peux en parler maintenant, ou plus tard ?

Vous pourriez ! Vous avez là un bon présupposé. Ce que vous dites pourrait coller dans ce modèle de négociation. Il y a certainement au moins deux parties. Puisque nous nous amusons avec le recadrage, jouons un peu. Rentrez en vous-même et demandez s'il y a une partie qui interrompt votre processus de prise de notes habituel...

CATHERINE : Oui.

Bien. Demandez-lui si elle veut bien vous dire ce qu'elle veut faire pour vous en perturbant votre prise de notes, quelque chose que vous faites habituellement en douceur et calmement. Au fait, c'est une question oui/non. Est-ce qu'elle veut bien vous le dire ? ...

CATHERINE : Oui.

Si oui, dites-lui d'y aller et de vous le dire... Alors, êtes-vous d'accord pour dire qu'il s'agit de quelque chose que vous voulez qu'une partie de vous fasse ?

CATHERINE : Parfois. Le comportement que je la vois faire est bon pour moi par moments, mais pas dans cette situation-ci.

Demandez-lui ce qu'elle essaie de faire pour vous *ici*. Elle sait peut-être quelque chose que nous ignorons...

CATHERINE : J'entends juste les mots : « Sois ici maintenant. »

Oh, l'expérience sensorielle.

CATHERINE : J'ai l'impression que, quand je vous écoute, vous faites partie de mon vécu et c'est comme ça que je recueille de l'information. Donc je dois me dissocier de cette dissociation ou alors, hum—

Bon. Demandez si cette partie de vous objecte à ce que vous preniez des notes en ce moment.

CATHERINE : La seule chose dont j'aurais besoin, c'est de pouvoir être en deux endroits en même temps.

Est-ce que vous l'avez déjà fait ? ... Demandez s'il y a une partie qui sait comment être en deux endroits à la fois...

CATHERINE : Huhum. [Affirmatif]

Demandez-lui si elle serait prête à être à deux endroits à la fois maintenant... Que répond-elle ?

CATHERINE : Que ce n'est pas le bon contexte pour être en deux endroits à la fois.

Bon. Il y a manifestement une autre partie impliquée. Il y a une partie de vous qui croit que vous devez prendre des notes : c'est approprié et important dans le cadre de votre éducation. Voulez-vous bien rentrer en vous-même et demander à *cette* partie si elle veut bien vous dire ce qu'elle fait pour vous en prenant des notes ? ...

CATHERINE : C'est juste une ancre.

Une ancre pour quoi ? ...

CATHERINE : Un état d'esprit.

D'accord. Demandez-lui si elle peut penser à une autre ancre que vous pourriez utiliser pendant les deux heures à venir... [Catherine hoche la tête] Bien. Dites-lui d'y aller et de l'utiliser.

Alors, j'ai fait quelque chose en rapport avec le modèle de négociation et j'ai rajouté d'autres choses. Est-ce qu'il y avait une des deux formes de recadrage de contenu ?

FEMME : Un recadrage de contexte : « Vous pouvez faire ça dans un contexte mais pas dans un autre. »

Certainement. Il y avait donc un peu de recadrage de contexte. J'ai aussi inclus l'élément fondamental du modèle de recadrage en six points de base : demander quel était l'objectif de la partie et trouver un autre moyen de l'atteindre. L'objectif de la partie qui prend des notes est de fournir une ancre. « Bien. Est-ce qu'on peut utiliser *autre chose* comme ancre ? » Donc j'ai inclus des éléments du modèle de recadrage en six points et un peu de recadrage de contexte. Ces différents modèles sont très liés, et si vous connaissez le modèle de recadrage en six points, vous disposez déjà de tous les outils dont vous aurez besoin pour la négociation. Si vous connaissez tous les modèles de recadrage, vous pouvez les mélanger lorsque c'est approprié.

Domaines d'application

Ce qui est important dans le modèle de négociation, c'est de découvrir quelles parties s'interrompent, puis de trouver leurs fonctions — non pas pour savoir pourquoi elles s'interrompent, mais pour connaître quelles sont leurs fonctions. Est-ce que c'est une partie qui vous amuse ? Qui prend soin de vos responsabilités ? Qui vous fait arriver à l'heure à l'église ? Quelle est cette partie et que fait-elle ? Lorsque vous avez cette information, alors vous passez des accords. Quel que soit l'accord, il sera bon tant qu'il donne le résultat que les deux parties recherchent.

Un de nos élèves a souvent envie de s'endormir lorsqu'il conduit tard dans la nuit. Il utilise ce modèle pour négocier entre la partie qui veut dormir et la partie qui veut le faire arriver chez lui en un seul morceau. Parfois, il obtient une heure supplémentaire de vigilance contre la promesse de faire une grasse matinée le lendemain. D'autres fois, la partie qui veut dormir demande d'abord un arrêt d'une demi-heure sur le bord de la route.

À quelles autres occasions ce modèle de négociation va-t-il être le plus approprié ? Dans quels domaines du vécu ce modèle de recadrage de plusieurs parties sera-t-il plus approprié que le modèle de recadrage en six points ?

HOMME : Des parties critiques et écrasantes.

Donnez-moi un exemple concret. Si vous voulez étudier et que vous ne pouvez pas vous concentrer, c'est un cas très concret. C'est le genre d'exemple que j'attends.

HOMME : Lorsque vous essayez de dormir et que vous pensez à autre chose.

L'insomnie est un exemple merveilleux. Vous savez que c'est un bon exemple car tous les autres participants ont soupiré quand vous en avez parlé. Donnez-moi en d'autres comme ça.

FEMME : Essayer d'économiser de l'argent mais tout dépenser.

Oui.

HOMME : Être désorganisé.

Ça *peut* l'être. Si vous pouvez le mettre sous la même forme que l'a fait la personne avant vous, ce sera mieux.

FEMME : La constipation.

La constipation est un bel exemple. Plus vous pouvez trouver de problème qui rentrent dans ce cadre, plus vous saurez quand il est approprié d'utiliser ce modèle.

FEMME : Quelqu'un qui a du mal à aller se coucher ? Quelqu'un qui traîne sans vraiment aller se coucher ?

... Ou quelqu'un qui traîne sans vraiment se lever ? Oui, ce modèle est approprié pour les personnes qui ont du mal à changer de contexte. S'ils sont dans un restaurant, ils n'arrivent pas à partir. Tous les serveurs connaissent ce genre de personne.

HOMME : Rester seul et être en groupe.

Vous dites « ceci par opposition à cela ». C'est autre chose. Je veux que vous identifiez des choses qui ont la même forme que l'insomnie. Il y a insomnie quand vous essayez de dormir et que vous vous réveillez.

HOMME : On dirait n'importe quel comportement compulsif.

Oui, mais je ne veux pas que fassiez déjà des généralisations. Je veux que vous me donniez des *exemples précis*.

HOMME : Être nerveux avant de faire un exposé.

Oui, le trac peut être un exemple superbe. Plus vous cherchez à vous détendre, plus vous devenez tendu.

HOMME : Remettre les choses au lendemain.

Cela peut être un excellent exemple.

HOMME : L'impotence.

Cela peut être un exemple classique.

HOMME : Tout ce qui prend la forme de : « Plus j'essaye de faire quelque chose, plus j'obtiens le résultat opposé. »

Oui. Plus vous essayez de vous empêcher d'éviter le fait que vous niez que le moment est venu pour vous de vous mettre par deux et de sortir et d'essayer ce modèle l'un avec l'autre, plus vous allez y *aller*.

Maintenant.

Protocole
La négociation entre parties

1) Posez les questions suivantes à la partie qui est interrompue (partie X) :
   a) Quelle est ton intention positive ?
   b) Quelle partie(s) t'interromp(en)t ? (Partie(s) Y)
2) Posez les mêmes questions à la partie Y :
   a) Quelle est ton intention positive ?
   b) Est-ce que la partie X te gênc dans la réalisation de ta fonction ?
3) Si les deux parties s'interrompent à différents moments, vous êtes prêt à négocier. (Si ce n'est pas le cas, ce modèle n'est pas approprié ; il faut prendre un autre modèle de recadrage. Si Y interfère avec X mais que X n'interfère pas avec Y, alors le modèle de recadrage en six points est peut-être le plus approprié.)
   a) Demandez à Y si sa fonction est suffisamment importante pour qu'elle soit prête à ne pas interrompre X, si X ne l'interrompait pas en échange.
   b) Demandez à X si elle serait prête à ne pas interrompre Y si Y ne l'interrompait pas.
4) Demandez à chaque partie si elle est prête à *faire* ça pendant un laps de temps précis. Si une partie n'est pas satisfaite, pour quelque raison que ce soit, elle devra signaler à la personne qu'il faut renégocier.
5) Vérification de l'écologie : « Y a-t-il d'autres parties impliquées ? » « Y a-t-il d'autres parties qui interrompent cette partie ou qui utilisent cette interruption ? » Si oui, renégociez.

Chapitre 3

Créer une nouvelle partie

Une des questions que nous posons de façon répétée depuis que nous fréquentons le domaine de la psychologie est : « Qu'est-ce qui fait qu'une expérience vécue est thérapeutique ou non ? » Chaque école de thérapie contient des éléments qui mènent au changement lorsqu'ils sont utilisés par certaines personnes et qui ne mènent à aucun changement lorsqu'ils sont utilisés par d'autres. Utilisés par des tierces personnes, ces éléments n'apportent aucun changement vraiment utile. Pour autant que je sache, les façons de changer quelqu'un pour qu'il adopte des comportements qui *ne sont pas* utiles ne sont pas vraiment différentes des façons de lui faire adopter des comportements qui *sont* utiles. Le genre de technique employée par des gens bien intentionnés (parents, éducateurs sociaux, enseignants) pour induire chez quelqu'un des comportements qui vont en fait l'handicaper le restant de sa vie sont des mécanismes de changement puissants et efficaces.

Nous voulons vous enseigner maintenant un troisième modèle de recadrage : comment créer une nouvelle partie. Les parents, les éducateurs et psychothérapeutes bien intentionnés ne créent pas des parties de façon aussi explicite que celle que je vais vous présenter. Ils mélangent les morceaux et ils prennent plus de temps. Néanmoins, les thérapeutes parmi vous vont facilement reconnaître les éléments. Ce modèle comporte plus d'étapes que le recadrage en six points et il est conçu pour atteindre un objectif complètement différent.

Le présupposé du modèle du recadrage en six points est que quelqu'un a une partie qui l'empêche délibérément d'adopter un comportement ou une partie qui l'oblige à avoir un comportement.

Nous venons de traiter une seconde possibilité logique : il y a deux parties ou plus, et chacune fait exactement ce qu'elle est censée faire. Leurs intentions sont positives et leurs comportements sont appropriés, mais quand ces comportements se superposent, ils génèrent des choses dont on ne veut pas, telle l'insomnie. Vous avez une partie qui gère le travail et qui planifie tout, et vous avez une partie qui veut aller dormir. Quand une des parties commence à s'endormir, l'autre s'exclame : « Oh ! Tu as oublié de faire X ! Que va-t-il se passer si tu ne le fais pas ? » La première répond : « Ne t'inquiète pas, dors. » Cependant, vous n'avez pas trouvé de solution et, dès que vous vous assoupissez, l'autre partie dit : « Mais si tu ne le fais pas, il va se passer Y. » Le modèle de négociation est approprié pour traiter de telles situations. Vous négociez entre les parties pour qu'elles travaillent plus en coopération.

Nous allons examiner à présent une troisième possibilité logique : quelqu'un ne fait pas quelque chose tout simplement parce qu'il n'a aucune partie organisée pour produire ce comportement. Il n'y a pas de partie qui empêche activement un comportement et il n'y a pas deux parties qui se gênent mutuellement. Consciemment, la personne veut quelque chose de précis ; *inconsciemment*, elle n'a pas vraiment de partie qui puisse induire ce comportement spécifique.

Tous les autres modèles de recadrage modifient une réponse qui déclenche une séquence de comportements différente. Par exemple, dans le recadrage de sens, vous changez la réponse et faites l'hypothèse qu'elle déclenchera des comportements plus utiles. Bien sûr, vous devez vérifier que votre hypothèse est correcte.

Dans le recadrage en six points, vous changez la réponse *et* vous demandez à la partie créative du client d'effectuer une recherche intérieure afin de trouver des comportements alternatifs précis. Vous ancrez ces comportements dans le contexte approprié en faisant un pont vers le futur et vous vérifiez l'écologie. Lorsque vous négociez entre deux parties, vous faites l'hypothèse qu'elles ont déjà des comportements appropriés, et il vous faut simplement leur donner le moyen d'organiser *quand* elles vont produire leurs comportements pour qu'elles ne se gênent pas mutuellement.

Le recadrage de sens, le modèle de négociation et le modèle du recadrage en six points présupposent tous que 1) il existe déjà d'autres comportements possibles ou que 2) une partie peut facilement s'organiser pour produire les comportements appropriés. Ce sont des présupposés très utiles mais qui ne sont pas toujours vrais. Si je mets l'un d'entre vous aux commandes d'un Concorde, vous pourriez être parfaitement détendu et attentif, avec aucune partie qui n'interfère, sans pour autant savoir piloter l'avion. Vous n'avez tout simplement pas les comportements appropriés organisés de façon à y arriver. Vous devez traverser une sorte de processus d'apprentissage pour organiser et séquencer ces compétences. C'est le genre de situation où vous devez créer une nouvelle partie pour produire un comportement spécifique, et c'est ce que la plupart des formations sont censées faire.

La genèse du protocole de création d'une nouvelle partie

Il y a quelques années de cela, nous avons animé un séminaire dans lequel une participante avait la phobie de conduire sur l'autoroute. Plutôt que de traiter cela comme une phobie, ce qui aurait été beaucoup plus élégant, nous avons fait un recadrage en six points traditionnel. Nous ne vous recommandons pas d'utiliser le recadrage avec les phobies parce que vos clients vont souvent avoir la réponse phobique comme signal. Une fois qu'ils sont rentrés dans la réaction phobique, il est très difficile de leur faire faire autre chose. Cependant, nous étions en train de faire la démonstration du recadrage et nous avons décidé de montrer qu'il est possible de faire du recadrage avec les phobies.

Nous avons dit à cette femme : « Voilà, vous avez une partie qui vous terrorise quand vous vous approchez d'une autoroute. Rentrez en vous-même et rassurez cette partie, dites lui que nous savons qu'elle fait quelque chose d'important et demandez-lui si elle veut bien communiquer avec vous. » La femme a reçu un signal positif très fort, alors nous avons dit : « Bon. Demandez à cette partie si elle veut bien vous dire ce qu'elle essaye de faire pour vous en vous faisant peur quand vous vous approchez d'une autoroute. » C'est ce que la femme a fait et elle nous a dit : « Eh bien, la partie a dit 'Non, je ne veux pas te dire.' »

Plutôt que de faire un recadrage inconscient, nous avons opté pour quelque chose qui peut paraître étrange mais que je fais de temps en temps quand j'ai des soupçons — ce que certains appellent une intuition. Je lui ai fait demander à sa partie si elle *savait* quel était son rôle. À son retour parmi nous, la femme nous a dit : « Euh, je... Je ne... Je ne crois pas ce qu'elle vient de me dire. » « Ah bon ? Demandez-lui si elle a dit la vérité. » Après quelques instants, elle a répondu à nouveau : « Je ne veux pas croire ce qu'elle m'a dit. » Nous lui avons alors demandé ce qu'elle avait dit. « Elle a dit qu'elle avait *oublié* ! »

C'est peut-être amusant, mais je trouve que c'est une réponse *formidable*. Et c'est une réponse sensée. Vous vivez longtemps. Si une partie met en place un comportement pour faire quelque chose et que vous lui résistez et la combattez, elle peut être tellement prise par le combat qu'elle en oublie pourquoi elle voulait mettre en place ce comportement. C'est une possibilité réelle. Je ne sais pas combien d'entre vous ont commencé à se quereller avec quelqu'un pour s'arrêter au beau milieu de la dispute en ayant oublié ce qu'ils voulaient faire initialement. Les avares sont comme ça. Ils ont oublié que l'argent ne sert que si on le dépense de temps en temps. Comme les individus, les parties oublient parfois les objectifs.

Plutôt que faire quelque chose de compliqué, nous avons dit : « Voilà, c'est une partie de vous très puissante. Vous êtes-vous déjà représenté la puissance de cette partie ? Chaque fois que vous approchez d'une autoroute, elle est capable de vous terroriser. C'est étonnant, vous savez. Aimeriez-vous avoir une telle partie comme allié ? » La femme a répondu : « Génial ! Je n'ai pas de partie comme celle-là comme allié. » « Alors rentrez en vous-même et demandez à cette partie si elle veut faire quelque chose pour lequel elle serait appréciée, qui vaudrait le coup et qui serait à la mesure de ses compétences. » Bien sûr, la partie a répondu : « Oh oui ! » Aussi nous avons continué : « Demandez à cette partie si elle veut bien être responsable d'assurer que vous êtes à l'aise, alerte, prudente, que vous respirez calmement et régulièrement et *en vivant vos sensations* lorsque vous roulez sur une voie d'accélération pour entrer sur une autoroute. » Et la partie a répondu : « Oui, oui, je vais le faire. » Nous avons fait imaginer plusieurs scènes d'autoroute à cette femme. Avant, elle en aurait été incapable ; elle était terrorisée rien qu'à la pensée d'approcher une autoroute. Cette fois-ci, elle l'a fait sans problème. Nous l'avons mise au volant d'une voiture et l'avons envoyée faire un tour sur l'autoroute ; elle s'est très bien débrouillée. Elle a conduit gentiment pendant trois heures avant de tomber en panne d'essence.

Cela a éveillé ma curiosité. Je me suis dit que si on peut avoir une partie qui traîne et qui ne fait pas grand chose, et que vous pouvez lui donner autre chose à faire, alors vous pouvez probablement fabriquer une partie en partant de zéro !

En y réfléchissant, je me suis rendu compte que c'est ce que fait l'Analyse Transactionnelle (AT). Elle utilise une procédure assez lourde pour fabriquer trois parties — le Parent, l'Adulte et l'Enfant. Les analystes transactionnels du Michigan fabriquent neuf parties. Si vous pouvez en fabriquer neuf, vous pouvez en fabriquer autant que vous le voulez. Si vous pouvez fabriquer un « Parent Critique » pour vous torturer tout le temps, vous devez pouvoir fabriquer à peu près n'importe quoi.

Quand vous y pensez, la plupart des thérapies vous apprennent comment vos parties devraient être organisées. La Gestalt fabrique un dominant et un dominé. La Psychosynthèse est un peu plus créative : ils ont un grand cercle et vous vous retrouvez avec tout un ensemble de parties. Elles doivent cependant toutes être des personnes célèbres ; il n'y a pas de parties inconnues.

L'importance de l'objectif

Souvent lorsque des parties sont décrites, elles le sont non pas en termes de *ce qu'elles font* — leur fonction — mais de *comment elles font* — leur comportement. Si vous avez étudié le modèle de la Psychosynthèse ou de l'Analyse Transactionnelle, vous savez que les gens décrivent, distinguent et créent généralement des parties en fonction de leurs *comportements*.

Si par exemple vous faites une fête des parties comme le fait Virginia Satir, vous aurez peut-être une partie « stupide » — une partie qui vous fait agir de façon stupide. À la fin du travail, au lieu d'avoir une partie « stupide », elle est devenue votre « capacité à apprendre à votre propre rythme », votre « capacité à poser des questions » ou un autre comportement positif. Le comportement passe de quelque chose de négatif à quelque chose de positif. *Mais c'est toujours un comportement qui n'est pas clairement relié à un objectif.* C'est une différence *très* importante.

Nous construisons des parties pour atteindre des *objectifs*. Les parties créées par les processus aléatoires que les gens utilisent en thérapie arrivent à mettre en place des comportements plutôt que d'atteindre des objectifs.

Toutes les thérapies que j'ai étudiées ont une façon de construire des parties. Certaines personnes n'ont pas d'esprit inconscient avant de faire de l'hypnose. Si vous croyez que « l'esprit inconscient » existe *a priori*, alors, un jour, vous allez hypnotiser quelqu'un et quand son esprit conscient sera parti, vous allez vous retrouver *tout seul* ! Ça m'est arrivé.

On ne peut pas faire l'hypothèse que tout est là. Parfois, quelqu'un a toute sa santé mentale dans son esprit conscient. D'autres fois, il se passe peu de choses consciemment, mais l'esprit inconscient est une unité organisée unique et très développée. Cela arrive quelquefois suite à une thérapie et, d'autres fois, cela provient de l'histoire de la personne.

Quelle que soit la façon dont une partie est créée, les gens ont tendance à décrire comment elle se comporte plutôt que de décrire son comportement dans le contexte d'un objectif — ce que la partie fait pour eux.

Lors d'un de mes premiers séminaires pour des analystes transactionnels, j'ai dit que je croyais que *toutes* les parties de *tous* les individus sont des ressources précieuses. Une femme s'est exclamée : « C'est la chose la plus stupide que j'ai jamais entendue !

— Eh bien, je n'ai pas dit que c'était vrai. J'ai dit que si vous croyez cela en tant que thérapeute, vous irez beaucoup plus loin.

— C'est complètement absurde.

— Qu'est-ce qui vous fait croire que c'est absurde ?

— J'ai des parties qui ne servent à rien du tout. Tout ce qu'elles font, c'est me gêner.

— Citez-en une qui ne sert à rien.

— Quoi que je décide de faire, j'ai une partie qui me dit que je n'y arriverai jamais et que je vais échouer. Cela me rend la vie très difficile.

— J'aimerais parler directement à cette partie. »

Au fait, cette dernière phrase accroche toujours les gens de l'AT. Parler directement à une partie ne fait pas partie de ce modèle. Si vous regardez par-dessus l'épaule gauche de la personne lorsque vous parlez à cette partie, cela la rend folle. C'est aussi un mécanisme d'ancrage très efficace. À partir de ce moment-là, chaque fois que vous regardez par-dessus son épaule gauche, la partie sait que vous vous adressez à elle.

Je continuais donc : « Je sais qu'une partie de vous fait quelque chose de *très* important et qu'elle le fait *très* furtivement. Et même si *vous* ne le reconnaissez pas, *moi si*. Maintenant, j'aimerais dire à cette partie que si elle voulait bien informer votre esprit conscient de ce qu'elle fait pour vous, alors elle aurait peut-être la reconnaissance qu'elle mérite. » Puis je l'ai fait rentrer en elle-même et demander à cette partie ce que celle-ci faisait de positif pour elle. Sa réponse fut tout de suite : « Je te motivais. » Quand elle me l'a dit, elle a ajouté : « Je trouve cela bizarre. » Alors je lui ai dit : « Vous savez, je ne pense pas qu'il vous serait possible, maintenant, tout de suite, de monter sur l'estrade et de travailler devant ce groupe. » Elle s'est aussitôt levée fièrement et est venue s'installer sur la chaise à côté de moi.

Ceux d'entre vous qui ont étudié les stratégies savent qu'il s'agit là d'une démonstration de ce qu'on appelle une « réponse polaire ». Cette partie de cette femme était un PNListe qui comprenait le principe de l'utilisation. Elle savait que si elle disait : « Allez, tu peux aller à l'université, tu peux y arriver, » elle réagirait en disant : « Non, je ne peux pas y arriver. » Si, par contre, elle disait : « Tu n'es pas à la hauteur, » elle dirait : « Ah oui ? » et elle réussirait.

J'ai commencé à découvrir que, quelle que soit la manière dont vous vous organisez ou quelles que soient les parties que vous fabriquez, si le modèle que vous utilisez pour parler des parties est fondé sur leur *comportement*, alors 1) vous ne les mettez pas en valeur et 2) vous avez peut-être raison, ce qui serait dangereux. Si vous aviez vraiment une partie qui n'avait pas de fonction positive — elle ne serait que critique ou destructrice —, alors que pourrez-vous faire ? un exorcisme ?

Il y a un homme à Santa Cruz qui exorcise des parties. L'exorcisme est terrible, prend très très longtemps et a des conséquences malheureuses. Cet homme a « découvert » dans ce pays une épidémie de personnalités multiples que personne n'avait remarqué auparavant ! Il ne s'imagine pas qu'il en est peut-être la cause.

Je ne vous recommande pas l'exorcisme. Je préfère lier une partie à un objectif, que les deux aient été reliés ou non auparavant. Si vous *faites comme si* ils sont liés, ils le seront.

Une fois que vous avez un objectif, vous n'avez plus besoin d'exorciser une partie. Vous vous contentez de lui donner de nouveaux comportements.

Première étape : identifier l'objectif

Si quelqu'un n'a pas une partie pour faire quelque chose, vous pouvez en créer une, mais vous devez vous assurer qu'elle est conçue pour atteindre un *objectif précis*. Si vous n'êtes pas capable d'ouvrir une porte, vous créez une partie qui ouvre les portes. Cela paraît simple, mais c'est en fait assez compliqué. Et c'est quelque chose que vous faites tout le temps. Vous avez tous des parties que vous avez construites d'une façon ou d'une autre. *Tout* ce que nous faisons explicitement avec les parties et le recadrage sont des choses que les gens font de toute façon. Ce sont des processus naturels.

Je pense que les êtres humains ont tendance à s'organiser en termes d'objectifs contextuels. Un homme se comporte différemment avec sa femme et avec ses collègues de bureau ; il a un ensemble complètement différent de comportements analogues pour obtenir des résultats différents. C'est ce qui s'appelait la « théorie des rôles » qui était je le pense en quelque sorte sur la bonne voie. Cependant, les thérapeutes se sont retrouvés coincés en essayant de prouver qu'il n'y avait rien d'autre.

De nombreux élèves de B.F. Skinner se sont retrouvés coincés de la même façon. Ils disaient que, puisque Skinner n'observait pas ce qui se passait dans la « boîte noire », c'est qu'il n'y avait rien dedans. Skinner n'a pas dit : « Il n'y a rien dans la boîte noire » mais : « Je ne vais pas l'ouvrir », ce qui est très différent. Les élèves de Skinner ont interprété la connotation comme voulant dire qu'il n'y avait rien dedans, de toute façon. Ce n'est pas le cas et, d'après ce que j'ai lu, je ne pense pas que c'est ce que Skinner voulait dire.. Néanmoins, nous savons comment sont certaines personnes : si elles ne voient pas quelque chose, ça n'existe pas.

Afin de fabriquer une partie pour atteindre un objectif précis, la première préoccupation est d'identifier un « besoin ».

FEMME : Pouvez-vous indiquer la différence entre un besoin et un objectif ?

Justement, c'est pour cela que je l'ai mis entre guillemets. *Vous* allez trouver un objectif. Votre client va vous dire qu'il a un « besoin ».

L'aspect délicat est de fabriquer une partie qui ne va pas interférer avec le reste des objectifs de la personne. S'il y a une partie qui *l'empêche* de faire quelque chose et que vous fabriquez une partie pour *le faire*, devinez ce qui va se passer ? *LA GUERRE*. Pour éviter que cela ne se produise, nous mettons dans le modèle une étape au cours de laquelle toutes les parties de la personne qui ne veulent pas que vous fabriquiez la nouvelle partie deviennent des alliées au cours du processus de conception.

La première chose à faire est d'identifier le « besoin » pour lequel vous allez fabriquer la partie. Par exemple, une femme peut venir vous voir et vous dire : « Vous savez, j'ai fait beaucoup de régimes et je ne maigris jamais. Je pèse beaucoup trop, alors je veux que vous me mettiez en transe et donner un mauvais goût à tout ce que je mange. » Si c'est ce qu'elle veut vraiment, je vous recommande de l'envoyer dans une de ces cliniques Schick où ils vont poser de magnifiques gâteaux devant elle et lui donner des électrochocs. Si elle fume, ils vont la mettre dans une pièce remplie de mégots de cigarette et lui faire boire des cendres entre autres choses réjouissantes.

C'est une façon de fabriquer une partie qui vous *empêche* de faire certaines choses. Mais cela ne prend pas en compte le bénéfice secondaire — l'objectif du comportement problématique. Cela en fait une méthode très difficile pour arrêter des comportements. C'est une façon expérientielle d'y arriver, qui marchera tant qu'elle est renforcée. Au bout d'un certain temps, lorsque la partie que vous avez créée découvre que vous n'allez pas recevoir de choc électrique, alors elle va se moquer du fait que vous fumez ou non. Il vous faudra alors peut-être recommencer le processus ou faire autre chose. C'est le problème quand on construit une partie de cette façon. Ne sous-estimez cependant pas cette approche car elle fonctionne. Elle semble un peu dure et ne marche pas avec tout le monde mais elle marche. Il est important de comprendre ce qui se passe lorsqu'une personne change et de faire une métaphore ou un mensonge pour décrire ce processus qui nous permette de réaliser des changements plus élégamment.

Revenons à notre cliente trop grosse. Elle exprime le besoin de « perdre du poids ». Lorsque vous fabriquez une partie dont le rôle est de *perdre du poids* et que la personne en perd, que va-t-il se passer ? Elle va en perdre *encore plus !* Elle deviendra peut-être anorexique ! Donc, si vous ouvrez une clinique et fabriquez des parties pour perdre du poids, vous allez finir par ouvrir une clinique un peu plus loin pour traiter les anorexiques. Là, vous pourrez fabriquer des parties qui mangent et vos clients vont faire des aller-retour tous les six mois. Dans l'objectif énoncé, il n'y a rien qui parle de maintenir un certain poids.

La plupart des gens ne comprennent pas la *substitution* des symptômes. Une école de pensée dit : « Eh bien, si vous utilisez l'hypnose, alors vous allez avoir une substitution des symptômes. » Et je réponds : « *Bravo ! Substituons délibérément quelque chose et arrangeons-nous pour que ce soit utile.* »

Il y a des années, un homme a écrit un article dans lequel il décrivait comment il avait transformé des cigarettes pour qu'elles aient le goût le plus infect auquel il ait pensé — l'huile de foie de morue. Le client avec lequel il a fait ça a arrêté de fumer mais est devenu accro de l'huile foie de morue ! Il en avait une bouteille en permanence sur lui. J'imagine que c'est mieux que de fumer. Je ne connaît pas les risques de la surconsommation d'huile de poisson. Cela me semble infect. Je préfère substituer des symptômes positifs.

Alors la question vraiment importante est : « Que voulez-vous atteindre en termes d'objectif ? » Si quelqu'un me dit : « Je veux arrêter de fumer » et que vous transformez l'objectif en *pas de cigarettes*, alors vous allez mettre en œuvre les ressources de la personne pour supprimer cette activité d'une façon qui peut avoir énormément *d'autres* conséquences qui ne sont pas positives.

La question est : « Comment conceptualiser le travail de changement pour éviter les effets secondaires indésirables ? » Lorsque quelqu'un vient avec un problème de poids, quelle partie allez-vous fabriquer ? En d'autres termes, quel va être l'objectif de cette partie que vous allez fabriquer ? Actuellement, son besoin est de perdre du poids. Mais comment pouvez-vous y arriver sans la transformer en anorexique ?

ANNE : On pourrait définir le poids qu'elle souhaite peser et s'arranger pour que la partie ne fonctionne pas en dessous de ce poids là.

Oui. On peut mettre une condition sémantique pour définir quand la partie est active ou non. On peut s'arranger pour que la partie commence à entrer en action quand la personne pèse plus d'un certain poids. Néanmoins, les parties n'aiment pas rester inactives.

HOMME : On pourrait mettre toutes les parties d'accord sur l'objectif.

Essayez un jour ! Je suis sérieux. Si quelqu'un entre et veut perdre du poids, essayez de convaincre la partie qui aime le chocolat d'être d'accord. Ses parties vont peut-être toutes dire : « C'est un objectif génial ! » Mais si vous mettez toutes ses parties d'accord sur l'objectif, ce n'est pas ça qui va lui permettre de l'atteindre. Les parties objectent au *processus* pour y arriver.

HOMME : Pourraient-elles suggérer des alternatives ?

On peut le faire mais, dans ce cas-là, vous utilisez un modèle de recadrage différent. Vous dites alors que le problème provient de l'interaction des parties existantes. Vous pouvez utiliser le modèle du recadrage en six points, mais ce n'est pas très élégant car vous devez traiter avec un nombre faramineux de parties. C'est une question d'opportunité : si vous deviez fabriquer une partie, que ferait-elle ? Je veux que vous fassiez la distinction entre l'objectif — ce que vous voulez être certain de voir se produire — et les comportements ou les procédures que la partie met en place pour atteindre l'objectif. Les deux sont importants mais je veux pour le moment que vous précisiez des objectifs.

HOMME : Vous devez la rendre plus polyvalente pour qu'elle puisse faire plus d'une chose.

D'accord, mais que *va*-t-elle faire ? Quel est son travail ? Je ne veux pas que vous vous égariez. Si nous fabriquons une partie dont la fonction est de faire en sorte que la personne pèse cinquante-cinq kilos, ça va marcher. C'est super. C'est un objectif bien formulé. Maintenant, je veux poser la question suivante : « Quels sont les *autres* objectifs qui vont fonctionner aussi bien ? » Il y a *des tas* de bonnes réponses à cette question. Ce qui est important, c'est d'apprendre à bien les conceptualiser. Anne était sur la bonne piste. Elle a dit : « Voilà ce qu'on ne veut pas, voici ce qu'on veut. Ceci est un moyen d'obtenir *uniquement* ce qu'on veut. » La question clé à se poser est : « *Est-ce que cela va nous donner* UNIQUEMENT *ce qu'on veut ?* »

HOMME : On pourrait mettre la partie en charge de la « santé » ou de l' « apparence », ou d'une structure qui englobe le poids.

FEMME : Pourquoi pas une sorte de 'centre de contrôle de l'alimentation' qui prend en compte tous ces facteurs pour décider quel poids peser ?

FEMME : Je pense que vous devez prendre tous ces besoins que cette partie compte satisfaire et les satisfaire d'une autre façon.

Tout cela est vrai. La question que je pose est : « *Que va faire la partie ?* » Si nous avons une partie dont le rôle est de gérer la santé générale, et que nous y incluons le fait de maintenir un certain poids, alors allons-nous faire *uniquement* ça ? Le mot magique est « *uniquement* ». Dans certains cas, il peut être souhaitable de faire beaucoup plus que ce que demande le client, mais pour le moment, parlons de changement thérapeutique limité. Votre réponse est correcte, et peut-être une meilleure réponse dans la vraie vie lorsque vous êtes avec un client. Toutefois, *chaque travail qui incombe à une partie rend l'installation de cette partie plus difficile*. Je veux que vous y pensiez. Chaque objectif supplémentaire d'une partie lui complique son fonctionnement. *Plus l'objectif est limité, plus c'est facile d'installer une partie*. Parfois, cela vaut le coup de faire un effort supplémentaire pour installer une partie plus complexe afin d'avoir un meilleur résultat final. Il sera plus facile d'installer une partie qui maintient quelqu'un à un certain poids que d'installer le genre de coordinateur central dont vous parlez parce que le coordinateur devra avoir un savoir important concernant ce que c'est que d'être en bonne santé. Il aura aussi beaucoup plus de comportements, ce qui peut susciter plus facilement des objections de la part d'autres parties.

HOMME : Pourquoi ne pas installer un déclencheur sémantique pour manger et une stratégie de motivation pour que la personne ne mange qu'à ce moment-là ?

C'est ce qu'on va toujours faire. Anne proposait un certain poids comme déclencheur sémantique. Aujourd'hui, cependant, je veux que vous en parliez d'une façon différente. Une des règles du jeu est de changer la manière dont vous parlez d'une expérience afin d'effectuer des changements de différentes façons. Vous jouez toujours le jeu de la stratégie. Les stratégies, ça n'existe pas, et les parties non plus. La question est : « Comment pouvons-nous en parler différemment et être capable de faire des choses différentes ? » Si vous oubliez cela, je vous recommande alors de construire une partie qui vous le rappelle. « La carte n'est pas le territoire » et ça, ce n'est pas vrai non plus.

HOMME : Et si on transformait le poids supplémentaire en bonheur ?

Je vous demande pardon ? Une partie dont le rôle est de dissoudre le poids et de le transformer en bonheur ?

HOMME : Tant qu'on rêve...

Oui. Bien sûr. Mais est-ce que cela va faire uniquement ce que veut la personne ? Vous voyez, il y a un danger important : dans six mois, cette personne de trente kilos va entrer chez vous et vous dire avec un large sourire : « Vous êtes le meilleur thérapeute que j'aie jamais eu ! » Ou alors elle aura perdu ses deux bras et elle sera encore grosse. Elle vous dira : « Je me sens bien... mais j'ai ce petit problème... »

Je veux que vous prêtiez très attention à votre définition d'une nouvelle partie parce que, dans mon expérience, c'est le genre de chose qui va vraiment arriver. Je pense que les anorexiques sont fabriqués par des personnes bien intentionnées, mais pas nécessairement par des thérapeutes. Les parents donnent souvent à une jeune femme des tas de messages qui transforment la nourriture en ancrage négatif qui la fait vomir quand elle essaye de manger. À travers les intentions positives des parents, la fille devient anorexique.

Je vous recommande d'être *très* prudent lorsque vous définissez des objectifs en tant que thérapeute. Plus vous précisez exactement ce que la partie va faire, moins les autres parties objecterons à son existence, et mieux elle sera capable de fonctionner. Si une nouvelle partie est mal conçue, les autres parties vont probablement l'anéantir. Si nous fabriquons une partie qui va transformer du poids en bonheur, elle va se faire annihiler ! Toutes les autres parties vont faire un exorcisme. Et cette partie qui aime le chocolat ? Elle va dégainer son sabre de samouraï, ssst clac et voilà. Je vous demande de conceptualiser des définitions pour rendre l'installation facile, efficace et utile.

HOMME : Et une tour de contrôle ?

Vous devez être plus spécifique. Ceci n'est pas un séminaire sur les métaphores.

HOMME : Une partie qui dirigerait les autres parties de manière séquentielle afin qu'elles fassent ce qu'elles ont à faire pour atteindre l'objectif désiré. La plupart des gens trop gros savent prendre du poids et en perdre. C'est le maintenir qui est difficile.

Vous auriez une partie chargée de la maintenance, par exemple ?

HOMME : Elle donnerait des indications aux autres parties et leur dirait : « Maintenant tu fais ça, et toi tu fais ça, et puis toi tu fais ça, et maintenant c'est ton tour. »

D'accord. C'est certainement une possibilité. Quel autre objectif pourriez-vous donner à une partie pour qu'elle traite ce problème ?

JEAN : Je pense à une de mes clientes qui mange surtout le soir quand elle est seule et qu'elle s'ennuie. Je veux fabriquer une partie de telle sorte que, quand elle est seule et commence à s'ennuyer, elle va générer des tas d'activités intéressantes qu'elle effectuera à la place de manger.

Oui. C'est une bonne option, *si* votre information est la bonne, à savoir que manger à ce moment-là génère une prise de poids. Puis la première question à vous poser est : « Est-ce qu'elle a déjà une partie qui l'occupe quand elle s'ennuie ? » Elle en a peut-être déjà une et la *façon* dont elle s'y prend est de se bourrer de sucreries. Alors, tout ce qu'il faut, c'est que cette partie dispose de trois autres façons de l'occuper. Le recadrage en six points conviendrait bien pour ça. C'est une possibilité. Ou alors elle n'a pas de partie qui l'occupe et il peut être approprié d'en fabriquer une.

JEAN : Elle a eu une lobotomie, ce qui soulève des questions intéressantes.

Peut-être. Pourtant, je ne pense pas qu'on puisse enlever des parties de cette façon-là. Je pense qu'elles deviennent *soumises*.

JEAN : Mais cela éveille des ancres en elle sur ce qu'elle est capable de faire ou d'apprendre.

Tout ce qu'il vous reste à faire, c'est de dénicher les résultats de recherches qui montrent qu'il est possible d'effectuer les changements que vous voulez réaliser. Je suis certain que vous pouvez en trouver des tas.

JEAN : Je viens tout juste d'en retrouver.

Oui. C'est ce qu'on appelle la « recherche instantanée ». C'est très très utile pour certains clients.

Laissez-moi vous poser un autre problème. Imaginons que vous utilisez le modèle du recadrage en six points. Vous demandez : « Y a-t-il une partie de vous qui est votre partie créative ? » La personne répond qu'elle ne sait pas, alors vous continuez : « Eh bien, rentrez en vous-même et demandez s'il y a une partie de vous qui peut faire des choses de manière créative. » La personne s'exécute et revient en disant qu'il ne s'est rien passé. D'après votre observation, il ne s'est effectivement rien passé. À ce stade-là, vous avez le choix entre deux possibilités pour créer une partie créative. La première est de faire comme si vous aviez reçu des messages d'une partie qui est là. Si vous en persuadez la personne par votre congruence, elle va la fabriquer d'elle-même. L'autre possibilité est d'en construire une officiellement parce qu'elle n'en a pas encore qui remplisse cette fonction.

Quel autre genre de contexte serait approprié pour *fabriquer* une partie plutôt que de recadrer celles qui existent ? Donnez-moi des exemples où il serait plus utile de fabriquer une partie que de trifouiller avec les parties existantes.

HOMME : Un vécu que la personne n'a jamais eu, qu'elle n'a jamais rencontré dans sa vie.

Ce n'est pas un exemple. Les exemples ont un contenu explicite pour que les gens disent : « Ah, oui ! » quand vous les donnez. Vous m'avez donné une *classe* et c'est tout autre chose. Donnez-moi un *exemple* de la classe dont vous parliez.

HOMME : Prenons le cas de quelqu'un qui n'a jamais eu de relation sexuelle satisfaisante.

D'accord. Vous allez construire une partie pour faire quoi ? Vous voulez une partie qui fait que la personne se sente bien de sorte que, chaque fois qu'elle n'est pas satisfaite sexuellement, elle se dise : « Tout va bien, tout va bien » ?

FEMME : Il faut lui faire imaginer une relation sexuelle satisfaisante, la construire dans l'imaginaire de la personne.

Ça, c'est *comment* on va faire. Vous parlez encore de procédure et non d'objectif. Je ne vais pas vous apprendre à fabriquer une partie tant que vous ne savez pas *ce que* vous allez fabriquer. C'est une de mes règles. Donnez-moi des exemples pour lesquels vous fabriqueriez une partie.

FEMME : Si quelqu'un naît avec des problèmes de coordination, on pourrait lui donner une stratégie pour être coordonné en copiant d'autres personnes.

Je suis d''accord avec tout cela excepté lorsque vous dites que la personne « naît comme ça ». De nombreuses personnes méritent une meilleure coordination main-œil sans être « nées comme ça ». Elles n'ont simplement jamais développé de partie qui gérait la coordination. Même s'il y a un problème physiologique, cela peut valoir le coup de fabriquer une telle partie.

JEAN : Disons que je connais un fils de militaire qui a été élevé à l'étranger et qui n'a pas eu les mêmes expériences que ses pairs. Je veux que ce garçon acquière un certain savoir-faire social. Je pourrais fabriquer une partie qui lui apprenne à écouter attentivement son entourage et à construire une nouvelle histoire à partir de ce qu'il entend autour de lui.

Quel est l'objectif du comportement de la partie ?

JEAN : L'objectif est de lui apprendre à parler avec congruence de choses qu'il n'a jamais connues, pour qu'il crée des ponts socialement et qu'il ne paraisse pas différent des autres.

C'est encore un comportement. Quelle est la fonction de la partie ?

JEAN : L'aider à accroître ses interactions sociales avec les autres.

Bien. Ça, c'est l'objectif. Je peux me représenter des situations où cela serait tout à fait approprié.

HOMME : Vous pourriez fabriquer une partie qui vous motiverait à explorer des choses nouvelles et risquées.

Une partie dont le travail est de susciter des comportements dans des contextes risqués. C'est ce qu'on appelle une partie « culottée ». Je pense à des *tas* de gens qui en ont besoin.

HOMME : On dirait que vous nous fabriquez des parties tout le temps. Par exemple, vous fabriquez en nous des parties pour observer l'expérience sensorielle et la traduire, et pour comprendre le recadrage.

Oui, bien sûr. Tout à fait.

FEMME : J'aimerais une partie qui entend les tonalités. L'objectif serait de chanter juste.

Oyez, oyez ! Donnez moi d'autres exemples où vous utiliseriez ce modèle plutôt que l'autre.

HOMME : Fabriquer une partie qui apprend à exercer n'importe quelle activité physique, comme le patin à roulettes, le patin à glace ou tout autre sport.

Bien sûr. Ça ressemble à des stratégies, n'est-ce pas ? D'accord. Là, on part au pays de la générativité ; maintenant, revenons à la thérapie. J'apprécie votre tendance à être génératif, mais ce séminaire traite de thérapie. La question est : « Quels sont les problèmes qu'on vous amène, à vous les thérapeutes, pour lesquels ce modèle va être approprié ? » Si vous ne trouvez rien, ce n'est pas la peine de vous l'enseigner.

FEMME : On pourrait l'employer avec l'enfant d'un missionnaire qui n'a jamais eu d'environnement stable et qui a l'impression de n'avoir aucune racine.

Que ferait cette partie ?

FEMME : Elle lui permettrait de se sentir chez lui où qu'il soit.

Oui, d'accord.

FEMME : Fabriquer une partie pour s'affirmer ?

Oui. C'est le but des séminaires d'affirmation de soi : « Maintenant, nous allons construire cette même partie tous ensemble. »

HOMME : Une partie qui sait quand il faut sortir d'une relation improductive.

Oyez, oyez !

FEMME : Une partie qui dit à la personne le besoin que leur opération actuelle met en valeur. Et elle saurait...

Attendez un instant. Pour moi, le mot « opération » est une ancre pour autre chose que ce que je pense vous êtes en train de dire. C'était une remarque « tranchante » ; s'il vous plaît, reformulez-la.

FEMME : Une partie qui dit à la personne pourquoi son activité du moment est satisfaisante.

Une partie psychothérapeute ? « Vous êtes heureux maintenant *parce que*... »

FEMME : La personne saurait alors pourquoi elle mange, quel besoin cela satisfait, puis elle pourrait substituer une activité préférentielle.

Laissez-moi exprimer des doutes. C'est quelque chose que la thérapie a essayé de faire pendant des années et je trouve que ce n'est pas un objectif utile. Quel est *l'objectif* d'installer une partie qui parle du comportement de la personne alors que celle-ci est en train de le produire ? Je connais un résultat et je le trouve absolument désastreux : il y a toujours *deux* d'entre vous — un qui fait quelque chose et l'autre qui en parle. Ça s'appelle la dissociation.

De plus, ce genre de conscience génère un résultat encore pire, à savoir que vous n'avez pas beaucoup d'expérience sensorielle externe. Si vous avez une partie qui surveille en permanence votre comportement, vous serez toujours tourné en vous-même, à surveiller votre comportement. Vous ne saurez pas comment le monde réagit envers vous. Vous serez en train de vous parler — pourquoi vous avez cette conversation et pourquoi vous vous sentez mal à l'aise. Mais vous ne verrez jamais le comportement externe ; vous serez trop occupé intérieurement. Ce genre de partie a des limitations importantes qu'il faut prendre en compte.

Vous pouvez fabriquer une partie pour faire ça ; de nombreux thérapeutes en ont déjà une. Certains participent à un de mes groupes au cours duquel je dis : « Maintenant, je vais prendre cette personne et la toucher sur l'épaule, et la couleur de sa peau va changer. » Les gens qui ont cette partie rentrent en eux-mêmes et se disent : « Holà, je me sens menacé. Pourquoi est-ce que je me sens menacé maintenant ? » Quand je demande : « Quelle était la nouvelle couleur ? », ils ressortent et disent : « Je n'ai rien vu. » Le problème, c'est que vous ne pouvez pas voir ou entendre beaucoup de choses à l'extérieur si votre attention est tournée vers l'intérieur pour surveiller votre comportement — que vous le fassiez visuellement, auditivement ou kinesthésiquement.

Les méta-parties

Lorsque vous êtes pris dans un cercle vicieux, vous pouvez avoir besoin de ce qu'on appelle une méta-partie qui se dissocie temporairement, qui prend une position d'observateur et qui dit : « Hé, qu'es-tu en train de faire ? » La fonction de cette partie serait de vous faire sortir des cercles vicieux. Mais elle ne se mettrait en route que lorsque vous seriez coincé ; elle n'analyserait pas à longueur de temps. Si vous incluez cette contrainte, vous obtenez un objectif plus utile. Il est très important de réfléchir très attentivement aux objectifs parce que vous pouvez très bien installer des parties qui vont rendre les gens dingues inutilement. Lorsque vous envisagez d'installer quelque chose, je veux que vous vous demandiez : « Alors, quel est le résultat que j'obtiens logiquement si je construis cette partie ? Est-ce que c'est *vraiment* ce que je veux faire, ou bien est-ce que je vise autre chose ?

Comment puis-je rendre ma description plus précise de sorte que, quand je la fabrique, j'obtienne quelque chose qui s'approche de ce que je veux ? »

Laissez-moi généraliser l'idée de la méta-partie. Une méta-partie n'est opérationnelle qu'à certains moments et le déclencheur contextuel qui la met en route est généralement fondé sur le fonctionnement des autres parties. Par exemple, ce peut être une partie qui entre en jeu quand vous vous sentez coincé, insatisfait ou dubitatif. Son fonctionnement peut aussi être lié à un stimulus externe comme l'heure mais, dans ce cas, cela peut interférer avec ce que vous êtes en train de faire à ce moment-là. Il vaut donc généralement mieux le déclencher par un état interne — une sensation d'être en conflit, une indécision ou quelque chose comme ça. Vous pouvez spécifier que la méta-partie passe à l'action dès que deux parties entrent en conflit.

Une méta-partie est comme un état d'amnésie qui attend en coulisses avant de se déclencher. Dans la méta-partie, il y a un programme — un ensemble formel de procédures — qui se déroule de manière séquentielle. Ça ressemble plus à un sous-programme informatique qu'à autre chose. « Si une partie n'est pas d'accord, alors faites X. » La méta-partie opère et modifie les parties en désaccord. Elle opère sur les autres parties mais ne fonctionne qu'en réponse à un déclencheur. Elle suit une procédure généralement formelle : elle pourrait faire un recadrage en six points, faire un recadrage de sens ou vous donner une amnésie. On a des tas de possibilités quand il s'agit de donner un rôle à une méta-partie. C'est une partie qui influence les autres pour les empêcher de rentrer en conflit ou qui les empêche de faire quelque chose qui vous mènerait en prison.

Vous pouvez voir une méta-partie comme un mécanisme pour *construire* une réaction. Une méta-partie qui fonctionne bien peut aussi intervenir lorsque vous rentrez dans une boucle interne bien calibrée, bien identifiée et qui n'est pas utile ; ceci devient une ancre pour une procédure qui sollicite une réponse et vous sort de là. J'y pense plus en ces termes que sous forme de partie. L'idée de partie correspond bien au vécu de la plupart des gens mais, pour moi, ce concept contient un peu trop d'anthropomorphisme. Vous pouvez voir une méta-partie comme une partie qui fait une distinction, puis qui déclenche une procédure qui vous mènera ailleurs.

Dans le cas d'un couple, vous pouvez construire chez un des deux partenaires une partie qui ne fonctionne que quand ils se disputent. Cette partie se rend compte qu'ils se disputent parce qu'ils veulent tout deux améliorer ce qui se passe actuellement. Plutôt que de foncer, de négocier avec toutes les parties qui se sentent justifiées, et de débattre, vous pouvez fabriquer une partie qui voit qu'elles se font se sentir mal *parce qu'elles* veulent se sentir bien. Ce qu'elles veulent, c'est bien, mais leur façon d'y arriver ne convient pas du tout. Plutôt que de recadrer vous-même toutes ces parties, vous pouvez fabriquer une méta-partie qui perçoit cette situation et dit : « Hé, vous faites ça parce que vous adorez ce mec. Vous rappelez-vous la première fois que vous l'avez rencontré ? Vous vous souvenez de la façon dont ça s'est passé ? Vous essayez de vous arranger pour qu'il vous traite bien, mais votre *façon* de faire ne marche pas. Pouvez-vous vous rappeler de ce que vous faisiez à l'époque ? Que pouvez-vous faire d'autre ? Que fait Jeanne avec son mari et qui marche bien ? » Cette méta-partie trouve le moyen de générer d'autres possibilités : elle fournit à ces parties le moyen d'obtenir ce qu'elles veulent vraiment. À des moments précis, elle dit : « Vas-y, change de comportement et sors de ce cercle vicieux ; tu es déjà passé par là et ça n'a jamais marché. Tu n'obtiendras pas ce que tu veux en te disputant et, pour que tu te disputes, il faut que ce soit vraiment important. Il faut que ce soit *suffisamment important* pour que tu changes tes habitudes. »

HOMME : Je suis frappé par cette expression « suffisamment important ». Je sais intuitivement que c'est important et que vous avez déjà insisté là-dessus plusieurs fois, mais pouvez-vous expliquer ce qui rend cela si puissant ?

Cela présuppose que ceci est plus important que cela. Si je vous dis : « Regarde, tu es suffisamment grand pour attraper ce verre », l'implication est que vous êtes plus grand que moi. Si je dis à un gamin : « Tu es assez grand pour te débrouiller tout seul maintenant », cela présuppose que ce n'était pas le cas à une époque. Si je dis à quelqu'un : « Tu es assez grand pour t'assumer », cela présuppose qu'il ne l'était pas mais qu'il l'est maintenant et qu'il ne s'en est pas rendu compte. « Tu veux ceci parce que c'est important. Ce qui signifie que cela doit être *suffisamment* important pour que tu fasses ces autres choses. »

C'est un truc formidable à utiliser dans les thérapies de couple. Le couple se dispute, chacun crie : « J'ai raison ! » Vous dites alors : « Vous vous disputez parce que X, Y et Z sont très importants pour vous. Mais sont-ils *suffisamment* importants pour que vous envisagiez d'autres moyens de communiquer qui pourraient être plus productifs que la dispute ? » C'est une double-contrainte merveilleuse. Si ce n'est pas vraiment important, ils ne seraient pas en train de se quereller ; ils peuvent arrêter tout de suite. Si c'est important, alors ça l'est suffisamment pour qu'ils essayent quelque chose qui peut fonctionner, puisque ce qu'ils font actuellement ne marche pas. Toute l'énergie d'avoir « raison » se trouve canalisée dans un nouveau comportement.

J'ai travaillé avec un couple, quand le mari donnait à la femme ce qu'elle voulait, elle en voulait *plus*. Elle savait qu'elle n'avait aucune raison de le faire, mais elle n'était pas satisfaite et cela le rendait fou. Avant, il lui offrait des choses, mais plus maintenant. Elle avait une partie dont l'intention première était de faire en sorte qu'il la rassure sur l'amour qu'il lui portait. Cette partie faisait quelque chose qui ne fonctionnait pas vraiment bien. J'ai décidé de fabriquer une partie pour l'assister : un allié. Dès que la première partie commençait à avoir des doutes, la nouvelle entrait en action. Elle recadrait en permanence la partie rassurante. Dès que celle-ci avait des doutes, l'allié lui disait : « Est-il important d'être rassuré ? » « Oui. » « Bien. Est-ce suffisamment important pour que tu découvres ce que tu peux faire pour le rassurer et lui montrer que tu l'aimes ? »

Ceci va générer des changements comportementaux beaucoup plus vastes que de lui donner simplement d'autres façons de se rassurer. L'allié va lui faire faire avec son mari des tas de choses qui ne vont pas la rassurer sur l'instant, mais qui *vont* la rassurer *spontanément* à d'autres moments, et c'est ce qu'elle veut véritablement. Vous ne pouvez pas obtenir d'une personne qu'elle vous rassure spontanément. Mais vous pouvez vous conduire de sorte qu'elle le fasse spontanément à d'autres moments. Une méta-partie est une bonne façon d'y arriver.

Quand fabriquer une partie

FEMME : J'essaie de faire un lien avec le modèle du recadrage en six points qui dirait : « Trouve le besoin que satisfait le comportement actuel que tu n'aimes pas, et trouve un nouveau comportement qui satisfait mieux le besoin. »

Oui, c'est le modèle du recadrage en six points. On peut envisager de tels « problèmes » comme si chaque comportement visait la satisfaction d'un besoin. Ou bien vous pouvez faire l'hypothèse qu'un comportement problématique n'a rien à voir avec les besoins de la personne ; c'est juste un *sous-produit* de la satisfaction d'un besoin. Cela vous mènerait aussi à utiliser le modèle du recadrage en six points.

La différence d'utilité entre le modèle du recadrage en six points et la fabrication de parties est la même qu'entre fabriquer une partie qui *arrête* quelque chose et fabriquer une partie qui *fait* quelque chose. Avec le modèle du recadrage en six points, vous partez en général d'un comportement que vous n'appréciez pas et vous trouvez d'autres options de façon à ne plus utiliser le comportement non voulu. Ça, c'est l'utilisation du recadrage pour arrêter quelque chose.

Quand quelqu'un veut une partie qui *fait* quelque chose, il est plus approprié de fabriquer une partie : il veut générer certains comportements et il ne le fait pas. Quand quelqu'un demande une partie pour *arrêter* quelque chose, alors le modèle du recadrage en six points, le modèle du bénéfice secondaire, est plus approprié.

HOMME : Et une partie qui donne plus de flexibilité à une personne qui a beaucoup de polarité ?

Là, vous devez être plus précis. Vous êtes plutôt vague. La partie à laquelle vous *pensez* est peut-être formidable, mais vous devez faire attention à la façon dont vous la décrivez parce que nous allons le mettre en place chez un être humain. Est-ce que ça signifie qu'il va mieux tolérer les querelles entre ses différentes parties ? Que voulez-vous dire ?

HOMME : Admettons que la personne ait une réponse polaire quand elle se retrouve au milieu de beaucoup de personnes ; vous créez une partie qui lui donnera la flexibilité d'écouter.

Ah, vous voulez dire la capacité de ne pas avoir la réponse polaire. Si vous faites ça, vous devez envisager l'éventualité d'un bénéfice secondaire. Si cette personne a *toujours* une réponse polaire, y a-t-il une fonction positive ? Peut-être que oui, peut-être que non. Ce qui est bien avec votre exemple, c'est que si quelque chose est surgénéralisé dans les comportements, vous pouvez souvent simplement construire une partie qui écoute pendant les *conférences* et aucune autre partie n'objectera parce qu'il n'y a pas de bénéfice secondaire à ne pas écouter *dans ce contexte-là*.

Quelle que soit la difficulté, vous pouvez faire comme s'il y avait un bénéfice secondaire et y remédier. Cela marchera toujours. Si vous faites suffisamment « comme si », vous pouvez rendre n'importe quoi réel. Mais il va peut-être s'avérer qu'il n'y a pas de bénéfice secondaire. Il n'y a peut-être bénéfice secondaire que lorsque vos parents vous grondent quand vous êtes adolescent. La réponse polaire vous permet de vous rebeller. Néanmoins, vous avez surgénéralisé cette réaction à toutes les situations.

Vous devenez une de ces personnes qui s'assoit au fond de la salle pendant nos séminaires. À la fin, vous dites : « Oui, mais pour les insomniaques ? Ça marche bien pour les phobies, mais que faites-vous pour les dépressifs ? » Cette personne quittera le séminaire en ne sachant pas comment travailler avec les phobies à cause de sa réponse polaire.

Le fait de ne pas écouter peut avoir un bénéfice secondaire dans un contexte mais pas dans un autre. Donc si vous fabriquez une partie pour le contexte précis où il n'y a pas de bénéfice secondaire, ça peut très bien marcher, mais pour éviter toute objection, vous devez décrire *très* précisément ce que cette partie doit faire.

HOMME : Une partie qui va faire qu'une personne arrive à l'heure pour ses séances de thérapie, ou une partie qui fait faire ses devoirs à l'heure.

Lequel des trois modèles va être le plus approprié pour cet exemple ? « Les gens arrivent en retard. » Qu'est-ce que ça vous rappelle ? ... Ça ressemble à deux parties qui se marchent sur les pieds. Dans ce cas-là, vous utiliseriez le modèle de négociation.

FEMME : Une partie qui fait la différence entre une situation dangereuse et une situation qui ne l'est pas.

Une partie pour faire la différence entre ce qui est dangereux et ce qui ne l'est pas. Qu'en pensez-vous ? À quoi cela ressemble-t-il ? à une situation où vous devez 1) recadrer une partie, 2) construire une partie ou 3) négocier entre des parties ?

HOMME : N'importe lequel.

Oui, on peut utiliser n'importe lequel, mais lequel semble *le plus* approprié ?

FEMME : Construire une partie.

JEAN : Reconstruire une vieille partie. Prendre la partie qui l'a tenu suffisamment hors de danger jusqu'à aujourd'hui, qui l'a empêché de se faire écraser par une voiture ou autre chose, et...

Comment le savez-vous ? Elle n'a rien dit de cela. Que ce passe-t-il dans le cas d'une personne qui se met toujours devant les trains ? Elle n'a pas parlé de ça.

HOMME : Les trains doivent la rater, sinon elle ne serait plus là.

C'est une sacrée hypothèse. Vous pouvez le vérifier avec vos sens, mais je peux trouver des exemples de gens qui ont besoin de parties qui peuvent faire la différence entre les situations dangereuses et celles qui ne le sont pas, parce qu'ils les confondent.

FEMME : C'est encore plus vrai pour les enfants.

Oui. Vos parents vous ont tous fabriqué une partie comme celle-là. Cela fait partie des choses qui vous ont permis d'arriver jusqu'ici. Pensez à toutes les personnes qui ne sont pas arrivées jusqu'à ce séminaire.

Laissez-moi récapituler rapidement depuis le début. J'ai dit que j'avais remarqué qu'en thérapie, la plupart des gens fabriquent des parties. C'est à peu près 80 % de ce que font la plupart des thérapeutes. Si tel est le cas, pourquoi la fabrication de parties est-elle si dominante ? Il est souvent inapproprié de construire une partie. Je ne pense pas que tout le monde ait besoin d'un « Parent », d'un « Enfant » et d'un « Adulte », mais je pense que certaines personnes en ont besoin. La question est : « Qui va avoir besoin d'une partie ? » et : « De quoi précisément auront-ils besoin ? » Dans quels genres de contextes familiers quelqu'un peut-il avoir besoin d'une partie ?

[Quelqu'un traverse la salle en faisant beaucoup de bruit.]

Et pourquoi pas une partie qui fait prêter attention aux expériences sensorielles quand la personne traverse une pièce et qui lui fait prendre conscience qu'elle fait un vacarme épouvantable ? On vient juste d'avoir la démonstration d'un tel besoin. Pour certains, ce serait une partie merveilleuse. Peut-être que dans certains cas, l'absence d'une telle partie n'est pas gênante. Cependant, si vous n'avez pas de partie qui prête attention à la réaction des autres envers vous, il y a peut-être de nombreuses personnes qui agissent comme s'ils n'appréciaient pas votre comportement et vous n'avez aucun moyen de vous en rendre compte ni de le changer. Il y a énormément de personnes en thérapie qui ont ce problème-là. Ils n'ont pas d'amis et n'en méritent aucun. Combien d'entre vous ont de tels clients ? Vous pouvez leur dire qu'il y a quelqu'un quelque part qui va les aimer mais, au plus profond de vous-même, *vous* ne les aimez pas. Le problème, c'est qu'ils n'ont vraiment aucun moyen de savoir comment les autres réagissent envers eux. Ça, c'est un superbe exemple de circonstance où il est approprié de fabriquer une partie. Y a-t-il d'autres circonstances où vous allez avoir besoin d'une partie ?

FEMME : Dans une relation de couple, vous pouvez avoir besoin d'une partie qui négocie avec votre partenaire.

Vous êtes à la limite quand vous parlez d'une partie qui mène les négociations. Que font les autres parties pendant ce temps-là ? Je veux savoir ce qui va se passer si on installe cette partie.

Laissez-moi vous donner un exemple. Un couple est venu me voir parce qu'ils avaient tous les deux des comportements stupides qui se déclenchaient automatiquement et qui les empêchaient de parler du sujet qui les préoccupait. J'ai juste pris un des membres du couple et lui ai installé une partie « interrupteur ». La nouvelle partie a fait quelque chose qui a capté leur attention et a interrompu le comportement stupide suffisamment longtemps pour qu'ils puissent retourner à leur sujet de conversation. Je ne sais pas à quoi vous pensez, mais ça, c'est quelque chose que j'ai fait.

FEMME : Vous pourriez installer une partie qui ferait la distinction entre la réalité et l'hallucination.

Ça, ce serait une partie formidable ! Je vais peut-être essayer d'en construire une un jour. Je vais bientôt former le personnel d'un institut psychiatrique. La principale fonction de cet établissement est de « parquer » les patients dont nul ne sait que faire. Suite à un concours de circonstances particulier, une personne très intéressante vient de prendre le poste de directeur. La *seule* chose que je veux leur enseigner, c'est comment utiliser ce modèle pour construire une partie qui fait la distinction entre ce qui appartient à la réalité consensuelle et ce qui n'y appartient pas. De nombreux psychotiques n'ont pas de partie pour faire ça.

HOMME : De nombreux psychiatres n'ont pas de partie pour faire ça quand ils travaillent avec ces gens-là.

Pour autant que je sache, de nombreuses psychiatres n'en ont pas du tout ! La seule différence, c'est qu'ils ont d'autres psychiatres pour partager leur réalité, donc ils ont au moins *une* réalité consensuelle. Je fais souvent des blagues sur la façon dont les psychologues humanistes se comportent lorsqu'ils sont ensemble. Ils ont des tas de rituels sociaux qui n'existaient pas à l'époque où je travaillais dans une grande entreprise. Là-bas, quand les gens arrivaient au bureau le matin, ils ne se prenaient pas les mains et ne se regardaient pas profondément dans les yeux pendant cinq minutes trente.

Quand un employé d'une grande entreprise voit quelqu'un d'autre faire ça, il fait : « Urrggghhhh ! Bizarre. » Les gens qui fréquentent le milieu de la psychologie humaniste trouvent que les salariés des grandes entreprises sont froids, insensibles et inhumains. Eh bien, ce sont *toutes deux* des réalités psychotiques, et je ne suis pas sûr de savoir laquelle est la plus folle. Et si vous commencez à parler de réalité *consensuelle*, les gens des grandes entreprises peuvent partager la leur avec davantage de personnes que les psychologues dont nous parlons.

Vous avez *réellement* un choix seulement lorsque vous pouvez passer d'une réalité à l'autre, et vous pouvez également avoir une vue sur le processus qui se déroule.

Il est absurde qu'un psychologue humaniste qui doit animer des formations dans une grande entreprise ne modifie pas ses comportements. Pensez au nombre de fois où cela se produit. Si quelqu'un qui maîtrise tout le jargon de l'AT va à un institut Gestalt, il va se faire atomiser par les thérapeutes Gestalt parce que ces derniers savent hurler tandis que la plupart des gens de l'AT n'y arrivent pas. Dans ce contexte, en ce qui me concerne, l'incapacité de s'ajuster à la réalité consensuelle dénote une psychose. Qualitativement, ce n'est pas différent. La seule différence, c'est juste qu'on ne vous enferme pas dans un asile.

Admettons que vous êtes un thérapeute Gestalt, AT ou de quoi que ce soit — même PNL. Demain, vous allez au café du coin et vous parlez aux gens autour de vous : « Vous savez, j'ai passé la matinée à travailler sur les stratégies avec un client et j'observais ses clés d'accès... » Ils vous disent : « Quoi ? » Alors vous vous expliquez : « Eh bien oui, j'ai suivi les cours de Bandler et Grinder. On regarde le mouvement des yeux d'une personne et on sait comment elle pense. » « Bien sûr » répondent-ils. « Oh oui. Et j'ai provoqué une réponse et je l'ai touché, puis j'ai associé cela à cette autre mémoire simplement en le touchant. » Ils vont vous trouver vraiment bizarre.

Vous devez vous rappeler que la réalité est contextuelle. *Ici*, on peut parler de ça et tout le monde hoche la tête. Vous faites maintenant partie de *ma* réalité psychotique. J'ai fabriqué en vous une partie qui fait que je ne suis plus fou. Si nous avions un psychotique parmi nous, nous pourrions faire en sorte qu'il s'arrange pour que tout le monde voie ses hallucinations, puis on pourrait appeler ça une « religion » ou de la « politique ». Ce que je veux dire, c'est que les réalités sont des structures définies.

Solliciter l'objectif

Dans certains cas, il faut fabriquer une partie ; et vous pouvez fabriquer une partie dans tous les cas.

Qui ici a besoin d'une partie ? Quelqu'un ici a-t-il besoin d'une partie ? Que voulez-vous ? Qu'est-ce que la partie va faire pour vous ?

VALÉRIE : Elle me maintiendrait à un certain poids.

Vous voulez une partie qui vous maintienne à un certain poids. C'est certainement une partie bien définie. Qui d'autre ?

HOMME : Je veux une partie qui me permette d'avoir une vision binoculaire claire sans lunettes.

C'est une possibilité.

FEMME : J'aimerais une partie qui ferait des métaphores créatives.

Je veux vous faire remarquer quelque chose. Je vais maintenant faire un commentaire sur le processus de groupe. J'ai demandé aux gens de définir un objectif et ils ont eu beaucoup de mal à y arriver. À l'instant, je viens de demander : « Qui veut une partie ? » et remarquez comme les objectifs sont bien définis ! Souvenez-vous de ça quand vous travaillez avec quelqu'un.

HOMME : Je veux une partie qui me rappelle à intervalles réguliers et fréquents que je sais ce que je fais la plupart du temps.

Oui. Si vous en avez besoin.

JULIE : Je veux une partie qui me fasse savoir ce que je *sais* faire.

Quel est l'objectif ? Ce n'est pas un objectif. C'est un processus. C'est notre premier dérapage ici. Je veux savoir exactement ce que cette partie est censée faire. Vous pourriez vous fabriquer une partie qui vous rappelle le catalogue de vos compétences thérapeutiques ou qui vous rappelle de varier vos comportements. Ça, ce serait précis. Que voulez-vous exactement ?

JULIE : Je veux une partie qui va me pousser à passer à autre chose une fois que je suis convaincue que j'ai déjà réussi une chose.

D'accord. Vous pourriez avoir une partie qui dit : « Bon. Tu as étudié le recadrage, tu connais le modèle. Tu es très bonne et ça marcherait dans le cas présent mais, cette fois-ci, faisons-le différemment et amusons-nous. » Est-ce cela que vous voulez ? Ou bien voulez-vous une partie qui vous dise, une fois que vous avez fait le recadrage : « Bien, ça a marché » de sorte que vous n'utilisiez pas un autre modèle pour résoudre un problème qui est déjà résolu ?

JULIE : Je vais prendre les deux.

HOMME : J'aimerais une partie qui me permettre de me détendre quand je suis assis sur une chaise et que j'écoute une conférence, ou quand je parle.

Est-ce approprié pour ce modèle ? ... *Peut-être*. La question clé est : « Êtes-vous détendu dans d'autres circonstances ? »

HOMME : Oui.

Donc vous vous tendez uniquement dans un contexte tel que celui-ci. Alors le recadrage en six points est plus approprié. Si vous fabriquez une partie pour vous détendre, elle va entrer en conflit avec une autre partie qui vous rend tendu.

HOMME : J'aimerais une partie qui me permettrait de me souvenir du contenu d'un séminaire sans avoir à l'enregistrer.

FEMME : Je veux une partie qui m'affirme, mais seulement dans certains contextes. Cependant, est-ce que j'utiliserais ce modèle si *j'avais* une partie qui m'affirme et que le problème de manque d'affirmation était contextuel ? En d'autres termes, *j'ai* une partie qui m'affirme, mais elle ne fonctionne pas tout le temps.

Je ne dirais pas ça comme ça. D'après votre description, je dirais que vous avez une partie qui vous affirme parce que vous êtes capable de vous affirmer dans certaines circonstances. On peut décrire cela de deux façons. Première possibilité : vous vous trouvez dans des circonstances précises et votre partie dit : « Pas moi ! » Seconde possibilité : la partie qui vous affirme dit : « Vas-y ! » et une autre fait : « Chut ! » La question est : « Que se passe-t-il dans la réalité ? » Une fois que vous le savez, *alors* vous pouvez décider quel genre de recadrage utiliser — mais ce n'est en aucun cas fabriquer une partie.

HENRI : Je voudrais une partie qui me permette de gagner beaucoup d'argent.

D'accord. Vous voulez une partie cupide ou rusée, selon votre façon de le voir. Là encore, il y a beaucoup de questions concernant l'objectif. Si l'objectif est d'avoir beaucoup d'argent, il doit y avoir des critères de bonne formulation sur la façon dont vous allez vous y prendre. Sinon vous pourriez aussi bien vous armer d'un pistolet et dévaliser la première banque venue. C'est ce que je disais tout à l'heure. Je veux une description *précise* de ce que cette partie va faire. Autrement, si j'installe cette partie, elle va peut-être dévaliser une banque.

HENRI : Je veux une partie qui va monter des dossiers et trouver de nouveaux débouchés pour mon savoir-faire.

Oui, bien. Si vous fabriquez la partie qui va monter des dossiers, alors elle va savoir *comment* avoir de l'argent. C'est un type d'objectif très précis.

RAYMOND : J'aimerais une partie qui me permette d'improviser au piano.

FEMME : J'aimerais une partie qui me donne un accès conscient à des images visuelles du passé.

Vous ne pouvez pas faire d'images eidétiques ? Comment épelez-vous « forêt » ? ... OK. Vous pouvez faire des images ; l'emphase porte sur le mot « conscient ».

FEMME : J'aimerais une partie qui me permette de générer de l'humour quand je le veux. Je veux une partie qui fasse éclater de rire les gens.

HOMME : Je veux une partie... qui va me permettre... de faire... des pauses.

Vous en voulez *une autre* ? Vous devez être plus précis car vous venez justement de montrer que vous avez une partie qui vous permet de faire des pauses. Il y a une légère incongruence dans votre communication, mais j'imagine que vous pensez à quelque chose de plus précis.

CATHERINE : J'aimerais une partie qui gère les comportements « passif-agressifs ».

Vous allez devoir me donner une définition. « Passif-agressif » est une *double* nominalisation.

CATHERINE : D'accord. Je ressens des incongruences dans un ensemble de comportements que je rencontre chez moi et chez les autres...

Là, on part au « pays des nominalisations ». Nous devons faire attention. Qu'est-ce que cette partie va *faire* ?

CATHERINE : Eh bien, la partie va satisfaire un besoin...

Toutes les parties vont satisfaire un besoin. Que va-t-elle *faire* ?

CATHERINE : Ce sera comme un périscope.

Vous ne pouvez pas définir un objectif avec ce genre de métaphore. Il *faut* être très précis, sinon vous allez rentrer chez vous un soir, vous allez vous coucher et votre corps va monter comme un périscope. Que va-t-elle faire exactement pour vous en tant que périscope ? Vous devez vraiment rattacher cela à une expérience.

CATHERINE : Je veux un équilibre entre des polarités.

De ? ...

HOMME : On pourrait fabriquer pour Catherine une partie qui lui permettrait d'être plus spécifique.

Voilà. Magnifique. Si on installait une partie en charge du Méta-Modèle et qu'elle méta-modélisait son propre dialogue interne, ce serait un don formidable. La plupart de mes anciens élèves ont une partie Méta-Modèle.

CATHERINE : Je veux une partie qui fasse ressortir...

Attendez. Pas maintenant. Vous avez besoin d'une partie qui connaisse les quatre distinctions du Méta-Modèle. Dans l'exercice, quelqu'un va vous installer une partie qui fait ça à l'intérieur, de sorte que vous ayez le choix, avant de parler, d'utiliser un langage spécifique ou non.

CATHERINE : J'aimerais une partie qui puisse... Je sens que je... J'ai une nouvelle façon de le dire... Depuis hier.

OK. Restez avec ça. Rentrez à l'intérieur...

CATHERINE : J'ai l'impression que j'y suis.

Oui, c'est ça. C'est ce qu'on appelle « se synchroniser avec un comportement observable ». Rentrez à l'intérieur et découvrez ce qui se passe. Je veux que vous visualisiez ce qui pourrait se passer dans votre esprit *ou* dans l'univers du vécu qui *me* permettrait de savoir que cette partie que vous voulez fonctionne. Je ne *veux pas* que votre image soit métaphorique. En d'autres termes, si vous aviez une partie qui faisait ça, que verrais-je de différent ? Prenez votre temps et faites-le par vous-même.

LUCIE : Je veux une partie qui augmente la fréquence et l'intensité des orgasmes avec mon mari. Ça collerait avec ce modèle.

Exact. Pourquoi pas ? Je dis toujours : « Choisissez quelque chose qui en vaut la peine. »

FEMME : Est-ce fabriquer une nouvelle partie, ou bien est-ce seulement...

Eh bien, la fonction de la partie qu'elle veut fabriquer n'est pas de lui faire avoir des orgasmes. Son travail est de pousser une autre partie à le faire plus souvent. C'est ce qu'on appelle une partie « coup de coude ». Elle s'arrange pour que d'autres parties fassent le travail. C'est comme la différence entre une stratégie de motivation et une stratégie d'apprentissage. Il y en a une qui vous fait commencer et une autre qui fait le travail. Par exemple, avec un problème de poids, c'est une chose de fabriquer une partie dont le travail est de faire un régime, et c'en est une autre de fabriquer une partie dont le rôle est de vous faire remettre au régime. Il y a différentes façons de penser à la manière de fabriquer des parties et ce pour quoi vous allez les fabriquer.

Jusqu'à présent, on a fait la première étape : déterminer quel objectif précis vous voulez atteindre et vous assurer qu'il est approprié de construire une partie pour atteindre cet objectif. Avant de fabriquer une partie, je veux que vous vérifiez toujours si un autre modèle de recadrage n'est pas plus approprié pour obtenir ce que vous voulez.

Deuxième étape : trouver une expérience de référence

Je veux accompagner à travers la deuxième étape ceux d'entre vous qui ont choisi la partie qu'ils veulent et qui en ont spécifié l'objectif. C'est un protocole relativement complexe et nous allons le suivre méthodiquement — pas métaphoriquement. En tant que thérapeute, vous pouvez prendre des libertés si vous le souhaitez. Je vous recommande *grandement* de garder à portée de main un crayon et une feuille de papier pendant ce protocole parce que, plus tard, il y aura des choses dont vous devrez garder la trace.

Je veux que tous ceux d'entre vous qui souhaitent participer avec moi rentriez en vous-mêmes et découvriez si vous avez une structure de référence correspondant au comportement que vous désirez. Retrouvez toute expérience vécue au cours de laquelle vous avez fait ce que vous voulez être capable de faire plus méthodiquement, plus souvent, ou autrement.

Disons qu'une personne veut une partie créative. Elle n'a peut-être été créative qu'une fois dans sa vie, il y a dix ans, ou peut-être a-t-elle juste découvert une nouvelle façon d'écrire sa liste de courses. Je veux que vous retrouviez tous les exemples pertinents qui existent, que vous rentriez dedans et en retiriez *tout* le vécu qui les accompagne. C'est un élément essentiel de ce que nous allons faire. Prenez tout le temps dont vous avez besoin. Isolez des occurrences spécifiques de ce que vous recherchez et soyez exhaustifs. Assurez-vous d'avoir au moins un, deux ou trois exemples — si vous les avez — de ce que vous voulez que cette partie soit capable de faire.

Si vous voulez une partie qui va vous faire avoir des orgasmes plus souvent, ne vous remémorez pas un orgasme, rappelez-vous une fois où vous en avez eu un auquel vous ne vous attendiez pas. Si vous allez fabriquer une partie dont le rôle est de vous maintenir à un certain poids, vous n'êtes pas à la recherche d'un souvenir où vous avez pesé le poids en question, vous voulez vous souvenir d'une fois où vous avez *maintenu* un poids spécifique.

Revivez ces souvenirs le plus intensément possible. Vous n'avez pas besoin de le faire longtemps. C'est l'intensité de ce que vous revivez qui est importante.

FEMME : Et s'il n'y a aucun exemple ?

S'il n'y a aucun exemple, attendez. Mais faites très attention, parce qu'il y a probablement des exemples de tout dans votre vécu, que vous en ayez conscience ou non. Si vous ne pouvez pas trouver d'exemple, alors patientez un peu parce que la troisième étape va régler ce problème de toute façon...

Troisième étape : créer un fantasme

Pour ceux d'entre vous qui n'ont pu trouver aucun exemple *et* pour ceux qui ont terminé, je veux passer à la troisième étape qui est en deux parties. Premièrement, j'aimerais que vous créiez pour vous-même une image construite visuelle et auditive dissociée de la façon dont vous vous comporteriez si vous faisiez la démonstration de ce que cette partie vous fera faire. Donc pour maintenir un certain poids, vous n'allez pas vous voir pesant un poids particulier. Vous allez vous voir adopter les comportements qui se produiraient si vous pesiez ce poids, si vous en preniez un peu, si vous en perdiez un peu — en d'autres termes, les comportements qui opéreraient si vous *mainteniez* ce poids. La plupart des gens savent bien perdre ou prendre du poids. Le problème est que, quand ils en perdent, ils en reprennent tout de suite après. Le rôle de la nouvelle partie n'est pas de perdre du poids mais de faire ce qu'il faut pour maintenir le poids désiré. Vous devez vous percevoir dans ce contexte : à quoi allez-vous ressembler ? qu'allez-vous faire ? que verra une personne qui vous observe et qu'entendra-t-elle ?

Ensuite, lorsque vous voyez une séquence complète qui vous convient, rentrez dans l'image et repassez toute la séquence *de l'intérieur*. Assurez-vous que vous appréciez ce que vous ressentez en faisant ça, et faites un bon travail. Vous allez la passer deux fois : une fois de l'extérieur, une fois de l'intérieur. D'abord vous visualisez un bon exemple de ce à quoi vous allez ressembler, avec le son, alors que vous adoptez le comportement. Puis, vous découvrez les sensations de l'intérieur. Si vous êtes satisfait après avoir vu l'ensemble du film de l'extérieur, entrez dans le film et repassez tout depuis le début. Si les sensations ne vous satisfont pas, revenez en arrière et changez les images telles que vous les voyez de l'extérieur, puis repassez-les de l'intérieur...

JEAN : Lorsque je rentre à l'intérieur, il y a un auditif interne qui ne m'apparaît pas quand je regarde de l'extérieur. Je ne sais pas comment m'en débarrasser. Je peux regarder l'image de l'extérieur et j'écris un manuscrit. Mais dès que je rentre à l'intérieur, je suis assis devant la machine à écrire, je commence à écrire les premières phrases, et une voix survient avec des tas d'objections. Je ne crois pas pouvoir traiter ça en refaisant la boucle ressortir puis re-rentrer.

D'accord. Demandez à cette partie auditive si — en ce moment et pour les besoins de votre fantasme — elle veut bien se taire quelques instants, parce que ce que vous voulez faire, c'est découvrir *si* c'est quelque chose que vous voulez. S'il s'avère que c'est quelque chose que vous voulez vraiment, vous ne l'obtiendrez pas sans l'accord de cette partie. C'est l'étape suivante. Donc, si elle a une objection à ce que vous ayez le vécu interne que vous avez fantasmé d'avoir, elle aura l'opportunité d'objecter, et avec raison. Mais elle devrait d'abord vous donner la possibilité de découvrir si vous voulez le nouveau comportement. Lorsqu'elle vous permet d'avoir ce vécu, vous allez peut-être découvrir que, sans cette voix interne, vous n'avez rien à écrire. Auquel cas, il vous faudra construire un autre fantasme.

FEMME : Est-ce qu'il faut un ou plusieurs fantasmes ?

Vous ne voulez *qu'un* fantasme qui est un exemple de ce à quoi vous ressembleriez vu de l'extérieur, en vous comportant comme si vous aviez cette partie. Et alors *si* vous l'appréciez de l'extérieur et que cela semble sans danger — personne ne vous frappe, vous ne tombez pas du haut d'une falaise ou quoi que ce soit —, alors revivez la même séquence de l'intérieur et voyez si vous appréciez également le vécu interne. Vous pensez parfois que vous voulez une partie mais, quand vous l'essayez, vous ne l'appréciez pas.

Si vous n'avez pas terminé, continuez et prenez le temps dont vous avez besoin pour terminer la troisième étape. Cela ne sert à rien de sauter une étape. Je vais donner les instructions pour la suivante. Si vous en ratez une, ne vous inquiétez pas. Je vais probablement les donner plusieurs fois parce que cette étape est un peu compliquée. Soyez sûr d'avoir d'abord terminé l'étape à laquelle vous vous trouvez. Prenez tout le temps dont vous avez besoin. Je répéterai autant de fois que cela sera nécessaire.

Quatrième étape : vérifier l'écologie

Lorsque vous avez trouvé un exemple bien formé de votre façon de vous comporter si vous aviez effectivement cette partie et que ce fantasme vous satisfait, de l'intérieur comme de l'extérieur, alors la chose que je veux que vous fassiez ensuite est une vérification de l'écologie. C'est la quatrième étape. Je veux que vous rentriez à l'intérieur et que vous demandiez — et la façon dont vous le faites est très importante — : « *Est-ce qu'il y a une partie qui n'est pas d'accord pour que j'ai une partie qui se charge de transformer ce rêve en réalité ?* » C'est une question oui ou non. Si vous obtenez un « oui » verbal, bien. Si vous avez une sensation, demandez qu'elle s'intensifie pour « oui » et qu'elle diminue pour « non ». Pour cela, vous pouvez utiliser toutes les méthodes des autres modèles de recadrage.

Si une partie objecte, je veux que vous demandiez : « Quelle est ta fonction pour moi ? » Cette fois-ci, peu importe l'objection. Ce n'est pas ce qui est important. Il vous faut trouver ce que fait cette partie qui objecte, son travail, sa fonction.

Une fois que vous avez cette information, demandez-lui quelle est spécifiquement son objection si vous ne comprenez pas pourquoi elle objecte. Demandez-lui comment elle pense que cette nouvelle partie va la gêner.

Imaginons que vous décidiez : « Je vais installer une partie qui m'apprend à retenir ma respiration pendant une heure. » Quand vous rentrez en vous-même et que vous demandez « Est-ce qu'une partie objecte ? », vous obtenez un « Oui » et donc vous demandez : « Quelle est ta fonction pour moi ? Que fais-tu pour moi ? Quel est ton rôle ? » La partie qui objecte répond : « Eh bien, je suis la partie qui fait battre ton cœur. » Si vous n'arrivez pas consciemment à comprendre en quoi le fait de retenir votre respiration pendant une heure va gêner la partie qui fait battre votre cœur, alors je vous invite à poser la question. Mon idée, c'est que la plupart des liens seront évidents. Mais s'ils ne le sont pas, demandez.

Le crayon et la feuille de papier sont à utiliser dans le cadre de cette étape. Jusqu'à présent, chaque fois que j'ai utilisé ce modèle, il y a eu au moins huit ou neuf parties qui ont objecté. Selon la partie que vous fabriquez, certains d'entre vous n'auront peut-être pas beaucoup d'objections. Lorsque vous installez une nouvelle partie, la probabilité qu'elle en gêne une autre est beaucoup plus grande que lorsque vous modifiez un peu le comportement d'une partie. Il peut y avoir énormément de parties qui objectent à la création d'une nouvelle partie. Et plus il y en a, mieux c'est, parce qu'elles vont toutes devenir des alliées au cours du processus d'élaboration. Faites simplement une liste exhaustive des parties qui objectent et de la fonction de chacune. Vous cherchez à savoir s'il y a des parties qui objectent et, si tel est le cas, ce qu'elles font. Quel est leur travail ? Soyez consciencieux. Assurez-vous que vous les avez *toutes*. Vérifiez chaque système de représentation pour des objections, pour trouver toutes les parties qui ont une quelconque objection. Les objections seront à la base de l'assurance que la partie que vous fabriquez sera élégante et fonctionnera bien. Ce seront les talents de la partie que vous allez fabriquer...

Discussion

LUCIE : J'ai noté six parties.

Vous avez noté six parties. Et vous avez toutes leurs fonctions ?

LUCIE : Oh, non. J'ai juste la liste des parties.

Alors, je veux que vous trouviez la fonction de chacune. Vous dites : « Partie numéro un, tu as objecté ? Que fais-tu pour moi ? » Ne demandez surtout pas : « Quelle est ton objection ? » Demandez : « Quelle est ta fonction ? » Vous cherchez à savoir de quoi est chargée chaque partie qui objecte. Ce n'est pas comme si vous aviez une partie qui dit : « Bon. On va limiter le nombre d'orgasmes. » C'est juste que la partie qui objecte fait *autre chose*. Quand elle envisage la possibilité que vous ayez une partie qui vous fait avoir des orgasmes plus souvent, elle dit : « Hé, je ne suis pas sûre de vouloir une partie qui fait ça. » Maintenant, peut-être pourrez-vous quand même installer la nouvelle partie, et peut-être que la partie qui objectait n'interférera pas du tout. Cependant, si nous découvrons l'objet de son inquiétude, nous pourrons fabriquer une partie encore meilleure et être certain qu'aucune autre n'aura d'objection.

LUCIE : Donc vous voulez que je découvre la préoccupation de chaque partie ?

En second. D'abord, je veux que vous découvriez sa *fonction*, de quoi elle s'occupe. Si cela ne vous permet pas de comprendre pourquoi elle est préoccupée par cette nouvelle partie, alors demandez-lui.

LUCIE : Je ne suis pas sûre d'avoir compris. Par exemple, il y a une partie qui ne veut pas que je mette la pression sur mon mari et une autre qui ne veut pas me donner ce que je veux. S'agit-il de deux parties ?

Quelle est la fonction de la partie qui « ne veut pas vous donner ce que vous voulez ? » Je suis certain que vous n'avez pas de partie qui passe son temps à dire : « Bon, de quoi puis-je priver Lucie aujourd'hui ? » Elle doit avoir une autre fonction. La question est : « Quel est son travail ? » C'est peut-être une partie qui ne veut pas que vous ayez des attentes irréalistes. Tout ce que je veux savoir, c'est sa fonction et sa préoccupation. Si vous avez une partie qui ne veut pas que vous ayez des « attentes irréalistes, » alors vous connaissez déjà sa préoccupation. Elle s'inquiète du fait que cette nouvelle partie ne va pas fonctionner et que vous allez être déçue. Vous n'avez pas à vous soucier de celle-là parce que la partie que nous allons fabriquer va fonctionner. Vous cherchez à découvrir la fonction de chaque partie qui objecte et un peu ce qui la préoccupe dans le fait d'en avoir une nouvelle.

Cette nouvelle partie que vous allez fabriquer va influencer votre comportement. Il vous faut savoir s'il y en a d'autres qui objectent à son existence. Nous devons trouver *toutes* les parties qui objectent à cette nouvelle partie. Et nous voulons aussi savoir précisément en quoi cette nouvelle partie préoccupe les autres parties. C'est une information extrêmement précieuse. Nous devons le savoir, comme ça, quand nous fabriquerons la partie, nous pourrons en fabriquer une qui va satisfaire complètement la personne plutôt que d'enfourner quelque chose de force et de laisser les conflits éclater. Il y a souvent assez de conflits, on n'a pas besoin d'en rajouter.

Je n'ai pas encore parlé d'installer ces parties. Pour le moment, nous ne faisons que de la *conception*. La cinquième étape est ce que nous appelons « satisfaire les critères de bonne formulation ». Le critère de bonne formulation de notre conception sera qu'aucune autre partie objecte. Nous allons prendre en compte *toutes* leurs préoccupations et modifier la nouvelle partie en conséquence. Nous ne voulons pas piétiner les plates-bandes de quiconque sauf celles de l'esprit conscient. C'est le seul qui le mérite.

Votre fantasme de tout à l'heure est la base sur laquelle les parties s'appuient pour fonder leurs objections. Vous avez fantasmé et une partie a fait : « Ouille, ça va être dur. » Une autre a dit :

« Je ne veux pas ça ! » Une troisième a dit : « Si on fait cela, on ne pourra pas faire ceci. » Toutes les parties qui ont une préoccupation ont fondé leurs objections sur ce fantasme. Alors, maintenant, nous allons faire un *nouveau* fantasme. Nous avons maintenant une liste de critères de bonne formulation, nous allons l'utiliser pour modifier le dernier fantasme et prendre en compte *toutes* les préoccupations de ces autres parties. Avant de construire ce nouveau fantasme, j'aimerais que vous *redéfinissiez* votre partie pour qu'elle prenne en compte toutes ces préoccupations. C'est ce qui justifie l'importance du temps passé sur la définition. Par exemple, quelles étaient les fonctions de certaines parties qui ont objecté ?

VALÉRIE : Une de mes parties a dit que si je maintenais le poids que je désirais, je ne serais peut-être pas thérapeute. Je ne voudrais pas faire de la thérapie ; je voudrais être à l'air libre et faire autre chose.

C'est une objection ?

VALÉRIE : Eh bien, si je continue à peser trop lourd, je suis à l'aise pour faire ce que je fais maintenant parce que je n'ai pas beaucoup envie de sortir.

Mais quelle est la fonction de cette partie ?

VALÉRIE : De me garder comme je suis.

Non, ce n'est pas sa fonction. Si une partie de vous dit : « Bon, si tu perds tous ces kilos et que tu maintiens ton poids, tu n'auras plus envie de faire de la thérapie », et que vous dites : « Bon, d'accord, c'est une possibilité. Quelle est ta fonction ? », si elle répond : « Eh bien, c'est de te maintenir comme tu es », c'est du baratin. Dans ce groupe, nous savons que ce n'est pas une fonction, c'est un *comportement*. Nous recherchons une fonction positive. Vous n'avez pas de partie dont le rôle est de vous maintenir telle que vous êtes. Vous avez une partie qui veut vous maintenir telle que vous êtes *pour qu'il* se passe — ou ne se passe pas — X, Y et Z. Si vous ne trouvez pas de fonction, vous n'allez pas tomber sur un bon ensemble de critères de bonne formulation.

VALÉRIE : Par exemple, je ne passerais pas beaucoup de temps seule avec mon mari.

Donc il y a une partie dont le rôle est de s'assurer que vous passez du temps avec votre mari. Et un des moyens d'y arriver est de faire de la thérapie pour pouvoir être avec lui au travail.

VALÉRIE : Exact.

C'est une préoccupation sensée. Cependant, il existe des tas de manières pour passer du temps avec votre mari. Donc la partie qui va maintenir votre poids va s'assurer que cette autre partie est très satisfaite. Elle mettra dans le programme de maintenance le fait de passer beaucoup de temps avec votre mari. Cela fait maintenant partie du fantasme que vous devez construire. Vous n'allez pas maigrir et vous sauver parce que cette partie ne voudra pas.

Bien. Je veux un autre exemple de fonction.

PATRICIA : La fonction de ma nouvelle partie est de me prévenir quand je sais quelque chose. L'inquiétude est que cela va nuire à ma motivation d'apprendre plus.

Donc, si vous aviez une partie qui vous informait lorsque vous savez quelque chose, alors vous seriez moins motivée pour apprendre. Donc, maintenant, vous devez inclure dans votre nouvelle partie le désir de savoir ce qui vient après. Cela doit faire partie intégrante d'avoir la sensation de savoir. « Je connais bien le recadrage ; je me demande ce qu'il y a d'autre à apprendre. » Il faut l'inclure dans le fantasme de votre nouvelle partie. Pour *chaque* objection, vous devrez modifier le fantasme jusqu'à ce qu'il réponde à chacun de ces critères.

JEAN : J'en ai une. Sa fonction est de me garder honnête.

Ce n'est pas une fonction, c'est un comportement. C'est un exemple de ce que nous *ne voulons pas*. Que cherche-t-elle à faire en vous gardant honnête ?

JEAN : Me protéger des accusations de mentir... ou d'être honoré si quelqu'un me dit que je suis honnête.

Eh bien, vérifiez ce qu'elle veut. Il y a une grande différence entre être honoré et...

JEAN : Cela semble pire que...

D'accord, mais soyez tatillon. Entrez, mettez en place un signal oui/non et trouvez de quoi il s'agit. Vérifiez et soyez exhaustif.

VALÉRIE : J'ai trouvé ce qui se cachait derrière ma difficulté à maigrir. La seule fois où j'ai été mince, j'étais folle. J'ai une partie qui ne veut pas que je maigrisse parce que je ne veux pas être folle.

Assurément, vous pouvez insérer des contrôles stricts de santé mentale dans la partie qui va maintenir votre poids à un certain niveau. Mais pensez à ça : le poids et la santé mentale n'ont aucun rapport entre eux en dehors de l'ancrage. Quel que soit votre poids à l'époque où vous étiez ce que vous appelez « folle », il n'a rien à voir avec la folie. Cette fois-là, c'était une coïncidence. Il n'y a aucun lien de causalité entre perdre du poids et redevenir folle.

Il se produit la même chose que la semaine dernière lorsque nous avons fait un exercice. J'ai dit : « Bon, c'est le moment de mentir. » Tous les autres ont dit : « Ouais, on va mentir ! » mais vous avez dit : « Si je mens, je vais être folle. J'ai menti auparavant et j'étais folle, donc si je mens maintenant et que je n'arrive pas à faire la différence, je serai folle parce que j'étais folle de la même façon avant. Si vous voulez *les* rendre fous, d'accord, mais *moi* je sors ! » Et les autres grognaient : « Eh bien, nous, on doit rester ici et être fous. » Je vous ai suivie et je vous ai dit : « Regardez, mentir et ne pas savoir si vous mentiez ou non, c'était pour vous une ancre de folie. Les autres personnes dans la salle ne sont pas devenus folles — autant qu'elles sachent. Lorsque vous allez le faire ce coup-ci, nous allons vous donner une nouvelle ancre. Nous allons mettre des petites lignes noires autour de vos images quand vous mentez, et ce sont des lignes noires importantes. Maintenant, vous pourrez mentir et savoir que vous mentez, comme ça vous ne serez pas folle. »

Tout ce que j'ai fait, au fond, c'est un méta-recadrage autour de ce qui se passait. C'est un tout petit changement dans votre stratégie. Vous faites encore des images visuelles construites. Nous distinguons simplement ces images construites des autres grâce à ces lignes noires, et c'est cette séparation qui vous a permis d'avoir de nouveaux sentiments sur ce que vous faites. Quand je vous ai dit : « Bien. Maintenant, dites un mensonge », vous avez menti. Je vous ai demandé si vous étiez folle et vous avez répondu que non. Je vous ai demandé laquelle de ces affirmations était un mensonge. « Eh bien, celle qui a des lignes noires tout autour est un mensonge. N'importe qui peut le voir. »

Ce que je veux dire, c'est ceci : si vous devez perdre du poids et retrouver un poids que vous associez à la folie, vous devez aussi mettre un cadre autour. Ça doit être une des fonctions de cette nouvelle partie. Si vous voulez retrouver le poids que vous aviez quand vous étiez folle, il y a évidemment l'implication que vous allez à nouveau être folle. Mais, puisque *vous* n'êtes pas la personne qui est devenue folle, *vous* ne pouvez pas le redevenir.

Il faut inclure cette distinction dans la partie que vous construisez maintenant. Il est vital qu'elle soit capable de voir les différences entre *cette Valérie-ci* et celle qui est devenue folle. Cette Valérie-ci n'a pas le même âge et dispose de beaucoup plus d'informations sur le monde dans lequel elle vit. Vous savez faire un tas de choses que l'autre ne savait pas faire. Celle-là ne connaissait pas la PNL. Elle ne savait pas faire des ancrages sur des psychiatres. Il y a des tas d'outils dont vous disposez explicitement maintenant que vous n'aviez pas à l'époque — non seulement ce que vous avez appris ici, mais aussi en AT, et tout plein d'autres choses qui n'ont rien à voir avec la psychothérapie. Cette partie doit donc savoir montrer de temps à autre combien vous êtes différente.

Y a-t-il d'autres questions concernant l'utilisation des objections dans la conception de cette partie que vous voulez fabriquer ? C'est une partie très importante du processus. C'est la clé de voûte de la fabrication de parties fonctionnelles si vous ne voulez pas devenir anorexique ou quelque chose comme ça.

JEAN : Je veux une partie qui me permette d'écrire des articles tranquillement. Une partie objecte. Quand je lui demande sa fonction, elle me répond : « Ma fonction est de te faire prendre conscience de toutes les objections possibles ou critiques sur ce que tu écris. »

Bon. La contradiction que j'entends est que cette partie *veut* que vous écriviez. Son travail et de vous aider à écrire. Est-ce qu'elle objecte à votre confort ?

JEAN : J'aime écrire. Le problème, c'est que c'est un calvaire.

C'est impossible. C'est la même contradiction. Vous dites : « *J'adore* écrire ; c'est si *douloureux.* »

JEAN : Un de mes amis m'a dit : « Je n'aime pas écrire ; j'aime *avoir écrit.* »

Ce n'est pas la même chose.

JEAN : Ce dont j'ai conscience, c'est de m'asseoir devant la machine à écrire, tout remonté : « Oui, je vais écrire des choses formidables. » Et d'un seul coup, je fais : « Beurk ! »

Oui, je suis d'accord. Et savez-vous ce que vous devez faire pour satisfaire cette partie ? Une solution simple serait peut-être de lui faire relire ce que vous écrivez à la *fin* de chaque page.

JEAN : En fait, j'envisageais de lui demander de garder ses

objections pour le moment où j'aurai terminé mon brouillon. Il y a cette autre partie qui dit : « Quand tu t'assieds, écris un brouillon. »

Soit, mais vous n'avez pas à traiter les objections spécifiques. Vous cherchez des *solutions* qui préservent la *fonction* des parties qui objectent. Ce qui est important, c'est que cette partie objecte. Elle dit : « Regarde, si tu écris ça, tu ne vas pas prendre en compte toutes les objections des gens. » Que se passerait-il si vous faisiez un fantasme dans lequel vous vous asseyez et vous écrivez confortablement, et puis, à la fin, vous laissez cette partie corriger au stylo rouge ? Serait-elle satisfaite ? C'est ce que je fais avec ce que les autres écrivent. J'ai une partie qui fait ça vraiment bien, surtout si c'est le travail de quelqu'un d'autre. Ils appellent ça un « travail éditorial ». Cela peut être une partie précieuse.

LUCIE : Je suis coincée par une partie qui ne veut pas abandonner le contrôle...

De... ?

LUCIE : ... que j'ai donné à la partie qui va...

Attendez ! Ces formes sont très importantes. Vous avez une partie qui objecte, c'est ça ? Quelle est sa fonction ?

LUCIE : De m'empêcher de me sentir impuissante.

Ce n'est pas une fonction, c'est un comportement.

LUCIE : Elle me protège de la douleur.

C'est un comportement. Ce n'est pas une fonction. Que se passera-t-il si vous vous sentez impuissante ? Qu'essaie-t-elle de faire en vous empêchant de vous sentir impuissante ? Quel est le problème de vous sentir impuissante ?

LUCIE : C'est une fonction qui ne correspond à aucun besoin.

Non, absolument pas. C'est juste que vous savez pas encore quel est ce besoin. Qu'essaie-t-elle de faire pour vous en vous protégeant du sentiment d'impuissance ? C'est le premier volet. Le second est qu'est-ce que le fait d'avoir des orgasmes plus souvent a à voir avec un sentiment d'impuissance quelconque ? Je n'ai pas besoin de réponse verbale. Ce qui importe, c'est d'avoir une fonction claire pour que vous puissiez comprendre comment vous devez modifier votre fantasme pour que *cette* partie soit aussi satisfaite.

RAYMOND : J'ai été surpris qu'une de mes parties objecte à ce que j'improvise au piano. La première objection était que j'allais passer plus de temps à jouer du piano qu'à interagir avec les autres pendant les fêtes.

Bon. Je ne vous ai pas demandé de poser cette question. C'est important. Je vous ai dit que, si une partie objectait, il ne *fallait pas* lui demander quelle est son objection. Demandez-lui quelle est sa *fonction*, comme ça vous saurez ce dont cette partie est responsable. *Ensuite*, si vous ne comprenez pas dans quelle mesure elle pourrait être concernée, demandez-lui pourquoi.

RAYMOND : Et je lui ai posé la question à l'envers.

Exactement. Quand vous êtes en formation avec moi, c'est très important de le demander comme je vous l'indique. Chez vous, faites-le comme vous voulez. Si vous ne connaissez pas la fonction de la partie qui objecte, c'est extrêmement difficile de la satisfaire.

JEAN : J'ai posé la question : « Que penses-tu qu'il va arriver si tu es l'objet d'une critique ? » Et j'ai eu la réponse : « Alors je me sentirai seul et sans valeur. » Donc elle m'empêche de me sentir seul et inadéquat.

D'une certaine façon, c'est la même réponse. C'est une reformulation. « Tu sais, c'est mon travail de faire en sorte que tu ne te sentes pas seul et sans valeur. » « Eh bien, que se passerait-il si je me sentais seul et sans valeur ? » « Tu te sentirais mal. Mon travail, c'est que tu ne te sentes pas mal. » « Alors, que se passerait-il si je me sentais mal ? » « Si tu te sens mal, tu vas avoir l'impression que les gens ne t'aiment pas. » Tout ce qu'elle fait, c'est redéfinir ce qu'elle ne veut pas : que vous vous sentiez mal. La redéfinition vous donne néanmoins des informations. Ce que vous pouvez inclure au cours de la fabrication de la partie, c'est une protection contre les critiques d'autrui *ou* une façon de les apprécier. Vous pouvez inclure la compréhension du fait que les critiques vous donnent l'occasion de faire des tas de choses. Ainsi, vous pouvez montrer combien vous hurlez bien. Ou alors utiliser leurs comportements. Lorsque les gens sont en colère contre vous, c'est une opportunité *sans précédent* de tester vos compétences d'utilisation. Il y a tellement d'opportunités. Vous n'avez pas besoin de vous sentir seul ; vous pouvez utiliser la critique pour fonder une relation durable.

Quand j'étais jeune, j'ai découvert une chose. Les gens qui m'ont battu sont devenus mes amis, et inversement. Adolescent dans un quartier difficile, j'ai découvert que le meilleur moyen de fonder une relation permanente et durable était de mettre une raclée à quelqu'un. Je m'en suis rendu compte en classe de troisième. Je ne sais pas comment ça marche, mais c'est un phénomène intéressant.

HOMME : N'avez-vous pas trouvé de contextes où ce comportement n'est pas approprié ?

Non. Ma relation professionnelle repose là-dessus. Je sillonne le pays, j'insulte les gens et ils me payent. C'est vraiment bizarre !

HENRI : Je veux vous parler de ma liste de fonctions pour vérifier que j'ai bien compris. L'une d'elles, c'est de m'empêcher d'échouer, une autre, de me procurer des moments de loisir. Ce sont bien des fonctions, n'est-ce pas ?

Certainement.

HENRI : Que les autres me donnent de l'amour.

Pour susciter une réponse spécifique, oui. On peut espérer que cette partie sait ce qu'elle veut dire quand elle emploie la nominalisation qu'est le mot « amour ». Il faudrait peut-être être plus précis. C'est important.

HENRI : D'accord. J'en ai une autre : être une personne attentionnée.

C'est un comportement, pas une fonction. Je vais bien arriver à vous le faire comprendre. Vous n'allez peut-être pas apprendre à fabriquer une partie mais vous allez savoir ce qu'est une fonction avant la fin de ce séminaire ! « Être » est une description. Écoutez la phrase « être ou ne pas être ». Lorsque vous faites une déclaration « ... pour être quelque chose », c'est la description d'un comportement. « ... pour être en colère. Je veux une partie pour me mettre en colère. » Ça n'est pas une fonction, c'est la description d'un comportement. Cette partie veut que vous soyez attentionné envers quoi, envers qui, quand, où et pourquoi ? Qu'est-ce que cela vous apporte d'être attentionné ? Que se passerait-il si ce n'était pas le cas ?

HENRI : L'idée, c'est que je ne veux pas devenir une machine.

C'est le summum de la psychologie humaniste : « Je ne veux pas être un androïde ; donc je vais agir comme ça *tout le temps*. Je vais faire des câlins à *tout le monde*, comme ça je ne serai pas un robot. » L'important, c'est que cette partie veut que vous fassiez quelque chose qui signifie « être attentionné ». Je n'ai aucune idée de ce que cela signifie. Est-ce que cela signifie que vous allez dire sincèrement aux gens leurs quatre vérités ? Ou alors que vous touchez tout le monde ? Qu'est-ce que cela veut dire ? Ne répondez pas parce que le contenu ne m'intéresse pas. Je veux que *vous* le sachiez, et je veux que vous connaissiez la fonction de ce comportement précis. Il s'agit peut-être d'une partie qui veut que vous ne soyez pas un androïde, auquel cas cela n'a rien à voir avec le fait d'être attentionné. Vous pouvez rentrer en vous-même et dire : « Tu ne t'es jamais demandé à quel point le fait d'être attentionné peut tenir de l'androïde ? Alternons les jours 'attentionnés' et les jours 'inattentionnés'. Au moins, je serai un androïde *différent*. »

La question est : « Quelle est la fonction de la partie ? » Si la fonction de la partie est de vous empêcher d'être un androïde, alors la question est « Qu'est-ce que cela veut dire ? » Cela signifie-t-il avoir des comportements moins répétitifs ? Est-ce que cela signifie *ne pas* faire tout ce que Maslow disait être mal ? Il est essentiel de découvrir la fonction de la partie.

RAYMOND : Cette fois-ci, j'ai posé la question concernant la fonction et la réponse a été : « Je suis ici pour prendre soin de toi et pour que tu ne deviennes pas comme ton père. »

Seul un psychologue dit des choses comme ça.

RAYMOND : Mon père improvise au piano.

Oui. Mais ça n'est toujours qu'une fonction. Il faut aller plus loin. Si vous étiez comme votre père, en improvisant au piano, que seriez-vous ? Il y a quelque chose dans la façon dont votre père improvisait qui est perçu négativement par une partie de vous. Soit il se rendait ridicule, soit il faisait quelque chose qu'une partie de vous n'appréciait pas, d'accord ? Alors, qu'est-ce que c'était ?

RAYMOND : Il évitait d'interagir avec les gens.

Bon, donc il y a une partie de vous qui veut que vous ayez des interactions personnelles avec des gens. Bien. Maintenant, il ne vous reste plus qu'à inclure un moyen d'avoir des relations personnelles dans votre façon d'improviser au piano. Vous devez préciser ce que signifie « personnelle », parce qu'il ne s'agit manifestement pas de chanter. Cela signifie peut-être que vous devez être capable de jouer une musique de fond tout en ayant des conversations psychologiques pleines de sens.

FEMME : Est-ce que « qu'on s'occupe de moi » est une

fonction ou un comportement ?

Ni l'un, ni l'autre. C'est tellement imprécis que ce n'est rien. « Qu'on s'occupe de moi » de quelle façon précise, comment ? qui ?

FEMME : Je cherche à retrouver quelque chose qui se trouve dans mon passé, quand j'étais dans ma famille d'origine.

Vous allez fabriquer cette partie pour qu'elle fasse quelque chose, n'est-ce pas ? Que va-t-elle faire ?

FEMME : Elle va me mettre à l'aise quand je danse devant d'autres personnes.

Elle va vous *mettre à l'aise* ? Vous utiliser le mauvais modèle de recadrage parce qu'il y a manifestement une partie qui vous en empêche.

FEMME : Oui, je sais. Je le savais depuis le début et...

Mais vous pensiez quand même le faire comme ça. Le truc, c'est qu'il y aura manifestement une partie qui ne va pas aimer ça parce que son travail est de vous empêcher de danser devant d'autres personnes. Cette partie aura des objections fortes. Donc il y a une partie de vous qui objecte, dont la fonction est « qu'on s'occupe de vous ». Rentrez et dites-lui : « Je n'ai aucune idée de ce que signifie 'qu'on s'occupe de moi'. Qu'est-ce que cela veut dire en termes de vécu ?

FEMME : Dans ma famille d'origine, je devais faire X, Y et Z pour qu'on s'occupe de moi.

Ah. Vous deviez sortir les poubelles pour avoir un bonbon. Mais je vous demande : « Qu'est-ce que ça veut dire dans votre vécu *maintenant* ? » Vous avez quelque chose de si imprécis que je ne peux pas vous aider. C'est comme regarder quelqu'un et dire « Nom, verbe, adjectif, nom. » Votre phrase n'a pas de contenu donc je ne peux pas y répondre. C'est un peu *trop* formel. Vous cherchez à savoir : « Que fais-tu pour moi en tant que personne *maintenant* ? » Vous devez retourner la voir et lui dire : « Regarde, j'ai besoin de savoir en *termes expérientiels* ce que tu fais pour moi en tant que personne. Manifestement, tu es une partie de moi. Je ne vis plus avec mes parents. Je veux savoir ce que tu fais pour moi et ce qui te préoccupe dans le fait que je danse. Si je danse, que va-t-il se passer de si terrible ? »

Vous cherchez la réponse à ces deux questions. Vous voulez

savoir quel est son travail. « Que fais-tu pour moi ? » « Je m'arrange pour qu'on s'occupe de toi. » « Comment le fais-tu ? Qu'est-ce que tu fais ? » Vous voyez, « qu'on s'occupe de moi » peut vouloir dire que les gens vous embrassent. Ou alors qu'ils vous nourrissent. Ou encore qu'ils sont gentils avec vous. Vous devez découvrir ce que cela signifie en termes de vécu. Au bout du compte, c'est ça qui est important.

DANIEL : Je veux une partie pour accéder à l'ensemble des informations visuelles et auditives que je perçois. Une partie objecte au fait d'accéder à nouveau à toutes les informations visuelles et auditives.

Et je suis d'accord avec elle. Cependant, quelle est sa fonction ? Que fait-elle pour vous ? Que se passerait-il si Daniel fabriquait une partie qui se rappelle de *toutes* les informations visuelles et auditives ? On appelle de telles personnes des *idiots savants* et on les met dans des asiles psychiatriques. Ils ne sont pas du tout fonctionnels, ils ne peuvent pas du tout opérer comme des êtres humains. Ils sont constamment conscients de tout ce qui leur est arrivé. Ils peuvent faire des multiplications fantastiques, ce sont des génies en mathématiques, mais ils ne peuvent pas fonctionner dans un monde expérientiel parce qu'ils passent trop de temps coupés du monde extérieur.

Quand une partie a une inquiétude, prenez-la en compte, puis redéfinissez ce que la nouvelle partie va faire. Daniel pourrait le redéfinir en : « Je veux fabriquer une partie qui va mettre à ma disposition des informations sur tous les ancrages qui ont lieu dans un environnement particulier. » « Je veux être capable de visualiser des pages précises d'un livre que j'ai lu. » Qu'importe ce que vous voulez faire, décrivez-le en *termes expérientiels*, ainsi vous saurez exactement ce qui va se passer et les autres parties sauront si elle vont objecter ou non. Et si elles objectent, ce sera pour de bonnes raisons.

JEAN : J'ai une fonction que j'ai beaucoup de mal à verbaliser. J'obtiens des choses du genre : « Voilà, je veux que tu minimises la probabilité qu'on rie de toi et qu'on te traite avec dédain. Et je veux maximiser la probabilité que tu sois traité avec respect, et même qu'on t'honore. »

C'est effectivement une fonction étendue. Elle ne veut pas que vous vous rendiez ridicule.

JEAN : C'est une fonction ?

Oui, c'est une fonction. La question est cependant de savoir ce qui se passerait si vous vous rendiez ridicule ?

JEAN : Ce n'est pas ma question. Ma question est : « Sont-ce des mots qui indiquent une fonction par opposition à des mots qui indiquent un comportement ? »

Ils indiquent principalement des comportements, mais les implications fonctionnelles sont bien reliées aux comportements.

JEAN : Quels sont les mots qui indiquent une fonction ?

Par exemple : « *Si* je me rends ridicule, alors je vais perdre des revenus car mes clients vont partir. » Le comportement de la partie vous empêche de vous rendre ridicule *parce qu'*elle a peur que vous perdiez vos amis, vos collègues et vos clients. La fonction est de conserver vos amis.

JEAN : C'est donc la partie « alors » d'une déclaration « si..., alors... » ?

C'est une façon de le voir. Il existe de nombreuses façons d'obtenir la fonction. Mais ce n'est pas aussi simple que vous le souhaiteriez. La fonction, c'est *ce que* vous obtenez ; le comportement, c'est *comment* vous l'obtenez.

LUCIE : Je reviens sur ma liste. Une partie qui fait des rationalisations a objecté puis elle a dit : « Ça n'a pas d'importance. »

Demandez-lui si son objection est vraiment importante.

LUCIE : Non. J'ai une autre partie qui ne veut pas me donner ce que je veux parce que j'ai déjà tellement de choses que c'est injuste. C'est ça sa raison.

Je ne vous ai pas demandé de trouver des raisons. Qu'elle est la *fonction* d'une telle partie ? C'est la question importante. Nous ne cherchons pas à connaître les raisons de la partie.

LUCIE : Bon. Je vais revoir ça.

C'est quel genre de partie ?

LUCIE : C'est une mauvaise partie ; je n'en veux pas.

Non, NON, NON ! Il n'y a pas de mauvaise partie. Nous avons *tous* de bonnes parties. La question est : « *Quel genre* de bien font-elles ? »

LUCIE : Elle s'assure que je mérite ce que j'ai.

À juste titre. Bon, c'est sa fonction et elle s'inquiète que si vous obtenez quelque chose trop facilement, vous n'allez pas l'apprécier. Alors il faut inclure l'action de faire des choses qui vous font mériter d'atteindre votre objectif.

NATHALIE : Je peux gérer toutes les objections et les inquiétudes, mais j'ai alors un message qui me dit que j'ai besoin d'une autre nouvelle partie — un allié — pour m'aider à faire tout ça.

Très bien. Néanmoins, je pense que ce serait mieux de trouver un allié déjà présent. Vous n'avez pas besoin d'en fabriquer un nouveau. Rentrez et trouvez une autre partie qui peut déjà faire ce dont vous avez besoin. Fabriquer deux parties le même jour représente trop de travail.

NATHALIE : Une partie veut être certaine que je puisse remarquer la désapprobation d'autrui.

Quelle est la fonction de la partie qui veut que vous fassiez cela ?

NATHALIE : Ce serait la partie préoccupée par mes échecs.

Elle n'est pas préoccupée par vos échecs, elle est préoccupée de savoir si les gens désapprouvent ou non.

NATHALIE : Euh, oui. Les deux sont liés.

Certainement. Si vous échouez, les gens désapprouveront peut-être. Mais c'est l'opinion d'autrui qui la préoccupe.

NATHALIE : Oui, et c'est lié au fait d'obtenir certaines choses que je désire.

Bon. Cette partie s'inquiète que s'ils vous désapprouvent, alors ils ne vous donneront pas de travail ni autre chose. Êtes-vous en train de me dire que vous ne croyez pas avoir l'expérience sensorielle qui vous permette de dire quand vous vous conduisez d'une façon que les autres désapprouvent ? Je veux une réponse littérale. Avez-vous cette expérience sensorielle, oui ou non ?

NATHALIE ; Je pense que oui.

Bien. Allez dire à la partie qui dit ça : « Hé, partie, j'ai besoin de ton aide. On fabrique Georges, une partie qui va faire X, mais Georges a besoin d'expérience sensorielle. Je veux que tu te mettes en relation avec cette nouvelle partie *si* nous décidons de la fabriquer. »

La nouvelle partie n'a pas besoin d'avoir toutes les qualités. Si vous avez déjà des parties avec certaines qualités, arrangez-vous pour qu'elles vous aident.

Cinquième étape : corriger le fantasme

Lorsque vous avez toutes les fonctions et inquiétudes de toutes les parties qui objectent, alors *reconcevez* le fantasme de façon à apaiser *toutes* ces inquiétudes. *Vérifiez auprès de chaque partie* pour être certain qu'elle est convaincue qu'il s'agit d'une représentation de l'état désiré qui inclut tout ce qui la préoccupe *et* ce que vous voulez que cette nouvelle partie fasse pour vous. Vous créez un nouveau fantasme dans lequel toutes les objections n'ont aucune raison d'être.

Ainsi, dans le cas du nouveau fantasme de Valérie, la nouvelle partie doit avoir la responsabilité de s'assurer qu'elle sait bien distinguer sa façon d'être maintenant de sa façon d'être quand elle était « folle ». Tant qu'elle sait faire la différence, la partie qui veut qu'elle ne soit pas folle n'aura pas d'objection.

Si vous avez une partie qui a peur que vous vous rendiez ridicule, alors vous devez inclure la capacité d'avoir l'expérience sensorielle pour vous en rendre compte quand cela arrive. Sans cela, vous ne le saurez pas et ces autres parties auront toujours peur que, si vous faites certaines choses, vous allez vous rendre ridicule. Il vous faut des retours d'information afin de satisfaire ces parties. Si Jean écrit, il doit avoir le moyen de devenir quelqu'un d'autre et de relire ce qu'il écrit pour savoir si sa réaction est : « C'est stupide ! » ou « Hé, c'est intéressant. »

Quelles que soient les préoccupations de vos parties, vous incluez dans le fantasme des protections pour avoir une représentation de ce que serait votre vécu si vous aviez une nouvelle partie, qui fonctionnerait pour atteindre votre objectif en tenant compte de toutes les préoccupations des autres parties. Nous voulons non seulement fabriquer une bonne partie, mais une partie *élégante*, une partie qui peut faire son travail et qui ne marche pas sur les pieds des autres.

Maintenant, si vous avez toutes les objections et fonctions, construisez le nouveau fantasme. Faites-le d'abord en dissocié, puis refaites tout de l'intérieur. Corrigez ce fantasme jusqu'à ce qu'aucune partie n'ait d'objection.

Sixième étape : construire la partie

S'il vous est possible d'avoir un fantasme de vous en train de faire quelque chose, puis de rentrer et de le vivre de l'intérieur, vous avez déjà fait tous les ajustements nécessaires au niveau inconscient — en termes de stratégies, de systèmes de représentation, de tout ce qui importe — pour que cette partie sache générer le comportement et se conduise en accord avec ce que vous voulez accomplir.

Un professeur de musique m'a dit un jour : « Si vous pouvez entendre quelque chose intérieurement, alors vous pouvez le jouer extérieurement. La difficulté, c'est d'apprendre à quel point c'est vrai. » Une autre personne qui m'a donné des cours de musique m'a dit : « Quand vous pouvez l'entendre intérieurement, alors faites-le avec votre bouche. Et si vous pouvez le faire avec votre bouche, alors vous pouvez le faire avec vos mains. » Cela signifie que pour avoir un fantasme, vous devez faire mentalement tout ce qu'il faut faire pour que ça se passe comme ça dans votre vécu. Par exemple, dans un fantasme, vous voyez quelqu'un, vous lui racontez une blague et il rit. Ce faisant, vous avez dû mettre en œuvre toutes les stratégies nécessaires pour raconter la blague : la créativité, les gestes, les paroles — tous ces comportements opèrent dans un fantasme détaillé.

La sixième étape est beaucoup plus métaphorique que d'habitude et elle requiert que vous soyez congruent. Vous demandez à vos ressources inconscientes d'analyser ce fantasme et d'en extraire les éléments essentiels. Vous voulez que votre esprit inconscient fasse quelque chose qu'il fait tout le temps. Vous voulez qu'il prenne ces souvenirs avec lesquels vous avez commencé — les moments de votre vie où vous avez eu le comportement ou quelque chose qui s'en approchait —, le fantasme qui a marché et toutes les structures sous-jacentes, et vous voulez qu'il donne à tout cela une *entité*. C'est de cette façon que vous avez acquis aléatoirement toutes vos parties. Votre esprit inconscient peut le faire ; il le fait tout le temps. Regardez ceux d'entre vous qui ont fait de l'Analyse

Transactionnelle et qui ont des parties d'Analyse Transactionnelle : qui les a construites ? Vous.

Donc, rentrez en vous-même et dites : « De deux choses l'une : ou bien mon esprit inconscient est responsable de la fabrication de nouvelles parties, ou alors j'ai une partie quelque part qui fabrique des parties. Dans tous les cas, je veux que vous construisiez celle-là et que vous lui donnez une *entité*. Vous n'entamez pas cette étape avant d'avoir un fantasme clair auquel aucune partie n'objecte. Lorsque vous avez modifié votre fantasme afin que *chaque* partie soit satisfaite, alors vous passez à cette étape. Arrangez-vous pour que votre inconscient ou une partie de vous lui donne une entité pour qu'elle fonctionne par elle-même.

HOMME : Vous voulez bien répéter ?

Vous voulez qu'une partie de vous, ou votre inconscient, analyse votre fantasme. Je vous dis en substance : « Regardez, dans le fantasme, vous avez utilisé une stratégie qui a marché. Vous voulez que la partie que vous fabriquez utilise le vécu de ce fantasme comme fondation, et fonctionne à partir de cette stratégie. » Au fait, ce n'est pas ce que vous diriez à un client. Avec un client, utilisez les métaphores qu'il faut. Quelle que soit la façon dont on perçoit cela, qu'on appelle ça une stratégie ou une partie, on dit : « Rentrez là-dedans et trouvez ce dont vous avez besoin. » Je dirais ceci à un client : « Trouvez dans ce fantasme ce dont vous avez besoin pour pouvoir fabriquer une partie qui va le faire superbement et facilement, à chaque fois que c'est nécessaire. »

Je vous demande de continuer et de terminer ces étapes. Si vous êtes coincé, dites-le moi. Je vous montrerai ensuite comment tester.

Septième étape : tester

Avez-vous terminé cette étape ? Bien. Maintenant, on arrive à l'étape la plus importante de toutes : la septième. Nous devons *tester* la partie pour nous assurer qu'elle est bien là. On peut faire plusieurs choses. Vous pouvez rentrer en vous-même et demander : « Es-tu là ? » C'est toujours un bon début. Vous pouvez aussi adopter des comportements qui vont engager cette partie et découvrir ce qui se passe. Vous pouvez aussi ajouter des tas et des tas de ponts vers le futur dans votre phase de test, surtout quand vous le faites avec d'autres personnes.

Alors, comment votre partie va-t-elle fonctionner ? Décrivez-moi ce qu'elle devrait faire. Quand serait-il approprié qu'elle fasse quelque chose ?

VALÉRIE : Si je monte sur une balance et que je pèse un kilo de trop, elle devrait me dire que je dois arrêter de manger pour que je maigrisse.

Donc elle vous mettrait au régime. Va-t-elle concevoir le régime, ou bien est-ce le rôle d'une autre partie ?

VALÉRIE : J'ai déjà une partie qui fait ça.

Bien. Vous avez une autre partie pour ça. Cette partie a la responsabilité de dire : « Le moment est venu. » Que ferait-elle d'autre ?

VALÉRIE : Quand j'atteindrai le poids que je désire, elle me donnera une image différente de celle que j'avais quand j'étais folle.

Que pourrait-elle faire ici ?

VALÉRIE : Ah. Elle me permettrait d'aller dans la salle à manger, d'être assise à table avec les autres pendant qu'ils mangent et de ne manger que ce dont j'ai vraiment envie ; elle ne me laisserait pas tout manger.

Elle déconnectera l'automatisme main-bras-bouche ? Bien. Comment saurais-je que cette partie était active ? Si j'entrais dans la salle à manger, qu'est-ce que je verrais ?

VALÉRIE : Il resterait probablement de la nourriture dans mon assiette, selon si c'est quelque chose que j'aime ou non. Visuellement, je ne suis pas certaine que ce serait flagrant pendant un certain temps.

Cette partie est-elle pressée de perdre du poids, ou bien est-ce qu'elle prend son temps ?

VALÉRIE : Elle prend son temps. Je ne suis d'accord que si elle le fait lentement. J'ai déjà mis ça au clair avec mon mari. S'il veut manger, il peut, mais moi, je ne suis pas obligée.

Bien. Qui d'autre ?

JEAN : Ma partie va attendre...

Silence ! [avec dédain] Je ne vous ai rien demandé ! ... Que s'est-il passé ? Je testais cette partie. Vous avez fabriqué une partie qui vous aide à répondre aux critiques, n'est-ce pas ?

JEAN : Eh bien, je suis en train de me rappeler... J'étais amusé... et j'ai réagi d'une façon qui... m'a aidé.

À la différence de ?

JEAN : Avoir l'impression d'avoir fait quelque chose d'horrible, à tel point que je devrais me sentir embarrassé ou honteux, ou me mettre en colère.

Bien. Quelqu'un d'autre ?

PATRICIA : J'ai une nouvelle partie et je l'ai faite grandir ; elle a maintenant presque 25 ans.

Ah. J'aime ça. Donc, vous avez fabriqué une partie. Que va-t-elle faire ?

PATRICIA : Elle va me dire ce que je sais et agir en fonction de ça. Et mon test, maintenant, c'est de vous dire que j'ai cette partie et aussi que je sais que je sais...

Donnez moi un exemple de résultat. Si vous deviez fabriquer une autre partie, ce serait un exemple de fonction que...

PATRICIA : Je vais rentrer à la maison et je vais l'utiliser partout. Je vais l'enseigner, je vais...

C'est ce que fait *celle-ci*. Donnez-m'en une autre. Si vous deviez fabriquer une *autre* partie, quelle serait sa fonction ? Si je vous faisais venir ici pour nous démontrer comment construire une toute nouvelle partie dans un autre domaine de votre vie, que fabriqueriez-vous ? Quelle serait sa fonction ?

PATRICIA : Sa fonction serait d'utiliser mon esprit inconscient autant que possible, comme elle vient de le faire maintenant.

D'accord. Maintenant, s'agit-il d'une fonction ou d'un comportement ?

PATRICIA : Sa fonction est d'extraire de mon inconscient tout ce qui a de la valeur.

Est-ce une fonction ou un comportement ?

PATRICIA : Je pense que c'est une fonction.

Soit. Mais en êtes-vous sûre ?

PATRICIA : Elle doit le faire en action.

Oui. Je vous demande seulement si vous êtes *sûre*, si vous êtes prête à vous engager.

PATRICIA : Je suis sûre, c'est une fonction.

D'accord. Et vous êtes tous en train d'apprendre à tester ce genre de chose, n'est-ce pas ? ... Quelqu'un d'autre ?

HOMME : Je crois que je l'ai.

Est-ce que c'est la partie que vous avez fabriqué ? Que fait-elle ?

HOMME : C'est une partie qui dit : « Vas-y et essaye de faire ce que tu penses savoir. Essaye et observe ce qui se passe. »

Donc cette partie va vous pousser à le faire, pour voir si vous savez vraiment le faire on non. Ça me paraît être une bonne idée. Vous avez fabriqué cette partie pour ça et vous avez terminé, n'est-ce pas ? Alors, que pensez-vous savoir mais dont vous n'êtes pas certain ?

HOMME : Jusqu'ici, je n'étais pas certain de pouvoir vous dire que je pensais avoir réussi à fabriquer cette partie sans me mettre dans une situation difficile.

Alors ?

HOMME : Ça marche.

Bien. Qu'avez-vous appris d'autre que vous n'êtes pas certain de savoir faire ?

HOMME : J'ai appris à analyser une stratégie suffisamment bien pour savoir qu'une étape de la stratégie mène logiquement à la suivante.

Bien. J'aimerais que vous l'enseignez à un groupe de gens qui ne l'ont pas compris, ce soir, dans cette pièce, à 19h30.

HOMME : D'accord.

Qui d'autre ?

HOMME : J'ai une partie qui me permet de parler devant un groupe.

C'est la première fois que je l'entends parler ! Quel effet ça fait ?

HOMME : Ça va.

Je vous recommande d'essayer de fabriquer une partie pour *quelqu'un d'autre* au moins une fois avant la fin de ce séminaire, pour voir ce qui se passe. Il y a des tas de gens qui participent à ce séminaire qui n'ont pas pris part à cette session. Testez ce modèle sur quelqu'un pendant le repas et voyez comment ça marche.

Protocole
Créer une nouvelle partie

1) Identifiez l'objectif désiré, la fonction de la partie. « Je veux une partie qui fera X. »
2) Évoquez tous vos souvenirs d'avoir fait X ou quelque chose d'approchant. Entrez dans chaque souvenir et revivez tous les aspects de faire X ou une partie de X. Revivez chaque souvenir dans tous les systèmes de représentation.
3) Créez un ensemble détaillé d'images des comportements que vous auriez si vous faisiez la démonstration de ce que cette partie de vous va faire pour obtenir X :
   a) Créez un film visuel et auditif construit dissocié.
   b) Lorsque vous avez une séquence complète qui vous satisfait, entrez dans l'image et revivez la séquence complète de l'intérieur, en ressentant ce que ça fait d'avoir ces comportements.
   c) Si vous n'êtes pas satisfait, reprenez l'étape 3.a et changez le film. Faites ceci jusqu'à ce que ce fantasme soit satisfaisant de l'intérieur comme de l'extérieur.
4) Vérification de l'écologie. « Est-ce qu'il y a une partie qui objecte à ce que j'ai une partie qui transforme ce fantasme en réalité ? » Vérifiez bien tous les systèmes de représentation pour trouver toutes les parties qui ont une objection. Pour chacune de ces parties :
   a) Demandez à cette partie d'intensifier le signal pour « oui » et de le diminuer pour « non ».
   b) Demandez : « Quelle est ta fonction pour moi ? » « Que fais-tu pour moi ? »
   c) Si la fonction ne vous donne pas l'objection de la partie, demandez-lui : « Quelle est précisément ton objection ou ton inquiétude ? »
   d) Faites une liste écrite complète de toutes les parties qui objectent et de leurs fonctions.

5) Satisfaisez les parties qui objectent :
   a) Redéfinissez la partie que vous êtes en train de créer pour tenir compte de toutes les fonctions et préoccupations des parties qui objectent.
   b) Reprenez l'étape 3 et construisez un nouveau fantasme qui va satisfaire toutes les parties qui ont objecté.
   c) Vérifiez auprès de chaque partie qu'elle est satisfaite du fait que cette nouvelle représentation du comportement de la nouvelle partie ne va pas interférer avec sa fonction.
6) Demandez à vos ressources inconscientes d'analyser ce fantasme et d'en extraire les éléments essentiels. Votre inconscient doit utiliser cette information pour fabriquer une partie et lui donner une *entité*.
   « Prends ce dont tu as besoin dans ce fantasme pour pouvoir fabriquer une partie qui va faire ça superbement et facilement, à chaque fois qu'il faut le faire. »
7) Testez la partie pour vous assurer qu'elle est là :
   a) Entrez en vous-même et demandez.
   b) Faites de nombreux ponts vers le futur.
   c) Adoptez des comportements qui impliquent la nouvelle partie pour voir si elle réagit de façon appropriée.

Chapitre 4

Le recadrage en six points avancé

Maintenant que vous vous êtes tous entraînés avec les autres modèles de recadrage, nous allons revenir sur le modèle de recadrage en six points de base pour que vous appreniez à vous en servir beaucoup plus finement[1]. Il se passe des tas de choses lorsque vous recadrez vos clients et nous souhaitons que vous ayez un large choix de comportements pour gérer une grande variété de réponses.

Jeu de rôle

Je veux que vous fassiez comme si j'étais votre client et je veux que vous me recadriez. Je vais jouer le rôle de Didier, un chauffeur de poids lourd.

Identifier le comportement à changer

FEMME : Que voulez-vous ?

DIDIER : Je ne sais pas ce que je veux, mais je peux vous dire que je ne veux pas Y. Je vous garantie qu'Y, c'est un désastre.

HOMME : De quoi avez-vous besoin pour ne pas avoir Y ?

DIDIER : Si je savais !

FEMME : Qui l'a ?

DIDIER : Quoi ? Y ? Moi. Et je n'en veux pas.

FEMME : Non, qui a ce dont vous avez besoin ?

DIDIER : Je ne sais vraiment pas.

HOMME : Est-ce que Y vous a déjà été utile ? [Didier fait « non » de la tête.] Jamais ?

DIDIER : Jamais. Tout ce que ça fait, c'est me créer d'énormes

---

[1] NdT : Le protocole du recadrage en six points de base est reproduit à la fin de ce chapitre.

problèmes.

FEMME : Qu'est-ce que vous voudriez faire à la place ?

DIDIER : Eh bien, j'ai essayé des tas de choses, mais dès que j'essaie de faire autre chose, il se passe quand même Y. C'est comme si je ne contrôlais pas mon propre comportement. Je sais que ça paraît bête.

FEMME : Si vous aviez le choix, que voudriez-vous faire à la place ?

DIDIER : Euh, j'ai l'impression de ne pas m'être fait comprendre. Je suis ici à cause de ce que je ne *veux pas* faire.

FEMME : D'accord. Choisissez quelque chose que vous préférez faire à la place. Imaginez quelque chose.

DIDIER : Bon. Je préférerais faire Z.

FEMME : Vous pensez que Z vous serait plus utile dans ces situations ?

DIDIER : Oui. Ce serait beaucoup mieux que Y

HOMME : Avez-vous déjà fait Z ?

DIDIER : Non.

HOMME : Connaissez-vous quelqu'un qui sait le faire ?

DIDIER : Don Juan, je pense. Je ne sais pas s'il fait vraiment ça, mais j'ai lu les livres de Carlos Castaneda.

HOMME : Que fait Don Juan qui vous laisse penser qu'il sait faire Z ?

DIDIER : Je ne l'ai jamais vu faire. C'est ce que je dis. J'ai lu son histoire dans un livre et il peut apparemment faire ce qu'il veut. Je suis sûr que si j'avais une telle puissance — dans le livre, ça s'appelle la puissance personnelle —, je serais capable de faire n'importe quoi. Je ne parle pas de ma vie entière, vous savez. Je me débrouille pas mal. Ne vous faites pas d'idées. Je parle juste de ce domaine-là.

DOMINIQUE : Alors Don Juan le fait ? Comment le sauriez-vous si vous le faisiez ? [Pour pouvoir répondre à la question, Didier change de posture, de respiration, etc., tandis qu'il accède à l'état dans lequel il serait s'il avait de la « puissance personnelle ».]

Laissez-moi sortir du rôle quelques instants. J'espère que vous vous êtes rendus compte que Dominique m'a fait accéder à l'état désiré. C'est à ce moment-là que vous cherchez à ancrer ma réponse pour pouvoir l'utiliser plus tard. Ce qu'il fait — chercher un accès à l'état désiré — est certainement quelque chose d'utile. Vous pouvez essayer d'ancrer l'état que vous venez de mettre en évidence ou me faire prendre Don Juan comme modèle et me faire suivre la procédure de fabrication d'une nouvelle partie. Vous ne disposez cependant pas encore d'assez d'information pour savoir si ce serait approprié.

Établir la communication

Plutôt que de suivre une de ces directions, je veux que vous utilisiez le format du recadrage en six points. Cela signifie que vous n'avez pas besoin de savoir quel est l'état désiré. Vous savez que je ne veux pas Y, et c'est tout ce que vous avez besoin de savoir pour commencer. C'est la première étape du recadrage en six points. Vous avez identifié le comportement à changer. Je vais vous donner la possibilité de vous entraîner à gérer les difficultés qui peuvent survenir lors d'un recadrage en six points. Je vais le faire depuis la position du client pour que vous puissiez essayer différentes façons de gérer ces difficultés. Je vais maintenant reprendre le rôle.

FEMME : Voulez-vous bien vous demander si Y veut bien communiquer avec vous, la partie responsable de Y ?

DIDIER : « La partie responsable de Y ? » Hé, je ne suis qu'un chauffeur de poids lourd. Je... vous savez...

GEORGES : Ça ressemble à quoi quand vous faites Y ?

DIDIER : [Il accède au comportement Y pour répondre à la question.] Eh bien, je ne ... vous savez, c'est comme si je n'étais plus maître de moi.

GEORGES : Où ressentez-vous ça dans votre corps ?

DIDIER : Euh ... là. [Il touche son ventre.]

GEORGES : Vous ressentez quelque chose dans votre estomac ? [DIDIER : Oui.] Alors j'ancrerais ça comme accès spécifique à la partie responsable de Y.

Exact. Georges a effectué une des manœuvres que vous pouvez utiliser pour obtenir un accès. C'est la deuxième étape du modèle de recadrage en six points : établir la communication avec la partie responsable de Y. Une fois qu'il a un accès, il l'ancre. En tant que thérapeute, je l'ancrerais simultanément kinesthésiquement, visuellement et auditivement de façon à réaccéder à cette partie à distance. Ceci me permettrait de réaccéder à la partie, que le client soit capable ou non de réaccéder intentionellement à l'état approprié.

Vous pourriez aussi me faire faire de l'auto-ancrage en disant : « Alors que vous ressentez cela, touchez la partie de votre corps où vous le ressentez. » Il y a quelques instants, j'ai spontanément touché mon ventre. Sans avoir à m'expliquer quoi que ce soit, vous pouvez remarquer comment je me touche et me faire refaire le même mouvement plus tard, comme accès. De plus, la posture de mon corps, ma respiration et l'expression de mon visage sont des ancres personnelles.

Tous ces analogues non verbaux sont des signes visuels qui vous permettront de déterminer précisément quand j'accède à la partie responsable de Y. Georges m'a demandé ce que ça donnait quand je faisais Y. À partir de ce moment-là, vous devez savoir si j'accède ou non à cette partie de moi.

La notion de parties inconscientes

C'était une bonne tactique. Maintenant, revenons en arrière et recommençons. Revenons à l'instant où je dis : « Hé, je ne suis qu'un chauffeur de poids lourd. Qu'est-ce que vous entendez par : 'La partie responsable de Y ?' » De quelle autre manière pouvez-vous obtenir l'accès ? Nous voulons avoir un choix étendu à chaque étape.

JACQUES : Est-ce que vous avez regardé le match de football dimanche dernier ?

DIDIER : Ouais ! C'était un match formidable !

JACQUES : Je l'ai regardé moi aussi, et il n'y a pas de doute que l'équipe qui a perdu voulait gagner. Ils étaient vraiment motivés mais ils manquaient d'initiative.

DIDIER : Ouais. L'équipe gagnante pouvait faire beaucoup plus de choses.

JACQUES : Exactement.

DIDIER : C'était un bon match. Est-ce que vous regardez souvent les matchs ? Je jouais à l'école...

Bon. Cette manœuvre n'a pas permis d'accéder à la partie. Essayez autre chose.

JEAN : Vous savez, ça fait longtemps que je m'intéresse aux poids lourds, et une des choses qui m'intriguent, c'est comment vous changez de vitesse.

DIDIER : Hé ! C'est ce qui fait la différence entre un pro et un amateur.

JEAN : Comment faites-vous ? Il y a bien des astuces ?

DIDIER : Ouais. On a notre façon à nous d'en parler. Vous savez, je ne pense pas que vous pouvez comprendre.

JEAN : Est-ce que vous voulez bien m'en parler ?

DIDIER : Euh, non. Mais je pourrais vous montrer.

JEAN : Bien. Allez-y.

Bon, je lui montre. Une fois que je vous ai montré, que faites-vous ? ... Je pense que Jean vise le même genre d'accès que Jacques, mais il n'a pas utilisé ce que je lui ai présenté. Il a employé une métaphore qui a donné accès à des expériences vécues et je sais qu'il pourrait les utiliser pour répondre à ma question de tout à l'heure : « Qu'est-ce que vous voulez dire, une partie de moi ? » Jean, comment pourriez-vous continuer ?

JEAN : Je vous pose la question parce que parfois, quand je conduis, je fais grincer les engrenages, et j'ai besoin de savoir...

DIDIER : Eh bien, vous, vous avez au plus quatre ou cinq vitesses à passer. Si vous étiez chauffeur de poids lourds, vous auriez des boîtes de vitesse avec treize vitesses et des trucs comme ça. Vous n'avez pas besoin de connaître ça. Ce que je vous recommande de faire quand vous changez de vitesse, c'est de penser à votre synchronisation. Il faut faire les choses au bon moment. En fait, vous ferez des économies d'essence. Quand vous êtes prêt à rétrograder, vous devez vous coordonner pour débrayer, appuyer sur l'accélérateur puis ré-embrayer, et c'est parti.

ROSE : Une fois, j'ai fais du stop et un chauffeur de poids lourds m'a prise en charge. Je me suis rendu compte que, tout en conduisant, il écoutait le bruit de ses pneus, le bruit de son chargement et la musique à la radio, et qu'il me parlait — tout en même temps.

DIDIER : Oui. Ça devient automatique au bout d'un certain temps. On n'a plus à y penser...

Bien. Je vais ressortir du rôle à nouveau. Rose recherche la partie de métaphore que je viserais moi-même dans ce cas-là. Ne laissez pas échapper cette opportunité. Rose peut maintenant me dire : « Je veux que vous remarquiez qu'il y a certaines parties de vous qui font des choses automatiquement. Quand je dis des 'parties', c'est juste une façon de parler. Bien sûr, ça ne veut rien dire. Il y a certaines parties de vous qui savent changer de vitesse, écouter votre chargement et écouter le bruit de votre moteur pour que *vous* n'ayez pas besoin d'y penser consciemment. C'est *comme si* une partie de vous conduit le camion automatiquement et vous laisse libre de faire autre chose, comme parler à votre passager ou votre collègue. C'est *comme si* on pouvait attribuer certaines responsabilités à des parties de vous, mais la partie de vous qui vous fait faire Y est hors de contrôle. Nous devons rétablir le contact avec elle parce qu'elle vous fait faire des choses que vous n'aimez pas. »

En faisant cela, vous avez relativisé votre modèle par rapport au monde d'un chauffeur de poids lourd, sans passer 24 jours à lui apprendre à être un praticien en PNL. Vous avez simplement accédé à une de ses expériences qui est un pendant de la notion de « parties ». Je ne dis pas que c'est ce que vous « devriez » faire ensuite. C'est *une* façon d'utiliser ce que Rose a fait pour résoudre la difficulté que je vous ai présentée.

Le fait d'accéder à une expérience de faire quelque chose bien et automatiquement peut aussi servir à autre chose. Vous avez accédé à un état où j'ai des ressources et vous pourrez exploiter cet état plus tard. De plus, cet état ressource auditif précis implique un changement de système de représentation par rapport à la façon kinesthésique avec laquelle j'ai décrit l'état problématique Y.

FEMME : Alors, comment ancre-t-on ça ?

Au moment où je dis : « Oui, ça devient automatique au bout d'un certain temps. », vous dites « Bien » et vous claquez des mains doucement, ou vous ancrez d'une autre façon.

FEMME : Qu'est-ce que vous ancrez, là ?

Vous ancrez ma compréhension du fait qu'il y a des parties inconscientes de moi qui sont utiles et dont je connais peu de choses.

HOMME : Ce ne serait pas plus élégant d'ancrer de façon auditive puisque vous parlez de ressources auditives ?

J'ancre dans tous les systèmes. Nous disons que nous enseignons les ancres tactiles parce qu'elles sont plus évidentes. En fait, nous les enseignons parce que, si vous ancrez par le toucher, vous allez vraisemblablement ancrer simultanément dans les autres systèmes. Quand j'ancre, je change ma posture afin de pouvoir toucher le client. C'est une ancre visuelle si ses yeux sont ouverts. En même temps, je parle avec un certain ton de voix ; ça devient une ancre auditive. Je recommande d'ancrer dans tous les systèmes à la fois, sauf si vous souhaitez que votre ancre reste en dehors de la conscience de la personne.

Un autre avantage de l'ancrage tactile, c'est que c'est irrésistible. Il y a des programmes de survie qui vont interrompre toute autre entrée de donnée sensorielle en faveur d'une entrée de donnée tactile. Si vous êtes rentré en vous-même et que je change le ton de ma voix, vous n'allez peut-être pas vous en rendre compte, et vous n'allez peut-être pas répondre. Si vos pupilles sont dilatées et que j'utilise une ancre visuelle, vous ne serez peut-être pas susceptible de répondre. Mais si je vous touche, vous allez répondre.

Strictement parlant, vous n'avez besoin d'ancrer que dans un système. En général, l'ancrage dans le système auquel la personne accède sera plus direct. Dans le cas présent, c'est le système auditif. Néanmoins, si vous n'avez pas d'autres facteurs à prendre en compte, pourquoi ne pas utiliser tous les systèmes ?

Revenons à ce que nous venons de faire avec le recadrage : accéder à une compréhension de la notion de parties inconscientes. Si quelqu'un ne pense pas avoir de « parties », vous avez des tas d'options. J'ai une fois travaillé avec une femme qui croyait ne pas avoir d'esprit inconscient. Quand elle est arrivée, elle était tirée à quatre épingles, chaque cheveu était à sa place et elle pensait avoir le contrôle conscient de tout ce qu'elle faisait. La notion de « partie » n'avait aucun sens pour elle. J'ai commencé par établir le rapport avec une synchronisation en miroir, une synchronisation croisée, des commandes imbriquées, des métaphores et d'autres procédés. Elle était étonnée par ce que je faisais mais j'ai continué jusqu'à ce que j'obtienne d'excellentes réponses inconscientes.

Puis je lui ai dit : « Je vais maintenant vous montrer que vous êtes une idiote. » Cela a capté son attention. « Il y a des parties de vous qui sont des alliés très puissants et, tant que vous ne les appréciez pas, vous allez rencontrer des tas de difficultés. Je veux démontrer leur présence. Vous m'avez déclaré de façon congruente que vous ne croyez pas avoir un esprit inconscient. Vous pensez contrôler vos comportements. Il me paraît clair que vous ne contrôlez pas votre comportement problématique, mais je fais l'hypothèse que vous dirigez votre propre corps. C'est à dire que je fais l'hypothèse que vous connaissez la température de votre corps et que vous la contrôlez à un certain point. » Elle m'a répondu : « Bien sûr. » Elle ne pouvait donner une autre réponse parce qu'elle pensait ne pas avoir d'esprit inconscient.

Alors je lui ai dit : « Dans un instant, je vais me pencher en avant et toucher votre bras droit depuis l'épaule jusqu'au coude et ce bras va se glacer. Et je vous demande de me résister avec toute la force consciente dont vous disposez. » J'ai attendu d'avoir un signal inconscient disant : « D'accord, je suis prête. » Puis je l'ai touchée et elle a eu la chair de poule. Puis je lui ai dit : « Mais remarquez à quel point l'autre bras est chaud. » L'autre bras est immédiatement devenu plus chaud.

Je lui ai montré que je pouvais effectivement changer la température de son corps et qu'elle ne pouvait pas résister. En fait, plus elle essayait de résister, plus les changements étaient spectaculaires. À ce stade-là, je l'avais convaincue du fait qu'il existait réellement au moins une autre partie d'elle-même.

HOMME : Pourquoi avez-vous dû agir sur ce qu'elle pensait consciemment être la réalité ?

Parce que ça ne l'était pas. La seule raison de jeter de temps en temps un os à l'esprit conscient est d'empêcher la personne de trouver trop d'objections. Ça l'empêche de dire : « Ça ne marche pas. Vous ne savez pas ce que vous faites. »

Établir les signaux

Revenons au recadrage. Faites comme si vous aviez accédé à la partie de moi qui me fait faire Y. Continuez.

JEAN : Vous savez, quand vous conduisez sur l'autoroute, vous avez tout un tas de cadrans devant vous qui vous racontent des tas de choses. La jauge de température est un moyen pour que le moteur vous dise : « Hé, j'ai besoin de liquide de refroidissement. » quand le niveau est trop bas et que la température monte.

DIDIER : C'est une drôle de façon d'en parler !

JEAN : Oui, je sais, mais imaginez que ça se passe comme ça. Vous avez une jauge qui vous dit si le moteur a besoin d'huile ou non. [DIDIER : « Oui. »] Je sais que c'est une idée un peu farfelue mais, si la partie de vous qui fait Y faisait partie d'un moteur, je me demande quel genre de jauge il lui faudrait pour qu'elle vous dise ce dont elle a besoin ? Est-ce que ça serait une jauge visible ? un signal sonore ? une sensation ?

DIDIER : Euh, je ne vois rien. Je crois que ça serait une sensation.

JEAN : Je suis certain que vous savez dire par le comportement du camion quand vos pneus ont besoin d'air. Vous savez comment dire que les pneus sont à la bonne pression grâce à la tenue de route, n'est-ce pas ?

DIDIER : Oui, il le faut ! Oui, je vois ce que vous voulez dire.

J'espère que vous vous rendez tous compte de ce que fait Jean. Il utilise *ma* réalité perceptuelle pour faire passer tous les messages qu'il veut. Si vous avez ce genre de flexibilité pour changer vos mots et vos exemples afin de faire sens dans ma réalité, alors vous pouvez communiquer de façon artistique.

JEAN : Après toutes vos années sur la route, est-ce que vous pouvez sentir la moindre différence de pression dans les pneus ?

DIDIER : Oui, je suis un as.

JEAN : Êtes-vous assez bon pour sentir une petite différence dans cette sensation que vous avez de la part de la partie qui fait Y ? [Jean indique le ventre de Didier.]

DIDIER : Oh oui ! Je sais quand ça arrive. Il n'y a pas de doute.

JEAN : Alors j'aimerais que vous me disiez le genre de différence que vous sentez quand ça change.

DIDIER : Eh bien, quand je fais Y ... Est-ce que je vous voulez que je vous parle de ça, où bien est-ce que je continue avec cette histoire de Y et Z ?

JEAN : C'est vous qui conduisez. C'est vous le chauffeur. Dites-moi.

DIDIER : Bon. D'accord. Quand je rentre à la maison après un voyage, je suis très fatigué. [Ses épaules s'affaissent.] Parfois, je suis sur la route pendant 14 à 16 heures d'affilée. La première chose qui se passe quand je franchis le pas de la porte, c'est ma femme qui s'approche de moi : « Bonjour, chéri. Raconte-moi ton voyage. » [Il se tend.] Mais tout ce que je veux faire, c'est me coucher et me détendre. Et plus j'essaie de faire ce qu'il faut pour me coucher et me détendre, plus elle a envie de parler... vous savez... Parce que ça *l'intéresse*, si vous voyez ce que je veux dire... Vous savez ce qui c'est passé ? Elle est retournée à l'école. Bien sûr, c'est important d'avoir une bonne éducation...

JEAN : Attendez un instant. J'aimerais vraiment savoir ce qu'elle fait, mais...

DIDIER : Je vais vous le dire. Je ne...

JEAN : Mais d'abord, j'ai une question à vous poser.

DIDIER : Oui ?

JEAN : Quand elle s'approche de vous et vous dit : « Bonjour, chéri ... », qu'essaie-t-elle de faire ? Qu'attend-elle de vous ? Est-ce qu'elle veut que vous vous occupiez d'elle, est-ce qu'elle veut votre amour ?

DIDIER : Oui, elle veut que je m'occupe d'elle, que je l'aime. Oui. Vous savez, je suis parti 16 heures ! [Il adopte une posture de fierté et de satisfaction.]

JEAN : Pensez-vous que vous pouvez lui montrer votre amour avant même qu'elle le demande ? Est-ce que c'est un défi que vous savez relever en homme ?

DIDIER : Eh ! Bien sûr ! [Il se redresse et son corps prend une posture de « confiance ».]

Bien. C'est du recadrage de contenu. Jean ne s'est pas donné la peine d'utiliser le modèle de recadrage en six points officiel ; il s'est contenté d'utiliser mes croyances sur moi-même pour trouver un levier et induire un changement. L'élégance de Jean a été d'avoir la flexibilité de trouver dans ma réalité les choses qu'il pouvait utiliser comme levier pour me faire adopter un nouveau comportement. Je lui ai donné plusieurs indications, analogiquement et verbalement, « Vous savez, je suis parti 16 heures ! », que je suis fier d'être un « homme », un vrai. Donc il me dit : « Êtes-vous suffisamment un homme pour prendre en main la situation ? » Et ça marche. Jean a aussi été assez habile pour m'empêcher de parler de ma femme qui retournait à l'école, parce que cela n'avait aucun rapport avec ce qu'il voulait faire.

HOMME : Mais, est-ce que ce chauffeur hypothétique ne vous demande pas de changer le comportement de sa femme ?

En tant que thérapeute, vous pouvez utiliser comme cadre conceptuel un « Bien sûr que vous voulez qu'elle soit différente, et la *façon* dont vous allez y arriver est d'être différent *vous* : c'est en étant différent vous qu'elle va être différente elle. » Évidemment, vous ne dites pas cela au client. Vous allez utiliser un levier comme Jean l'a fait pour pousser le chauffeur de poids lourd à avoir un nouveau comportement, ce qui aura pour effet de changer ses comportements *à elle.*

Vérification de l'écologie et pont vers le futur

Bien. Avez-vous d'autres commentaires sur la séquence que nous venons de jouer ? Remarquez qu'il ne s'agit pas d'un recadrage en six points standard. La plupart des étapes s'y trouvaient néanmoins ; elles étaient simplement externalisées. Une fois que Jean a fait le recadrage de contenu, je suis *devenu* la partie qui était le nouveau comportement. Je n'avais pas la même apparence que quand je parlais de Y. Quand je suis *devenu* le nouveau comportement, j'ai en fait accédé à la situation dans tous les systèmes de représentation. J'ai vu ma femme, j'ai entendu le son de sa voix, et j'ai eu la sensation kinesthésique d'être à la maison. Cela règle la question du pont vers le futur, aussi Jean n'a-t-il pas eu besoin de demander : « Est-ce que cette partie va prendre la responsabilité de produire le nouveau comportement dans ce contexte-là ? »

On n'a pas encore eu la vérification de l'écologie, mais j'imagine que Jean s'en occuperait ensuite. Une alternative serait d'avoir une seconde session avec moi pour vérifier l'écologie. Vous *n'avez* pas à faire toutes les étapes au cours de la même session, bien que ce soit beaucoup mieux.

FEMME : Et pour tester ?

Bonne question. Comment feriez-vous ?

FEMME : Est-ce que vous allez rentrer à la maison tout de suite, ou bien avez-vous un voyage à faire ?

DIDIER : Non. Je rentre tout de suite. [Il accède analogiquement au nouveau comportement.]

FEMME : Qu'allez-vous faire en rentrant à la maison ?

DIDIER : Cela ne vous regarde pas ! Et d'ailleurs, on n'a pas terminé ? Je suis prêt à partir.

FRÉDÉRIC : Juste une chose avant de partir.

DIDIER : Quoi ?

FRÉDÉRIC : Votre femme est à la maison et vous avez des enfants, n'est-ce pas ?

DIDIER : Oui, mais ils sont à l'école.

[Frédéric vérifie certains aspects de l'écologie.]

FRÉDÉRIC : Quand vous franchissez le pas de la porte et que vous voyez votre femme, « passez à la vitesse supérieure. »

Exercice

Les consignes

Je veux que vous notiez trois situations que vous rencontrez fréquemment quand vous faites des recadrages en six points et pour lesquelles vous voulez avoir plus de choix afin de mieux les gérer. Peut-être n'arrivez-vous pas à accéder à un système de représentation particulier. Peut-être ne savez-vous pas quoi faire quand le client se sent perdu au milieu du processus de recadrage et qu'il vous dit : « Je ne sais plus ce que je fais. » La personne dit peut-être qu'elle n'a pas accès à sa partie créative. Ou peut-être que la partie dit qu'elle ne veut pas prendre la responsabilité d'appliquer les nouveaux choix parce qu'elle n'est pas persuadée que cela va marcher. Vous pouvez vous référer au protocole pour identifier les points pour lesquels vous voudriez avoir plus de choix[1].

Quels que soient les « obstacles » que vous avez rencontrés en faisant du recadrage, je veux que vous en choisissiez trois pour lesquels vous souhaitez avoir plus de choix pour les gérer. Puis je veux que vous fassiez un exercice par groupes de trois. La personne A va regarder sa liste d' « obstacles » et en simuler un en se mettant à la place du client. B va alors jouer le rôle d'un programmeur PNL et essayer différentes façons de gérer la situation. La personne C sera un consultant qui empêchera B de rentrer dans le contenu et qui le maintiendra dans la bonne direction.

Par exemple, si vous êtes A, vous allez dire quelque chose comme : « Vous avez établi le rapport et mis en place un système de signaux avec la partie qui fait X. Nous sommes à la troisième étape : vous venez de demander à la partie si elle veut bien me communiquer consciemment son intention positive. En réponse, je n'ai pas eu l'ancien signal mais j'ai eu deux signaux différents. » A va donc mettre en scène la situation à l'instant précis où il souhaite

---

[1] NdT : Ce protocole est reproduit à la fin de ce chapitre.

avoir plus de choix.

B va alors essayer une façon de gérer la situation qui pourrait emmener A vers la prochaine étape du recadrage. C sera observateur — ou personne « méta » — et remarquera si la tactique de B porte ou non ses fruits. Puis je veux que C demande à B de penser à *deux* autres réponses possibles dans cette situation et de les essayer.

Le rôle de la personne méta

Laissez-moi vous donner un exemple de ce que j'attend de vous au cours de cet exercice. Imaginons que Lise joue le rôle du client, que Samuel soit le programmeur et que Hubert est la personne méta, le consultant. Hubert, une partie de votre travail consiste à observer et écouter la relation entre le comportement de Samuel et celui de Lise. Je dois pouvoir venir vous voir à n'importe quel moment et vous demander : « Parlez-moi du lien entre le ton de la voix du programmeur et celui du client » ou « Où en sont-ils dans le protocole ? » Votre travail est donc de savoir tout ce qui se passe — ce qui est impossible, donc faites de votre mieux.

En tant que personne méta, Hubert va être aussi responsable d'une chose beaucoup plus spécifique. À chaque fois que le programmeur hésite ou commence à être confus, vous interrompez et dites : « Stop. À quelle étape du recadrage vous trouvez-vous ? » « La deuxième. » « Quel objectif précis cherchez-vous à atteindre ? Quelle tranche suivante d'objectif allez-vous obtenir ? »

Samuel devrait pouvoir répondre précisément. Par exemple : « Je veux établir avec la partie responsable du comportement un système fiable de signaux involontaires et inconscients. » Puis Hubert lui demandera : « De quelle façon précise allez-vous l'obtenir ? » Samuel répondra : « Je vais y accéder comportementalement en faisant semblant d'avoir moi-même le comportement X et en l'induisant donc chez elle. Ou alors je peux lui demander de faire X. Ou bien je peux lui demander de rentrer en elle-même et de demander à la partie si elle veut bien communiquer et s'assurer que le système de signaux est involontaire. »

Je veux que, chaque fois que la personne méta interrompt, elle obtienne *trois* options pour continuer. Vous allez d'abord découvrir l'objectif précis recherché par le programmeur, puis obtenir trois façons d'y arriver. Elles ne vont pas forcément toutes marcher, mais cela vous rendra beaucoup plus efficace dans votre travail d'avoir au moins trois options à chaque point de choix. Si vous n'avez qu'un choix, vous êtes un robot. Si vous n'en avez que deux, vous êtes face à un dilemme. Si toutefois vous en avez trois, vous commencez à avoir de la flexibilité comportementale.

C'est ce que je vous demandais plus tôt quand je jouais le rôle d'un client. Vous avez accédé à la partie d'une certaine façon, alors je vous ai dit : « Retournez au point de choix et faites-le d'une autre manière. »

Personne méta, je veux que vous fassiez une troisième chose : interrompre si vous ne comprenez pas ce qui se passe. Si Samuel est le programmeur et que, stressé, il revient à d'anciens programmes comme : « Et que ressentez-vous suite à ça ? », alors vous pouvez l'interrompre et lui poser les trois mêmes questions : 1) « À quelle étape en êtes-vous ? » 2) « Quel objectif précis cherchez-vous à atteindre ? » et 3) « Dans quelle mesure ce que vous venez de faire va-t-il vous permettre d'atteindre cet objectif ? »

Si ce comportement ne permettait pas d'atteindre l'objectif, vous demanderiez en tant que personne méta : « Comment pouvez-vous atteindre cet objectif ? » Lorsqu'il vous donne une façon, demandez-lui : « Quelle autre manière pouvez-vous employer ? » Lorsque le programmeur dispose de trois façons, faites-lui en choisir une et demandez-lui de l'essayer.

Si le programmeur n'est pas congruent pour appliquer la méthode, interrompez-le à nouveau. Cette fois-ci, donnez-lui des informations précises sur ce qu'il pourrait faire pour être plus congruent. « Changez le ton et le tempo de votre voix de cette façon » ou « Changez votre posture et vos gestes de cette façon. » Vous êtes tous ici pour devenir de meilleurs communicateurs que vous ne l'êtes déjà. Je crois que vous voudrez savoir s'il y a des incongruités dans votre comportement, parce que l'incongruence est la voie de l'échec. En tant que programmeur, vos 7 ± 2 blocs d'attention consciente seront occupés à communiquer avec le client et à solliciter des réponses. La personne méta aura plus d'attention disponible pour remarquer ce qui se passe, donc utilisez cette information qu'elle vous donne.

En tant que personne méta, la meilleure chose que vous puissiez faire pour assister le programmeur est de l'interrompre à chaque fois que vous ne comprenez pas ce qui se passe, quand le programmeur hésite ou quand il n'est pas congruent dans ses comportements.

ROSE : Donc, quand ma personne méta interrompt, plutôt que de le traiter comme un moustique et de l'écraser, je dois le traiter comme un générateur de comportements nouveaux spécialement construit pour moi ?

Il ne sera un générateur de comportements nouveaux *que* dans la mesure où il vous stimulera en vous posant les questions. Vous devez trouver vous-même vos solutions. Il n'est pas là pour vous en donner directement.

FEMME : Tout à l'heure, quand nous avons fait un exercice, la personne méta n'arrêtait pas d'interrompre le programmeur. Celui-ci semblait prêt à passer à l'étape suivante mais la personne méta intervenait avant qu'il ne puisse continuer. Dois-je demander à la personne méta de ralentir ?

Négociez avec votre personne méta pour définir quelles interventions sont appropriées pour vous. Songez toujours qu'il est difficile de trop interrompre dans une situation artificielle comme celle-ci, mise en place uniquement pour apprendre à avoir plus de choix. Malgré tout, vous êtes un être humain et avez vos propres besoins. Si le nombre des interruptions vous désoriente, dites : « Hé ! J'ai besoin d'au moins une minute et demi avant que vous n'interveniez à nouveau, sauf s'il s'agit de quelque chose de vraiment important. » Donc, négociez avec votre personne méta. Et vous pouvez aussi vous recadrer pour percevoir chaque intervention comme une opportunité d'apprendre quelque chose.

Lorsque vous jouez le rôle du client, je veux que vous jouiez le rôle de vos clients les plus difficiles. Ne rentrez pas dans vos objectifs personnels de changement. Vous obtiendrez de toute façon des changements par métaphore. Ne vous inquiétez pas à ce sujet-là.

Démonstration

Je vais simuler cet exercice à nouveau, pour que ce soit vraiment clair. Isabelle, vous serez le programmeur. Je réfléchis : « Oh, oui. J'ai un client que j'ai beaucoup de mal à recadrer. Chaque fois que je commence, ça se passe bien, mais quand j'arrive à l'étape trois ou quatre, les signaux commencent à bouger dans tous les sens et je ne sais pas ce qui se passe. Je ne sais pas quoi faire. » Je dis donc à Isabelle : « Vous avez établi un bon rapport. Vous m'avez aidé à identifier un comportement à recadrer et vous avez établi la communication avec la partie. Le signal est une augmentation de la sensation de chaleur dans ma main pour 'oui' et une diminution pour 'non'. Vous arrivez à la troisième étape et vous allez demander à la partie si elle veut bien me faire savoir consciemment ce qu'elle fait de positif pour moi. Les difficultés apparaissent à ce moment-là, alors partons de là. »

Je ne veux pas que vous dérouliez l'ensemble du protocole et que vous révisiez les étapes que vous maîtrisez bien. Vous ne faites pas des thérapies complètes ; vous faites uniquement la petite partie pour laquelle la personne jouant le rôle du client souhaite avoir plus de choix. Cette personne vous utilisera comme ressource à travers votre manière de répondre à la difficulté.

Bien. Isabelle, vous êtes le programmeur. Est-ce que vous savez où nous en sommes ?

ISABELLE : La température dans votre main a augmenté pour « oui » ?

LE CLIENT : Oui madame.

ISABELLE : Alors essayez à nouveau et demandez-lui si elle est vraiment certaine que c'est « oui ». Vérifiez à nouveau et regardez si ça augmente.

LE CLIENT : Vérifier à nouveau ? Vous voulez que je me dise quelque chose ?

ISABELLE : Oui. Rentrez en vous-même. Demandez à cette partie si c'est « oui ».

LE CLIENT : La partie qui fait X ?

ISABELLE : Oui.

LE CLIENT : Bon. Qu'est-ce que je dois lui demander ?

ISABELLE : Dites lui que si c'est « oui », de dire « oui » de façon plus appuyée, pour qu'il n'y ait aucun doute.

LE CLIENT : Vous voulez dire rentrer en moi et lui dire ça ? ...

Vous voyez, en étant confus, je force Isabelle à être très précise dans ces comportements verbaux. Une des meilleures façons de saboter n'importe laquelle de nos techniques et de nous retrouver coincé est d'être négligent dans nos verbalisations. Isabelle a dit : « Essayez à nouveau » mais ne m'a pas précisé exactement quoi essayer. Elle m'a dit « Vérifiez à nouveau et *regardez* si ça augmente » alors que je dois *ressentir* le signal de la chaleur d'une main. Elle dit « Demandez à cette partie si *c'est* 'oui' » sans préciser à quoi « ce » se réfère. Si vous utilisez ce genre de verbalisations embrouillées avec vos clients, ils seront peut-être très confus ou alors rentreront en eux-mêmes et feront quelque chose de *très* différent de ce que vous attendez.

Mes questions la forcent à mettre de l'ordre dans ses instructions. La meilleure chose que vous puissiez faire pour vos collègues est d'exiger d'eux une performance de qualité. Si les verbalisations du programmeur sont embrouillées, soyez confus. Qu'*il* se débrouille, avec l'aide de son consultant. Si Isabelle hésite à ce stade-là, alors la personne méta devrait lui demander : « À quelle étape vous trouvez-vous, et que voulez-vous faire précisément ? » « J'essaie de valider la force et la fiabilité du système de signaux involontaires. Plus précisément, j'essaie de valider le fait qu'une augmentation de la température de la main droite signifie 'oui'. » Puis la personne méta demande : « Isabelle, comment allez-vous faire ? » Elle me dit : « Bien. Rentrez en vous-même. Remerciez la partie d'avoir répondu. Dites-lui d'augmenter à nouveau la chaleur dans votre main si cette augmentation de chaleur dans votre main signifie effectivement 'oui'. » Donc je ferme les yeux et le fais. Puis je reviens et dis : « Oui, ça a fait la même chose. C'est vraiment étrange ! »

Bon. Isabelle, qu'est-ce que vous faites ensuite ?

ISABELLE : Vous avez maintenant un « oui » fort. N'est-ce pas agréable d'avoir quelque chose qui vous dise « oui » ? Probablement, quand vous étiez un petit garçon...

C'est là que la personne méta intervient à nouveau et dit : « Attendez ! La régression hypnotique est un outil important mais il n'est pas approprié à l'instant présent. »

ISABELLE : Je crois que j'ai besoin de vérifier en quoi consiste la prochaine étape.

Pas de problème. C'est une formation, donc vous pouvez dire : « Minute ! » Ou bien vous pouvez vous tourner vers la personne méta et lui demander : « Mais, au fait, quelle est la prochaine étape ? » « Faire la distinction entre le comportement et l'intention. »

Bien. Je suis à la troisième étape. N'importe qui d'autre peut jouer le rôle du programmeur.

JACQUES : Cette partie de vous sait-elle quelle est l'intention derrière X ?

Le client : Je ne sais pas.

Jacques : Demandez-lui et regardez ce qui se produit au niveau de votre main.

Le client : *Regarder* ce qui arrive à ma main ? Bon. Je vais la regarder. Qu'est-ce que vous voulez que je lui demande, exactement ?

Jacques : Non, sentez-la.

[Il porte sa main à son visage et la renifle.] Là encore, si vous insistez sur la clarté, vos collègues vont savoir exploiter pleinement cette situation. Donc le programmeur dit : « Demandez à la partie responsable de X si elle sait quelle est son intention positive. Si la réponse est 'oui', elle réchauffera votre main. Si la réponse est 'non', la chaleur va diminuer. Donc prêtez attention aux sensations dans votre main. » Je reprends maintenant mon rôle.

Le client : Euh, je pense que ça a augmenté, mais ce qui est vraiment bizarre, c'est que quand j'ai posé la question, il y a eu un mouvement dans mon épaule, comme si quelqu'un m'avait poussé. Je ne sais pas ce que cela veut dire ! Et il y a eu aussi un bourdonnement intense dans mon oreille... Je n'y comprends rien !

Jacques : Et avez-vous ressenti une différence de température dans votre main ?

Le client : Oui, il y a eu un changement.

Jacques : Lequel ?

Le client : Elle est plus chaude qu'avant. Mais je ne comprends pas ce qui se passe ailleurs.

Jacques : J'aimerais que vous demandiez à la partie qui a poussé votre épaule gauche si elle veut bien augmenter cette sensation dans le cas où celle-ci signifie : « Oui, j'ai mon mot à dire dans cette affaire. » [Une secousse traverse son épaule gauche.] Merci.

Bien. souvenez-vous, c'est moi qui veut plus de choix pour gérer la situation où il y a plusieurs signaux. Il vient de me donner une possibilité, à savoir demander une réponse directe de la part de la partie qui m'a donné un des autres signaux. De quelle autre façon pourriez-vous gérer ces autres signaux ?

Albert : Il semble qu'il y a une autre partie de vous qui souhaite communiquer.

Le client : C'est cela que ça veut dire ?

ALBERT : Peut-être. Voulez-vous vous en assurer ? Demandons-lui. Il me semble que vous me parlez de deux choses. Est-ce que la partie qui pousse votre épaule veut bien transformer en signal le fait de pousser votre épaule ? Si oui, est-ce qu'elle veut bien pousser votre épaule à nouveau ? [Son épaule bouge à nouveau.] Oui, merci.

LE CLIENT : C'est vraiment bizarre.

ALBERT : Oui. Et il y a une partie de vous qui ...

LE CLIENT : Quoi ?

ALBERT : Il y a peut-être une autre partie de vous qui cause ce bourdonnement que vous avez entendu.

LE CLIENT : Quoi ?

ALBERT : Alors que le bourdonnement diminue, vous pouvez...

Bien. Il gère maintenant l'autre événement interne. Quelqu'un sait-il ce que vous pouvez faire avec ces choses-là une fois que vous les avez transformées en signaux ?

YANN : Rentrer et demander à ces deux parties si elles seraient prêtes à se tenir à l'écart quelques instants, sachant que je vais m'occuper d'elles plus tard et que nous n'effectuerons aucun changement sans les avoir consultées.

Excellent. C'est un choix que de les faire attendre la vérification de l'écologie.

ÉRIC : Pourquoi ne pas oublier le signal de la main qui se réchauffe et utiliser un des nouveaux signaux pour le oui/non ?

Vous courez un risque en faisant cela. À ce stade-là, vous ne savez pas si la partie responsable des nouveaux signaux est la même que celle qui donne le signal de la main. Votre suggestion présuppose que ce sont les mêmes parties. La partie qui bourdonne et la partie qui secoue l'épaule sont peut-être d'autres parties qui objectent à ce que vous faites. Vous ne savez pas quelles parties émettent les nouveaux signaux, et vous ne connaissez pas leurs fonctions. Quel autre choix avons-nous ?

SUZIE : Vous pouvez vous arranger pour que les deux parties qui objectent trouvent un porte-parole pour les représenter.

Bon. Et j'ai l'air complètement perdu parce que c'est la première fois que j'entends parler de quelqu'un qui objecte. Je sais simplement que mon épaule a bougé et que j'ai entendu un bourdonnement. Vous me dites que ce sont des objections ?

SUZIE : En fait, on n'en sait rien.

Exactement. On n'en sait rien.

ÉRIC : Pourrait-on établir un signal oui/non à l'épaule, puis demander à l'épaule si elle veut bien permettre la main de continuer à donner le signal oui/non ?

C'est très proche de ce que Yann a proposé il y a quelques instants.

Je vais prendre le rôle de la personne méta un instant et vous demander à quelle étape nous sommes, et quel objectif précis vous cherchez à atteindre.

ÉRIC : J'essaie de savoir si ces signaux proviennent tous de la même partie et quelles sont ses intentions.

Bien. Notez cependant que si vous utilisez la tactique de Yann, vous n'aurez pas besoin de vous en occuper avant la vérification de l'écologie, et vous n'aurez peut-être même plus besoin de le faire. Si vous vous arrangez pour mettre en « pause » le bourdonnement et le mouvement de l'épaule jusqu'à la vérification de l'écologie, vous pourrez découvrir à ce moment-là si ce sont encore des objections. Si ces signaux apparaissent comme des objections à ce moment-là, vous saurez qu'il s'agit de parties différentes. Sinon, vous saurez que ce sont des signaux de la même partie ou que les choix qui satisfont la partie qui réchauffe la main satisfont également ces autres parties.

L'incertitude est la suivante : « S'agit-il simplement de signaux provenant de la même partie, ou bien est-ce que ce sont d'autres parties dont il faut tenir compte ? » Vous pouvez le savoir en disant : « Si le mouvement de l'épaule est un autre signal de la même partie qui fait augmenter la température de votre main, est-ce que l'épaule veut bien faire le même mouvement ? » Si vous obtenez le mouvement, vous dites : « Bien. Maintenant, si le bourdonnement est aussi un signal de la même partie qui fait augmenter la température de votre main, est-ce que le bourdonnement peut augmenter ? » Si le bourdonnement augmente, vous dites : « Excellent. Je voudrais remercier cette partie de vous qui est si puissante qu'elle peut utiliser des signaux multiples. Pour que vous soyez calme et que nous comprenions bien ce qui se passe ici, je lui demanderais d'inhiber ces signaux et de continuer d'utiliser les changements de température de la main comme signal. »

Je transforme là le mouvement de l'épaule et le bourdonnement en signaux oui/non, puis je demande s'ils proviennent de la même partie. Si j'obtiens une réponse « non », je peux employer la méthode suggérée par Yann.

La suggestion de Yann est bonne en termes d'efficacité. Il a suggéré à la personne de commencer par remercier le mouvement d'épaule et le bourdonnement pour valider ces réponses. C'est toujours une bonne manœuvre de synchronisation. Puis vous rassurez ces parties en expliquant qu'il ne se produira aucun changement comportemental avant qu'elles ne soient consultées à la fin du protocole, pour s'assurer qu'elles sont d'accord avec ce qui se sera passé. Si elles ont des désaccords ou des besoins complémentaires, ceux-ci seront traités avec le même respect que celui que nous montrons envers la partie qui réchauffe la main.

FEMME : Si tous les signaux proviennent de la même partie, serait-il approprié d'utiliser la secousse de l'épaule comme système de signalisation puisqu'il m'est plus facile à voir que le réchauffement de la main ?

Certainement. Si les deux signaux sont tout aussi involontaires mais que l'un d'eux est plus facile pour vous à percevoir, demandez un changement. En général, vous pouvez utiliser le recadrage pour vous méta-régler afin de percevoir les nombreux changements subtils qui accompagnent les signaux oui/non. Si je ne vois rien qui colle avec les signaux que me rapporte mon client, ce n'est pas une situation écologiquement saine. Je veux un signal observable pour pouvoir vérifier ce que me dit le client. Il peut me mentir tellement il veut changer.

Une des choses que je fais est de dire : « Je m'excuse auprès de votre esprit inconscient. Étant donné l'état d'acuité de mes yeux à l'instant présent, je n'ai pas pu remarquer la réponse. J'aimerais avoir un accès direct au signal afin d'être certain de communiquer avec la partie inconsciente appropriée. Je vais vous demander de retourner en vous-même et de remercier cette partie de vous avoir donné le signal. Mais je demande, pour moi, afin de pouvoir suivre utilement les instructions de votre esprit inconscient, qu'il me montre quelque chose de suffisamment exagéré pour que je le remarque. J'apprécierais cela énormément. » Je m'allie à la partie, puis je demande un signal plus observable.

HOMME : Est-ce qu'on pourrait demander à la partie épaule si elle serait prête à travailler avec l'autre partie pour effectuer des changements ?

L'ennui avec cette proposition, c'est qu'elle présuppose que le mouvement de l'épaule est un signal d'une autre partie, et vous n'avez aucune raison de faire ce présupposé. Si vous demandez cela, vous allez peut-être créer un état de confusion totale. Si les signaux étaient tous des manifestations de la même partie, comment pourrait-elle répondre à une telle question ? Vous avez seulement mis en place des signaux oui/non, donc la partie n'a aucun moyen de vous indiquer une « erreur de présupposé » et vous obtiendrez un état de confusion. il y a des moments où vous voulez exclure des possibilités en utilisant des présupposés, mais ce n'est pas le cas ici.

Jouez avec ça pendant une heure, en échangeant les rôles après chaque séquence. Traitez autant de situations que possible dans le temps imparti. Jouer le rôle de clients récalcitrants et difficiles vous donnera une expérience vécue pour savoir gérer ce genre de situation.

Ceci est une excellente formule pour gagner en finesse avec *n'importe quelle* technique. Faites jouer à quelqu'un le rôle du client le plus difficile qu'il puisse imaginer, puis essayez différentes façons d'obtenir les réponses que vous voulez. Si, à n'importe quel moment, vous n'arrivez pas à générer trois choix pour continuer et que votre personne méta ne peut pas vous donner de choix supplémentaires, appelez l'un de nous.

Discussion

Vous vous êtes tous entraînés au format appelé recadrage en six points, avec des variations et avec des commentaires et suggestions de la part de l'observateur. Je veux être certain que vous pratiquez le recadrage en comprenant notre objectif à long terme. Notre objectif final est que ces formats disparaissent de votre comportement. N'importe quel format est une béquille et ne se substitue pas à 1) une flexibilité comportementale totale, 2) l'expérience sensorielle et 3) la connaissance de l'objectif que vous voulez atteindre. Si vous avez ces trois caractéristiques du communicateur professionnel, vous n'avez besoin de rien d'autre. Toutes les modélisations que nous avons faites de personnes telles que Milton Erickson, Virginia Satir ou d'hommes d'affaire qui ont réussi nous ont permis de développer des formats d'enseignement spécifiques.

Les formats sont des béquilles, des excuses, ou des astuces pour vous faire remarquer ce qui se passe au niveau sensoriel et vous faire varier votre comportement dans le but d'atteindre un objectif précis.

Actuellement, je ne fais pas de recadrage séparé du reste excepté pour les besoins de la démonstration dans les séminaires. C'est intégré dans tout ce que je fais ; je ne travaille pas sans recadrage. Tout travail que j'effectue a du recadrage parmi ses composants. Je classe en catégories distinctes ce que je fais uniquement dans mes séminaires.

Vous saurez que vous êtes un pro quand vous ferez une séance et que vous découvrirez à la fin qu'il n'y a aucun doute : vous savez que vous avez obtenu les changements que vous recherchiez. Cependant, vous ne saurez pas *comment* vous avez réussi tant que vous ne vous serez pas arrêté et demandé systématiquement ce que vous avez fait. Ce sera la conséquence naturelle d'avoir pris le temps et fait l'effort d'utiliser ces formats de façon explicite jusqu'à ce qu'ils coulent si facilement qu'ils seront aussi automatiques que serrer les mains ou conduire une voiture ; ils seront devenus des réponses automatiques à des déclencheurs contextuels appropriés, de sorte que votre comportement sera toujours approprié et vous mènera efficacement vers les objectifs que vous recherchez.

Quelques difficultés courantes

Avez-vous des questions ?

HOMME : Imaginons que vous demandez à un client de rentrer en lui-même et de demander si la partie de lui qui est responsable de X veut bien communiquer avec lui au niveau conscient. Il le fait et revient avec la réponse : « Il ne s'est rien passé. » Que faites-vous ?

Vous pouvez demander : « Décrivez ce que vous ressentez à l'instant présent — comment vous vous percevez de façon kinesthésique. » Après qu'il a fait une description, vous pouvez dire : « Commencez à faire X. » Il va se lever et commencer à faire X ou alors commencer à se sentir comme il se sent quand il d'habitude fait X. Dès que vous percevez un changement, vous dites : « Stop. Décrivez à nouveau vos sensations. » Il y aura des différences entre les deux descriptions. N'importe laquelle de ces différences peut être utilisée comme système de signalisation.

Le format du recadrage est complètement différent des techniques de psychothérapie habituelles parce que, dans ce format, je suis un consultant ; le client est son propre thérapeute et hypnotiseur. Dans des conditions normales, je suis le thérapeute et l'hypnotiseur et je prends la responsabilité d'accéder à et de solliciter des réponses. Dans le cas présent, le client prend la responsabilité de le faire ; je suis son consultant conscient. S'il n'arrive pas à détecter de communication, je lui demande de commencer à devenir la partie de lui-même qui fait X. Les différences physiologiques entre son état normal et le moment où il commence à faire X vont précisément impliquer les changements physiologiques qu'il peut utiliser comme système de signalisation. Lorsque les gens ont des comportements qu'ils n'apprécient pas, ils connaissent des changements majeurs de tension musculaire, de température de la peau, etc. N'importe lequel de ces changements pourra vous servir de système de signalisation et sera vécu lorsque vous demanderez à la personne d'adopter le comportement X.

Il vous suffit parfois d'apprendre à la personne à faire des distinctions dans son vécu intérieur. Vous lui demandez de décrire l'état interne présent. Puis vous lui dites de sauter sur place pendant deux minutes et lui demandez de remarquer les détails de son vécu interne qui ont changé.

Parfois, une personne est tellement ancrée dans un état particulier qu'il est difficile d'obtenir des changements. Sauter sur place ou toute autre activité très différente de son état présent peut la décoincer un peu.

HUGUES : Quand j'ai appris à faire du recadrage, au début, on faisait chaque protocole en une demi-heure, au plus en une heure. J'ai découvert dans mon cabinet qu'il faut parfois plusieurs séances pour dérouler un protocole avec un client.

On nous fait souvent cette remarque. Le temps que vous prenez est fonction de votre familiarité et aisance avec le protocole ; il est très lié à votre sensibilité face aux besoins de vos clients. Le recadrage est parfois une telle réorganisation de la personne qu'il faut à juste titre trois ou quatre séances pour l'effectuer.

Je prétends pouvoir faire un recadrage en trois minutes avec n'importe qui, mais pas si j'implique son esprit conscient. Donc je fais l'hypothèse que vous avez demandé à l'esprit conscient de la personne de détecter les signaux et de vous dire ce qui se passe. Il me faut dix fois moins de temps pour obtenir les mêmes changements si je n'implique pas l'esprit conscient de la personne. Cependant, je pense vraiment qu'impliquer l'esprit conscient du client est une caractéristique désirable de ce modèle car cela lui apprend à être autonome au bout d'un certain temps. Il est impliqué d'une façon positive et participative au niveau conscient pour obtenir ces changements donc, plus tard, il lui sera plus facile d'utiliser tout seul le même processus.

Se recadrer tout seul est une tâche assez difficile. Le recadrage implique déjà une dissociation entre l'esprit conscient du client et la partie responsable du comportement problématique. Si vous vous recadrez, une troisième partie de vous doit jouer le rôle du programmeur qui suit le déroulement du processus, ce qui en fait une tâche à trois niveaux. Si vous réussissez d'abord extérieurement des recadrages avec d'autres personnes, vous pouvez rendre automatique le *processus* de recadrage. Se recadrer soi-même se réduit à une tâche à deux niveaux, ce que la plupart des gens savent gérer.

Si vous hallucinez bien, vous pouvez aussi vous faciliter la vie en vous visualisant sur l'autre chaise. Puis vous vous posez les questions et remarquez les réponses que vous obtenez. Ce genre de dissociation visuelle entre la partie de vous qui est le client et la partie de vous qui joue le rôle de programmeur peut vous aider à préserver de l'ordre dans vos comportements.

Le fait de se recadrer soi-même peut aussi poser un autre problème. Vous allez utiliser vos propres limitations pour traiter ces mêmes limitations, ce qui peut vous mener dans des impasses. « Si vous avez des mouches dans les yeux, vous ne pouvez pas voir les mouches dans vos yeux. » En recadrant des tas d'autres personnes qui ont des limitations *différentes* des vôtres, vous gagnerez en flexibilité pour traiter leur limitations et vous serez mieux équipé pour traiter les vôtres.

Malgré tous les problèmes dont j'ai parlé, je connais un certain nombre de personnes qui se sont recadrées elles-mêmes et qui ont obtenu des changements très importants. Si vous recadrez avec succès d'autres personnes pendant un mois, vous vous surprendrez de toute façon à le faire avec vous-même. Si vous recherchez vraiment des changements d'ordre personnel, ça marchera.

HOMME : Un de mes clients est très verbal et conceptuel, et il voulait vraiment suivre le protocole, donc je l'ai complètement fait non verbalement et inconsciemment avec lui.

Excellent. C'est un très bon choix.

HOMME : Est-ce que les minuscules indices que nous obtenons lorsque nous demandons un signal doivent toujours rester les mêmes pendant l'ensemble du protocole ?

Oui. La seule exception à laquelle je pense, c'est si le signal initial est désagréable. Il faut alors ajuster ou changer tout de suite le signal. Mais le nouveau signal ne doit plus changer par la suite.

GÉRARD : Avec un de mes clients, je n'ai abouti à rien avec le premier signal qu'il a détecté — une sensation dans sa jambe. J'ai cherché un autre signal et j'ai eu une réponse faciale très très forte.

Je suis prêt à parier que les deux réponses étaient présentes dès le début et que vous auriez pu utiliser n'importe laquelle comme signal. Vous devez tenir compte de votre propre degré d'acuité et aussi du fait que votre client peut avoir une façon particulière d'aborder le processus de recadrage. Certains types de signaux peuvent sembler plus appropriés à un client particulier ou à ses parties.

FEMME : Avez-vous déjà rencontré une personne qui dit : « Je n'arrive pas à trouver de nouvelles alternatives » ?

Oui. Dans ce cas-là, vous pouvez employer toutes les techniques « je ne sais pas ». « Bon, alors, si vous le saviez, qu'est-ce que ce serait ? » « Devinez ce que ça peut être. » « Rêvez-en cette nuit et dites-le moi demain. » « Pensez à quelqu'un qui se comporte de façon appropriée dans ce contexte. Observez et écoutez ce qu'il fait. »

La plupart d'entre vous ont des contraintes d'espace-temps réelles ; vous n'avez qu'une heure pour voir chaque client. Si vous manquez de temps et que vous en êtes encore à cette étape, vous avez plusieurs options. Envoyez votre client trouver un modèle réel dans le monde extérieur. « Trouvez quelqu'un qui sait se comporter efficacement dans ce domaine. Observez-le et écoutez-le. » Milton Erickson faisait souvent cela avec ses clients. Si vous connaissez un livre ou un film pertinent qui contient une situation isomorphique, vous pouvez lui donner un devoir à faire à la maison. Ou vous pouvez lui faire demander à un de ses amis ce qu'il ferait.

Le rêve programmé est une autre option. « Rentrez en vous-même et demandez à votre partie qui a essayé de trouver des solutions créatives si elle veut bien se charger de trouver des comportements alternatifs et de vous les montrer dans vos rêves cette nuit. » Obtenez une réponse « oui » et demandez ensuite : « Est-ce que la partie qui faisait X veut bien prendre la responsabilité de choisir parmi ces alternatives trois façons ou plus qui seront meilleures, et de les employer dans le contexte où elles appartiennent ? » Puis la personne s'en va avec son rêve programmé, rêve et incorpore les comportements. Quand elle revient deux semaines plus tard, elle peut vous dire en détail quels ajustements se sont produits.

JULIE : J'ai trouvé que de nombreuses personnes réagissent négativement au mot « responsabilité » dans la cinquième étape. Mais si je dis « Demandez si cette partie veut bien choisir parmi les alternatives ? », alors tout ce passe bien.

Excellent. Gardez votre objectif en tête et utilisez les mots qui vous permettent de l'atteindre.

STÉPHANE : Lorsque vous arrivez à la vérification de l'écologie et qu'il y a un signal, vous vérifiez s'il s'agit d'une objection. S'il y a vraiment une objection, je me demande pourquoi on ne retourne pas simplement à la quatrième étape plutôt que de retourner à la deuxième.

On peut le faire. Dans le cas où on a une objection au moment de la vérification de l'écologie, plutôt que de donner à la partie qui objecte de nouvelles façons de faire ce qu'elle cherche à faire, Stéphane nous propose de trouver d'autres alternatives pour la première partie auxquelles la seconde n'objectera pas. C'est une très bonne variante et ce sera parfois plus approprié — en particulier dans le cas où la première partie choisit une alternative telle que le suicide.

HOMME : Une femme avec laquelle j'ai travaillé voulait évaluer chaque alternative séparément. Cela m'a paru correct et c'est ce qu'elle a fait.

Oui. C'est en fait un peu plus précis et explicite de faire chaque alternative tour à tour que de les traiter d'un bloc. Certaines personnes ont besoin de beaucoup de précision lorsqu'ils traitent de l'information. Il faut être très explicite avec ces gens-là et les blocs doivent être plus petits que ceux que nous utilisons d'habitude. Dans ce cas, la variante que vous avez employée est non seulement désirable, mais peut-être nécessaire pour prendre en compte son style personnel.

FEMME : J'ai toujours fait la vérification de l'écologie *avant* le pont vers le futur. Pourquoi faites-vous le pont vers le futur d'abord alors que vous pourriez avoir des modifications ou des révisions du nouveau comportement et avoir à recommencer le pont vers le futur ?

Vous pouvez le faire de cette façon et vous en sortir souvent comme ça. Mais il y a une raison importante pour laquelle nous faisons d'abord le pont vers le futur. Le pont vers le futur contextualise le comportement en le mettant à l'épreuve dans l'imaginaire. Les parties peuvent ne se rendre compte qu'elles ont une objection que lorsque vous faites le pont vers le futur et que vous contextualisez le nouveau comportement. Si vous faites le pont vers le futur en dernier, certaines objections peuvent apparaître à ce moment-là et vous ne le saurez pas sauf si vous prêtez attention aux signes d'incongruence à cet instant précis.

Les incongruences et le rôle de l'inconscient

FEMME : Que faites-vous si un client vous dit : « Non, ce n'est pas ce que je veux. » [Elle hoche la tête.] ?

La gestion de l'incongruence est un sujet à part entière. Ce que je fais typiquement, c'est répondre : « Oui, je pense vraiment que ça l'est. » [Il secoue la tête de gauche à droite.] À ce moment-là, il va être complètement « court-circuité » et va rentrer dans un état de confusion totale, et je pourrais faire à peu près tout ce que je veux.

Une autre façon de procéder, c'est d'utiliser sa réponse et de lui retourner. « Je ne pensais pas non plus. [Il hoche la tête.] Mais faisons comme si. » Ce faisant, je valide simultanément les communications conscientes et inconscientes, comme si je disais : « Je me rends compte que vous êtes là toutes les deux. »

Puis j'installe le nouveau comportement pour lequel l'esprit inconscient est d'accord. Ma stratégie globale quand j'ai des messages conflictuels est de toujours aller du côté des messages hors du champ de la conscience, parce que je vais toujours gagner. De toute façon, c'est son inconscient qui tient la barque. Il ne veut pas l'admettre et il n'y a aucune raison pour qu'il le fasse.

Les Simonton ont rencontré ce problème dans leurs travaux

avec des personnes atteintes par un cancer. Ils ne travaillent qu'avec des clients qui sont prêts à accepter consciemment la croyance qu'ils créent leur propre cancer. Cela élimine une grande partie de la population qui a un cancer.

En fait, la plupart des personnes atteintes d'un cancer ont un système de croyances qui *exclut* de prendre la responsabilité consciente de leur maladie. La plupart de ces gens-là croient qu'ils ne doivent pas demander ouvertement de l'aide ou qu'on leur prête attention ou tout autre bénéfice secondaire qu'il tirent du cancer. Cette croyance-là a rendu la maladie elle-même nécessaire.

La folie et la maladie sont toutes deux considérées comme des « réponses involontaires », donc vous n'en êtes pas responsables. Une façon d'obtenir de l'aide ou qu'on vous prête attention est qu'il se passe quelque chose d'involontaire pour lequel vous ne pouvez pas être tenu responsable. La folie et la maladie sont deux façons très puissantes de faire réagir les autres sans en prendre la responsabilité.

Les Simonton insistent pour que leurs clients prennent l'entière responsabilité consciente d'avoir créé leur propre cancer, ce qui est une façon remarquable d'aborder le sujet. Le seul inconvénient de cette approche, c'est qu'elle met leur méthode de travail à la portée de seulement un minuscule pourcentage de la population.

FEMME : Mais on pourrait travailler avec les gens qui croient consciemment qu'ils ne sont pas responsables en leur demandant de suspendre leur incrédulité pendant un certain temps

Oui. Leur demander de faire comme si. Vous pouvez même être d'accord pour dire qu'ils *ne sont pas* responsables mais que vous avez découvert qu'en passant par certaines étapes « psychologiques », les gens peuvent souvent avoir un impact curatif sur des problèmes d'origine manifestement physique. Puis vous faites un recadrage en six points de la même façon qu'avec une personne qui dit : « Je crois que j'ai provoqué ça. »

Je ne *sais* même pas quel est le « bon » système de valeurs. Je sais cependant que le recadrage peut avoir un impact sur les symptômes physiques.

HOMME : Est-ce que vous suggérez qu'on pourrait utiliser le système des Simonton — leur approche complète — au niveau inconscient ?

Oui. Tout ce qu'il y a à faire, c'est d'utiliser le recadrage en six points entièrement au niveau inconscient. L'intention positive et les nouveaux choix peuvent rester inconscients.

Lorsque l'esprit inconscient refuse de donner l'intention positive au niveau conscient, je me tourne souvent vers la personne et lui demande : « Êtes-vous prête à avoir confiance dans le fait que votre inconscient est bien intentionné, même s'il ne veut pas vous dire ce qu'il veut faire pour vous en utilisant cette séquence de comportements ? » Si j'ai bien établi le rapport, elle est d'accord : « Bon, je suis prête à essayer. » Si j'ai une réponse « non », je lui demande si elle veut bien faire comme si. Ou bien je peux dire : « Avez-vous vraiment le choix ? Vous avez déjà fait de votre mieux consciemment pour changer ce comportement. Lorsque vous avez fait l'hypothèse qu'il s'agissait d'une mauvaise partie, ça a été un échec total. Essayons l'hypothèse inverse pendant deux semaines et vous me direz à l'issue de ces deux semaines si c'est une meilleure façon de faire comme si. »

FEMME : Récemment, lors d'une conférence, j'ai entendu les Simonton dire combien vous leur avez appris. Ils ont cité comme exemple le fait de rajouter le chevauchement des systèmes de représentation à leurs techniques de visualisation.

Oui. Ils obtiennent de bons résultats rien qu'en faisant visualiser aux malades les globules blancs en train de manger les cellules cancéreuses. Si vous superposez à cette visualisation des sons et des sensations congruentes, cela devient beaucoup plus puissant. Ont-ils parlé de la différence entre les systèmes de croyances conscients et inconscients ?

FEMME : Ils ont dit qu'ils avaient conscience de la différence mais qu'ils ne savaient pas comment la gérer.

C'est exactement le point où on en était resté. J'ai été avec eux suffisamment longtemps pour avoir l'impression qu'ils ont une bonne compréhension, claire, solide et résonante, de la notion de système de représentation et de chevauchement. Ils l'ont trouvé facile à mettre en œuvre et étaient enchantés.

Ils ont aussi reconnu que le recadrage a des avantages, ne serait-ce qu'en termes de variété requise, mais ils ne le connaissaient pas suffisamment bien pour l'incorporer dans leur système.

S'ils employaient un recadrage en six points inconscient, ils pourraient travailler avec la grande quantité de patients atteints d'un cancer qui ne sont pas prêts à adopter consciemment la croyance qu'ils sont responsables de leur maladie.

Recadrer plusieurs parties simultanément

FEMME : Est-il possible de faire un recadrage avec plus de deux parties en même temps ?

Oui. J'ai travaillé avec douze ou quinze parties en même temps.

FEMME : On pourrait donc avoir six parties qui objectent et qui se parlent entre elles, plus la partie responsable du comportement ?

Oui. Je les réunies dans une conférence. Mais je ne parle jamais à plus d'une à la fois, sauf si je les ai, au préalable, mises d'accord pour élire un porte-parole qui va parler en leur nom à toutes.

Je dis : « Oh, toutes les autres, attendez ; nous allons parler ici avec la partie A et trouver bla bla bla. » Le temps n'est jamais une limitation car vous pouvez toujours dire : « Bon, on va faire une pause maintenant. Nous nous retrouverons ici demain matin à huit heures. »

La seule véritable limitation est le nombre de parties que le programmeur peut suivre simultanément. Je suis assez doué pour suivre un grand nombre de choses en même temps ; j'ai eu beaucoup d'entraînement. Il vous faut découvrir le nombre de choses dont vous pouvez vous souvenir. Si vous commencez à dire : « Oh, oui, ce n'était pas celle-là, c'était heu... l'autre... ah... ah... », alors vous allez rendre la personne confuse.

HOMME : J'ai une cliente qui donnait des noms aux parties. Elle avait la déesse du sexe, elle avait une dame aux gants blancs qui avait une malformation congénitale — ses jambes étaient perpétuellement croisées — et plusieurs autres qu'elle pouvait identifier, auxquelles elle pouvait parler et qu'elle pouvait faire dialoguer avec moi.

Oui, certaines ont des noms et si elles n'en ont pas, vous pouvez leur en donner. Vous pouvez faire des tas de choses pour les suivre. Mais vous devez aussi conserver la trace de qui a dit quoi, et qui parle maintenant. Avec certaines personnes, toutes les parties ont le même ton de voix, tandis que les parties d'autres personnes ont toutes des voix différentes. C'est juste une question de combien *vous* pouvez en suivre.

L'auto-recadrage inconscient

HOMME : Comment est-ce que je peux utiliser le recadrage en croissance personnelle ?

Le premier recadrage serait d'utiliser n'importe quel autre prédicat que « croissance ». Il y a certains dangers à appeler l'évolution d'une personne « croissance ». Les gens dans la mouvance du potentiel humain qui sont vraiment orientés « croissance » ont tendance à avoir des verrues, des tumeurs et d'autres choses. En tant qu'hypnothérapeute, on peut comprendre comment cela se produit avec le langage des organes.

Vous pouvez toujours simplement vous recadrer vous-même consciemment. Mais une des meilleures façons d'y arriver est de fabriquer une partie inconsciente — une « méta-partie » — dont le rôle est, chaque nuit juste après que vous vous soyez endormi, de passer en revue votre journée, de sélectionner deux choses importantes à recadrer dans vos comportements et d'effectuer le recadrage. Nous faisions cela dans nos premiers groupes avec tous les participants et ils opéraient des changements fantastiques.

FEMME : Vous ne programmez même pas les deux choses à recadrer ? Vous laissez faire l'inconscient ?

Oui. Nous mettions la personne en transe profonde et nous enseignions à son esprit inconscient — ou à une partie inconsciente — le modèle de recadrage. Nous disions : « Alors, inconscient, nous allons aujourd'hui construire cette partie qui va faire du recadrage. Je veux que toi, l'inconscient, tu sélectionnes quelque chose que tu n'as pas particulièrement apprécié dans le comportement de son esprit conscient aujourd'hui. Identifie-le d'abord, puis... » On passait en revue le protocole de façon très systématique. On ne disait pas simplement : « Fais-le. » On passait très attentivement chaque étape en revue. L'esprit conscient est parti ; la personne est juste en transe et répond. Vous pouvez faire ça avec les mouvements des doigts ou n'importe quel autre signal oui/non, ou vous pouvez le faire verbalement si votre client est un bon communicateur verbal inconscient. Je voyais chaque étape une fois de manière systématique, puis je faisais choisir quelque chose d'autre à son inconscient et lui faisait essayer et me prévenir s'il se retrouvait coincé. J'enseignais littéralement le modèle du recadrage en six points jusqu'à ce qu'il puisse le faire plusieurs fois sans problème. Puis je disais : « Bon, chaque nuit après qu'elle se soit endormie, identifie et recadre deux choses que tu penses être importantes en fonction du vécu de la journée. »

Je vérifiais un mois plus tard auprès de l'inconscient de chacun ce qu'ils avaient fait. Ces gens-là changeaient comme des fous. L'inconscient d'un de ces élèves m'a raconté comment il procédait : il se visualisait devant un tableau noir et faisait la liste de tous les événements de la journée qui ne s'étaient pas passés comme il le voulait, puis toutes ses parties décrivaient les potentialités de chacun de ces événements ; elles votaient toutes pour en choisir deux et l'inconscient les recadrait. Les parties passaient ensuite en revue les recadrages antérieurs et lisaient le compte-rendu de la session précédente — c'était un homme très organisé.

Cela semblait marcher pendant environ trois mois, puis il fallait une piqûre de rappel. Les gens changeaient tellement que le processus ne se déclenchait plus automatiquement au bout d'environ trois mois.

FEMME : Pourquoi avez-vous dû enseigner les six étapes à l'inconscient ? Si vous recadrez d'autres personnes, votre esprit inconscient les connaît encore mieux que votre esprit conscient, n'est-ce pas ?

Il est important de s'assurer que l'inconscient le fait explicitement et méthodiquement. Je ne m'avancerai pas à dire que « l'esprit inconscient le connaît. » Certains esprits inconscients le connaissent, d'autres non. C'est un pari que je ne veux pas faire. Je veux fabriquer une partie dont le rôle est de bondir chaque nuit et de dire : « C'est l'heure du recadrage ! » Vous avez toujours la possibilité de vous recadrer consciemment, mais c'est beaucoup plus pratique de charger votre inconscient de le faire une fois que vous vous êtes endormi. Laissez vos parties le faire. C'est difficile d'installer ça en vous-même ; c'est mieux d'avoir quelqu'un d'autre pour vous mettre en transe et pour vous l'installer.

Les signaux inconscients

JEAN : Je me pose toujours la question sur le genre de signaux à utiliser quand je fais du recadrage. Certaines personnes disent de n'utiliser que des signaux qui indiquent une réponse oui/non inconsciente et claire. D'autres parlent seulement de rentrer en soi, de poser une question ouverte et de voir ce qui en sort. Hier après-midi, vous m'avez fait un recadrage de négociation sans prendre le temps de mettre en place des signaux spécifiques...

Oh, mais *j'avais* des signaux oui/non. Vous aviez des réponses que je pouvais percevoir.

JEAN : Bon, vous aviez des signaux oui/non. Mais d'après notre propre expérience d'auto-recadrage, je pensais que nous ne pouvions utiliser comme signal qu'une réponse inconsciente dont nous avions conscience. J'ai eu une réponse dans mon système de représentation préféré — cette petite voix interne que j'ai toujours — en lequel j'ai appris à ne pas faire confiance, chez moi ou chez mes clients. Comment pouvons-nous avoir confiance en un signal que nous obtenons de nous-mêmes, ou de nos clients, quand il est dans le système de représentation préféré ?

C'est une contradiction. Vous avez demandé : « Quel signal peut provenir du système de représentation préféré dont je peux être certain qu'il est inconscient ? » Le système de représentation préféré est celui qui est *dans* le domaine de la conscience. Il est préférable d'avoir un signal qui n'est pas sous contrôle conscient. Si votre signal est un dialogue interne et que vous ne lui faites pas confiance, alors le seul moyen d'avoir un signal en lequel vous allez avoir confiance est d'avoir une réponse kinesthésique ou visuelle qui s'intensifie et qui diminue. Vous trouvez un signal oui/non qui n'est pas un mouvement des doigts ou tout autre chose que vous pouvez contrôler consciemment.

JEAN : J'ai le même problème quand on parle de signaux avec les doigts. Tout le monde parle de l'hypnose et des mouvements des doigts. La plupart des gens avec lesquels je travaille peuvent faire de tels mouvements tout à fait volontairement. Quelle est l'utilité de proposer à quelqu'un de vous donner un signal qu'il peut contrôler consciemment et volontairement ?

Ils peuvent bouger consciemment leurs doigts mais ils ne peuvent pas le faire avec des *mouvements inconscients*. Pouvez-vous faire la différence entre un mouvement conscient et un mouvement inconscient ?

JEAN : Oui. Ce qui me gêne, c'est ça : la personne me donne peut-être tous les signes d'une transe profonde et j'observe un tas de modifications involontaires. Puis les signaux des doigts ressemblent à un mouvement conscient. Est-ce que je dois les interpréter comme des mouvements conscients ?

Non, pas nécessairement, mais c'est ce que je fais toujours. Je dirais : « PAS *CET* ESPRIT ! » ou quelque chose d'aussi subtil que ça. Je veux de la vérification. Personnellement, je n'utilise pas les mouvements des doigts comme signaux. Je les utilise pour distraire le client et comme façon de mettre en place un *autre* système de signalisation.

JEAN : Comment mettez-vous précisément en place les autres signaux ?

Je calibre. Je dis : « Votre esprit inconscient peut soulever ce doigt pour répondre 'oui'. » Puis j'observe et je découvre ce qui ce passe d'*autre* naturellement. « Et il peut utiliser ce doigt-là pour répondre 'non'. » Et je remarque les différences non verbales entre les deux. Si je ne suis pas sûr, je le fais dix fois jusqu'à ce que je sois sûr.

Vous pouvez aussi faire ceci : avant que le client entre en transe, vous pouvez parfois obtenir des signaux magnifiques en disant : « Voyez, vous allez entrer en transe. Nous allons mettre en place un système de communication 'oui' [il tourne la tête vers la gauche] ... 'non' [il tourne la tête vers la droite]. » Et quand la personne est en transe, vous avez ces signaux formidables — sa tête va se tourner à gauche et à droite. Vous pouvez bien évidemment utiliser n'importe quel autre mouvement pour installer un signal — un sourcil qui se lève, une narine qui se dilate ou tout autre signal qu'il peut détecter inconsciemment. S'il n'utilise pas le signal que vous avez établi, vous pouvez faire d'autres choses. Vous pouvez dire : « Et quand les choses ne se produisent pas comme je le souhaite, je *lève un sourcil* de dédain. » et utiliser des instructions cachées pour vous assurer que le sourcil se lève.

Vous pouvez faire des choses vraiment flagrantes et son esprit conscient ne va rien remarquer. Je mets parfois en place un signal oui/non avec les pieds d'une personne, avec un pied pour « oui » et l'autre pour « non ». Je dis : « Quand vous êtes entièrement pour quelque chose, vous vous avancez ... et vous savez quel est le pied qui vous met sur le *droit* chemin pour le faire, n'est-ce pas ? » Il va vous le montrer non verbalement. L'important, c'est que je vérifie toujours avec une question anodine. Plutôt que de chercher tout de suite ce que je veux savoir, je commence par poser des questions dont je connais la réponse pour être certain d'avoir le bon signal au bon endroit. « Alors, vous vous appelez Jean, et vous savez que c'est vrai, n'est-ce pas ? » Si j'ai une réponse « non », je dis alors :

« Aha ! À *qui* est-ce que je parle ? » Vous pouvez trouver tout cela détaillé dans notre livre *Transe-Formations*.

Les fonctions positives des parties

FEMME : Quand vous travaillez avec vous-même et qu'il y a une partie que vous n'arrivez pas vraiment à identifier, ou une partie qui ne veut pas se montrer et dire qui elle est et que vous ne pouvez pas vraiment rentrer en contact avec cette partie...

C'est comme dire : « Il y a un membre de la famille avec lequel je ne peux pas vraiment parler. » C'est toujours une fonction de votre communication. Une personne peut rentrer en elle-même et dire : « Bon, il ne se passe rien. » Vous pouvez faire un certain nombre de choses. Il y a quelque chose qui marche presque à chaque fois : « Bon, je sais que ça fait des années que vous ne vous entendez pas avec cette partie. Vous l'avez insultée et combattue, et je ne voudrais pas vous parler non plus si vous me faisiez ça à moi. Je vous recommande donc de rentrer en vous-même, de *vous excuser* et de lui dire que vous vous êtes mépris sur ses intentions et que vous voulez sincèrement communiquer avec elle. » Après s'être excusée, la personne obtiendra une réponse neuf fois sur dix.

Une personne rentre parfois en elle-même pour le recadrage et dit : « Espèce de partie dégueulasse. » La partie réagit naturellement : « Si tu veux une réponse, prends ça ! Paf ! Tu veux que j'intensifie *ça* ? » Votre communication avec vos parties doit être *aussi* élégante *ou plus* qu'avec autrui.

FEMME : Vous avez parlé hier de trouver une partie qui semblait ne pas avoir de fonction. Qu'est-ce que vous faites dans ce cas-là ?

En principe, c'est facile. Puisque la partie n'a pas de fonction, vous lui donnez une fonction positive sur laquelle elle est d'accord. En pratique, cela peut prêter à confusion.

Il y a quatre ans, j'ai travaillé avec une femme qui m'a dit qu'elle n'arrivait pas à décider quoi faire quand elle était seule. Quand son mari était à la maison, elle s'asseyait et lisait un magazine ou elle sortait. Mais quand elle était seule, elle ne pouvait pas s'asseoir ni lire un magazine.

Je lui ai dit : « Il semble que vous vous donnez beaucoup de mal pour être nerveuse quand il n'y a personne. Comment vous rappelez-vous de faire ça chaque fois ? »

Son regard s'est perdu dans le vide tellement la question était étrange. « Je ne sais pas, je n'y ai jamais pensé.

— Il y a manifestement une partie de vous qui vous fait faire cela, et il me semble stupide de penser que cette partie le ferait sans aucune raison. Elle doit essayer de faire quelque chose d'utile pour vous et nous devons trouver de quoi il s'agit. »

Nous avons donc commencé un recadrage en six points. Nous sommes passés par une phase où les signaux ont disparu puis sont revenus six ou sept fois. Enfin, puisque je ne pouvais pas passer à l'étape suivante, je l'ai fait rentrer en elle-même à nouveau. « Demandez à cette partie si elle sait ce qu'elle fait d'utile pour vous ? » Elle n'a obtenu aucune réponse. J'ai donc dit : « Si elle ne sait pas si ce qu'elle fait est utile ou non, demandez-lui de répondre 'oui-non-oui-non'. » C'est ce qu'elle a fait et la partie a répondu « oui-non-oui-non » de façon répétée. La femme semblait un peu perdue parce que d'un côté, elle obtenait ces réponses non verbales et que d'un autre, elle n'avait aucune idée de quoi il s'agissait.

Puis j'ai dit à la partie : « Seriez-vous d'accord pour lui dire la fonction afin qu'elle puisse me le dire ? Est-ce que ça serait convenable, puisqu'elle doit me dire quelle est la fonction et que je vous promets que je serais celui qui décidera si ce que vous faites est utile ou non ? » J'ai obtenu un « oui » instantané et décidé sans même qu'elle ait à rentrer en elle-même. Puis elle s'est couvert les oreilles avec les mains et a pris un air bizarre.

« Que vous a-t-elle dit ?

— Eh bien, je n'ai pas vraiment envie de le dire.

— Vous le devez. J'ai promis, vous savez. Et je tiens mes promesses. » La logique de cette déclaration est très tordue mais ça l'a poussé à me le dire.

Cette partie a dit quelque chose de très métaphorique. « Tu es toujours seule avec les autres et tu te perds dans la foule quand tu es seule. » J'y ai un peu réfléchi et ça ne me disait rien, mais il semblait que la partie voulait lui faire mieux tirer parti du temps qu'elle passait avec d'autres personnes. J'ai donc posé des questions. « Est-ce que, quand elle est avec d'autres personnes, elle ne leur parle pas vraiment et se contente de se sentir en sécurité ? Et quand il n'y a personne, passe-t-elle son temps à se demander avec qui elle pourrait être et ce qu'elle pourrait faire ? Essayez-vous donc de la pousser à mieux exploiter ses ressources lorsqu'elles sont disponibles ? Est-ce que c'est ça ? » J'ai là encore obtenu une réponse nette et immédiate : « Non. » Donc je l'ai fait rentrer en elle-même et demander s'il s'agissait d'autre chose. Elle a répondu : « Je ne veux pas répondre à cette question. Ce que vous avez dit juste avant semble correct. Cela semble quelque chose de bien à faire. Je suis si agacée lorsque je ne sais pas quoi faire.

— Quelle est l'utilité d'être agacée ? Quelle en est l'intention ?

— Je ne sais pas.

— Alors à quoi ça sert ?

— Eh bien, tous les autres sont agacés lorsque je ne sais pas quoi faire.

— Donc, quand il n'y a personne, vous vous agacez à leur place ?

— C'est peut-être ça. Je ne sais pas. (Elle manquait de conviction mais semblait d'accord.)

— Préféreriez-vous faire autre chose ?

— Oui, ça me donnerait quelque chose à faire et je n'aurais pas à devenir agacée et anxieuse. »

Donc j'ai simplement donné à cette partie une façon de décider ce qu'il serait utile de faire. La partie semblait ne pas connaître son objectif. C'était quelque chose en rapport avec le fait que, quand elle se trouvait avec des gens, ils étaient agacés si elle n'avait rien à faire, donc elle faisait toujours quelque chose. Quand il n'y avait personne, alors elle était agacée mais ne faisait rien. C'était systématique mais je n'ai pu détecter aucune fonction utile. C'était comme une motivation qui ne mène nulle part.

La « résistance »

MARIE : Je pense à une personne, nous sommes dix à travailler avec elle...

Dix d'entre vous travaillent avec quelqu'un ? *C'est* la première chose à laquelle je mettrais fin. Ça rendrait dingue n'importe qui !

MARIE : Cette femme a beaucoup de nausées, sans raison médicale. Je connais un certain nombre de raisons pour lesquelles elle conserve sa nausée...

Pensez-y, si elle abandonne sa nausée, elle perd dix amis. C'est la première chose à laquelle je pense !

MARIE : Si cette femme n'avait pas la nausée, elle aurait des rapports sexuels avec son mari, et elle obtient des tas de petits bénéfices grâce à sa nausée. J'ai essayé de tout recadrer. Elle revient tous les deux mois en disant : « Hé, ça recommence ! », alors je pense...

En ce qui me concerne, ce n'est pas approprié de traiter la nausée. La seule chose qui rend sa nausée possible, c'est qu'elle *n'a pas* une relation sexuelle positive avec son mari et qu'elle *n'a pas* tous ces petits bénéfices. Donc je ne vais pas toucher à la nausée, je vais viser toutes les autres choses qui l'engendrent. Si elle avait une relation sexuelle satisfaisante et si elle avait ce qui lui manque dans sa vie aujourd'hui, alors la nausée ne se produirait pas. C'est ça le recadrage : trouver *l'autre chose* qui doit se produire pour que le client n'ait plus besoin du symptôme.

MARIE : Elle a résisté à tout ce que nous avons fait. Nous avons fait venir son mari avec elle et elle a résisté tout le temps. Elle ne va pas le quitter — bien qu'elle le déteste — parce qu'il lui apporte de la sécurité.

Les clients ne résistent pas, Marie. C'est *très* important de comprendre ça. *Les clients montrent que vous ne comprenez pas.*

MARIE : Les parties résistent, je crois...

Non, les parties ne résistent pas. Aucune partie d'un être humain ne résiste à un thérapeute. Tout ce qu'elles font, c'est montrer que vous êtes sur la mauvaise piste. C'est tout ce qu'elles font. Je n'ai jamais vu un client qui résistait. Les clients disent : 'Hé ! Pas là ! *Ici !* »

Vous dites que vous avez fait du recadrage avec elle. Il est impossible de faire du recadrage avec quelqu'un et ne pas traiter les fondements de ce que vous appelez la résistance. Le modèle du recadrage est construit de telle sorte que vous ne visez pas le changement, vous visez les parties qui objectent. Tous les modèles de recadrage font cela.

Les migraines

HOMME : J'ai un garçon de quatorze ans qui a des migraines. Est-ce que je peux utiliser le recadrage pour ça ?

Les migraines sont très faciles. Ceux d'entre vous qui ont l'expérience clinique d'avoir traité des migraines peuvent me dire quel est le système de représentation dans lequel les clients à migraine se spécialisent. Je veux que vous pensiez à des clients précis qui se sont plaints de migraines. Quel système de représentation utilisent-ils principalement ? ...

Les gens qui souffrent de migraines sont très orientés vers le registre visuel. Vérifiez votre propre expérience clinique. Comme tout symptôme physiologique, je présuppose que la migraine est un moyen utilisé par une partie pour capter l'attention de la personne. Le symptôme est une façon d'essayer de lui faire faire quelque chose de différent, de lui faire s'occuper de quelque chose pour lequel il y a un besoin.

Pensez à la douleur. Nous avons tous des circuits neurologiques dans notre corps qui nous font savoir quand il y a une blessure. Si on n'avait pas ça, on se couperait et on saignerait à mort avant de remarquer visuellement qu'il s'était passé quelque chose. La douleur n'est rien de plus qu'une réponse neurologique saine qui dit : « Hé, fais attention ! Il faut faire quelque chose ici ; il faut s'occuper de quelque chose. » Vous pouvez interpréter des symptômes tels que la migraine comme des signaux et utiliser le recadrage pour découvrir ce à quoi la migraine est une réponse, et vous pourrez offrir à la partie de la personne une autre façon de réagir. Dans tous les cas de migraine que j'ai traités, la personne avait un état de conscience visuel très spécialisé. La seule façon qu'a son corps de lui signaler qu'il y a quelque chose dont il faut s'occuper, c'est de lui donner des migraines carabinées. Les migraines cèdent rapidement et facilement à un recadrage.

Le client ne peut pas perdre

FEMME : Vous avez parlé d'une composante de temps. Je crois que vous avez parlé de tester pendant six semaines et que si une partie n'était pas satisfaite, qu'il fallait renégocier.

De toute façon, cela se produit toujours. C'est juste pour faire un pont vers le futur.

FEMME : Alors pourquoi en parler si ça se produit de toute façon ?

Parce que, si vous ne le faites pas et que ça ne marche pas, l'esprit conscient de la personne ne sait pas qu'il peut renégocier et appelle ça un « échec ». Je regarde le client et lui dit : « Alors, je veux que vos parties essayent ça pendant six semaines. Si ça marche, formidable, vous êtes sur la bonne voie. Si une de vos parties découvre que ça ne marche pas, elle doit vous informer en vous faisant agir selon le comportement que vous ne voulez plus avoir. C'est une indication qu'il est temps de faire une pause et de négocier à nouveau. » Cela signifie que le client ne peut pas échouer. Je pense que les clients ont droit à ça. Au fait, ceci est à la fois un recadrage et un pont vers le futur.

Un des mauvais services que les thérapeutes peuvent rendre à leurs clients, c'est de ne pas utiliser ce recadrage-là d'une façon ou d'une autre. Je prends toujours le symptôme comme baromètre du changement. Comme ça, si le symptôme revient, le client ne pense pas : « Voilà, encore un coup de thérapie et il ne s'est rien passé. » Il pense à la place : « Ah, cela signifie que je dois recadrer à nouveau. » Les stigmates du symptôme disparaissent avec le temps parce qu'il commence à prêter attention au symptôme en tant que *message*. Ça l'a probablement toujours été de toute façon, mais il n'y a jamais pensé ainsi. Il commence à avoir un mécanisme de retour d'information ; même si le recadrage ne fonctionne pas, il découvre qu'il n'a le signal qu'à certains moments.

Par exemple, quelqu'un arrive avec des migraines, je recadre et toutes les parties sont contentes. Le client vit sa vie pendant deux semaines et tout va bien, puis il a soudain mal à la tête dans un contexte particulier. Ce mal de tête déclenche le message que les négociations étaient insuffisantes. Il rentre donc en lui-même et demande : « Qui est mécontent ? Qu'est-ce que cela signifie ? » La partie dit : « Tu ne t'affirmes pas comme tu avais dit que tu le ferais. » Il a alors le choix d'avoir une migraine ou de s'affirmer.

HOMME : Donc, avec cet homme, vous avez installé une partie qui lui donnait autre chose à faire qu'avoir une migraine ?

Exactement. Tous les modèles de recadrage font la même chose : *ils changent tous une réponse interne*. On peut aussi dire que j'ai installé une partie dont la fonction est de lui *rappeler* d'avoir une autre réponse. Peu importe votre façon d'en parler.

Procéder avec précaution

HOMME : J'ai une question sur le recadrage et les phobies, et les parties qui fonctionnent dans les phobies. Imaginons que je travaille avec une phobie et que j'emploie la technique de dissociation visuel-kinesthésique. Comment est-ce que je sais que je n'interfère pas avec une partie qui fonctionnerait dans d'autres contextes dans la vie de la personne ?

Vous ne le savez pas. Je suis une personne très pragmatique. Si quelqu'un a une phobie vraiment sévère, je pense qu'il vaut mieux aller de l'avant et prendre le risque de mettre le bazar ailleurs dans sa vie et de le gérer plus tard. Je me rends bien compte que ce n'est pas aussi élégant que je le voudrais, mais c'est ce que je vais faire la plupart du temps.

Laissez-moi vous donner un exemple de ce à quoi vous devez faire attention. Une fois, nous avons guéri une femme de la phobie des hauteurs. Pour tester notre travail, nous lui avons dit d'aller sur la terrasse de l'hôtel. Elle est revenue avec un large sourire et les gens lui ont demandé : « Alors, comment est-ce que tu t'es sentie là-haut ? » Elle a répondu : « J'ai eu l'impression de vouloir monter sur la balustrade et danser. »

Le plus important dans ce qu'elle a dit, c'est qu'elle ne l'a *pas* fait ! Mais cela vous indique la surgénéralisation qui s'est produite. Il est important de comprendre qu'une stratégie phobique est l'exemple d'une stratégie qui œuvre pour protéger la personne de quelque chose mais qui est surgénéralisée. Lorsque vous changez la réponse au stimulus phobique, assurez-vous que la nouvelle réponse est utile, de sorte que la personne ne danse pas sur la balustrade ou fasse autre chose de dangereux.

J'ai guéri une femme de la phobie des oiseaux — à Chicago, le pays des pigeons ! Quand j'ai terminé, j'ai testé mon travail : « Alors, si je vous proposais de porter un aigle sur votre bras, maintenant, qu'est-ce que vous ressentiriez ? » Elle a répondu : « Je ne pense pas que j'apprécierais. » et j'ai dit : « Bien. » La dissociation visuel-kinesthésique efface la surgénéralisation. Vous devez vous assurer qu'elle n'efface pas *toute* précaution.

Le recadrage est inclus au début de la technique de traitement des phobies quand nous disons quelque chose du genre : « Je sais que la partie de vous qui vous a fait peur vous a protégé d'une manière importante. » Ça apporte toujours quelque chose d'avoir une phobie : ce que les psychiatres appellent un « bénéfice secondaire » ou ce que nous appelons un objectif. C'est pour cela que vous dites : « Vous allez apprendre quelque chose d'important » lorsque vous faites la dissociation visuel-kinesthésique. On peut espérer que les clients vont le trouver d'eux-mêmes. Sinon, vous allez le découvrir, surtout si vous les interrogez un peu.

À la fin, je suggère toujours qu'une partie de l'énergie qui a été libérée au cours du processus de la phobie soit employée pour les préserver tandis qu'ils explorent les nouveaux comportements qui s'offrent à eux. Quelqu'un qui a eu la phobie des hauteurs n'a aucune expérience des comportements appropriés et sécuritaires à avoir dans ce contexte. Une femme qui ne s'est jamais impliquée sexuellement parce qu'elle a été violée ou abusée sexuellement quand elle était enfant n'a aucune idée de ce qu'est un comportement sexuel approprié. Lorsque vous employez ces techniques de changement, les barrières sont soudainement toutes levées et vous devez être certain que vos clients sont protégés.

L'œuvre d'Erickson contient le très bel exemple de son travail avec une jeune femme qui voulait se marier. Elle n'avait aucune compréhension de ce qu'est le comportement sexuel à cause de son passé religieux et familial. Elle était très attirée par son fiancé mais savait que, à cause de son passé strict et limité, il y aurait des problèmes de sexualité si elle se mariait. Fondamentalement, Erickson l'a recadrée et lui a ôté toutes les barrières qui l'auraient empêchée de ressentir et s'affirmer sexuellement. Puis il lui a dit qu'elle ne pouvait voir le jeune homme avant le mariage qu'en présence de son frère ou de sa famille. Elle a appelé Erickson tout de suite après son mariage pour le remercier. Elle était assez intelligente pour se rendre compte, comme elle l'a dit à ce moment-là, qu'elle était prête à se ruer hors du cabinet, à attraper l'homme en question et à passer à l'action. Étant données sa relation à long terme avec cet homme et sa propre estime d'elle-même, il était plus approprié qu'elle procède d'une façon plus prudente et respectueuse en direction de l'activité sexuelle en elle-même.

La PNL est un ensemble d'outils très puissants. Même les simples techniques d'ancrage sont très puissantes. Étant donné cette puissance, il est important que vous vous fixiez un cadre de façon à procéder avec précaution et respect pour vous-même et pour les autres individus concernés. Ce faisant, vous n'aurez pas de fluctuations sauvages de comportement qui ne sont pas écologiquement saines. Ceci arrive souvent dans les séminaires d'affirmation de soi quand le gentil bosseur se transforme en crétin. De telles fluctuations indiquent que le nouveau comportement n'a pas été contextualisé ou cadré correctement.

HOMME : Donc, fondamentalement, quand vous faites la dissociation visuel-kinesthésique, vous recadrez l'intention protectrice utile et vous la conservez intacte.

Quoi que vous fassiez, vous faites toujours un recadrage dans le sens où vous changez toujours une réponse. C'est juste que lorsque vous utilisez le modèle de recadrage standard pour traiter une phobie, c'est très difficile d'y arriver : quand la personne contacte la partie qui lui donne la phobie, elle a généralement la réponse phobique comme signal. Et quand une personne est envahie par des sensations désagréables, elle ne fonctionne pas bien.

Le recadrage est un joli modèle qui résout de nombreux problèmes. Il faut cependant prendre en compte d'autres facteurs : les sensations envahissantes en sont un, les parties multiples — ou incongruités séquentielles — en sont un autre. Lorsque vous travaillez avec une personnalité multiple, vous pouvez guérir Suzie d'une phobie, mais Marthe peut l'avoir encore. Nous allons vous parler de cela demain après-midi.

Certains éléments seront toujours présents dans une thérapie. D'autres éléments peuvent être impliqués mais ne sont pas nécessaires. Le bénéfice secondaire sera toujours flagrant à un moment quelconque de tout changement thérapeutique. La manipulation des parties sera toujours évidente dans tout changement thérapeutique. Vous allez soit changer le comportement d'une partie, soit en créer une, soit négocier entre elles. Et il y aura toujours une forme d'altération du processus de généralisation. Une généralisation sera faite ou rompue, deux généralisations seront combinées ou une généralisation sera coupée en deux. Ces trois processus — bénéfice secondaire, manipulation des parties et une altération de généralisation — seront toujours à l'œuvre dans tout changement.

Protocole
Le recadrage en six points

1) Identifiez le schéma comportemental (X) à changer. « Je veux arrêter de faire X mais je n'y arrive pas » ou « Je veux faire Y mais quelque chose m'en empêche. »
2) Établissez la communication avec la partie responsable du schéma comportemental.
   a) « Est-ce que la partie qui me fait faire X veut bien communiquer consciemment avec moi ? » Prêtez attention à toute sensation, image ou son qui se produit en réponse au fait d'avoir posé cette question intérieurement.
   b) Mettez en place la signification oui/non du signal. Faites-le augmenter de luminosité, de volume ou d'intensité pour « oui », et diminuer pour « non ».
3) Séparez le *comportement*, X, de l'*intention positive* de la partie responsable de X. Le comportement non voulu n'est qu'une façon de remplir une fonction positive.
   a) Demandez à la partie responsable de X : « Est-ce que tu veux bien me dire consciemment ce que tu essaies de faire pour moi à travers le schéma comportemental X ? »
   b) Si vous obtenez une réponse « oui », demandez à la partie de communiquer son intention. Si vous obtenez une réponse « non », continuez avec un recadrage inconscient en présupposant une intention positive.
   c) Cette intention est-elle consciemment acceptable ? Voulez-vous une partie qui remplisse cette fonction ?
   d) Demandez à la partie responsable de X : « S'il existait des façons de remplir ta fonction positive qui fonctionneraient aussi bien sinon mieux que X, serais-tu intéressée de les essayer ? »

4) Accédez à une partie créative et générez de nouveaux comportements pour remplir la fonction positive.
   a) Accédez à des expériences de créativité et ancrez-les, ou demandez : « Avez-vous conscience d'une partie créative en vous ? »
   b) Demandez à la partie responsable de X de communiquer son intention positive à la partie créative, laissez la partie créative générer plus de choix pour remplir cette fonction, et faites choisir à la partie responsable de X trois alternatives au moins aussi bonnes sinon meilleures que X. Faites-lui envoyer un signal « oui » chaque fois qu'elle en choisit une.
5) Demandez à la partie : « Es-tu prête à prendre la responsabilité d'employer les trois nouvelles alternatives dans les contextes appropriés ? » Ceci fournit un pont vers le futur. Vous pouvez de plus demander à la partie d'identifier au niveau inconscient les déclencheurs sensoriels qui vont enclencher les nouvelles alternatives et d'expérimenter pleinement le fait d'avoir ces déclencheurs sensoriels qui mettent en route sans effort et automatiquement ces nouvelles alternatives.
6) Vérification de l'écologie : « Y a-t-il une partie de moi qui objecte à n'importe laquelle de ces trois alternatives ? » Si la réponse est « oui », reprenez à partir de l'étape 2 ci-dessus.

Chapitre 5

Le recadrage de système : les couples, les familles, les organisations

L'idée qu'un comportement peut devenir dissocié de l'objectif qu'il est censé atteindre se trouve au cœur du recadrage. Il y a des années que les psychologues s'en sont aperçu et ils ont inventé le terme « autonomie fonctionnelle » pour décrire des comportements qui continuaient longtemps après qu'ils n'aient plus de fonction utile pour la personne. Les psychologues ne savaient pas *quoi* faire, mais ils s'en rendaient compte. Ils ne se sont pas rendu compte qu'ils pouvaient directement identifier des objectifs puis sélectionner ou désigner d'autres comportements pour les rattacher alors à ces objectifs.

L'autre aspect du recadrage qui fait que ça marche si facilement, c'est qu'il est explicitement écologique. Nous nous assurons que les nouveaux comportements n'interfèrent pas avec quelque autre aspect du fonctionnement de la personne que ce soit. Toute partie qui objecte devient un allié pour sélectionner les nouveaux comportements de sorte que ceux-ci s'insèrent harmonieusement parmi tous les autres besoins et comportements de la personne.

Ceci prend soin de l'écologie interne de la personne, mais non pas directement de l'écologie du système interpersonnel dans lequel vit la personne. Parfois, lorsque vous changez la personne, elle se porte bien individuellement, mais le reste de sa famille rencontre soudain des problèmes. Lorsque vous faites un recadrage, les parties vont souvent objecter parce qu'elles se rendent compte que certains comportements nouveaux vont avoir un impact indésirable sur des personnes proches. Ceci présuppose toutefois que la personne a des parties capables de remarquer comment les personnes qui l'entourent réagissent envers elle, et ce n'est pas toujours le cas.

Le seul moyen d'être vraiment certain de traiter correctement l'écologie du plus grand système est de pouvoir l'observer. C'est un des avantages des thérapies de couple ou familiale par rapport à la thérapie individuelle. Nous voulons maintenant vous montrer comment employer le recadrage dans des situations où vous pouvez observer le système dans lequel se trouve la personne et traiter de façon explicite l'écologie du système entier. Des changements formidables pour l'individu peuvent être désastreux pour sa famille ou son entreprise.

Un de nos élèves a enseigné le Méta-Modèle au personnel soignant d'un hôpital. Les patients ont guéri plus rapidement et le séjour moyen à l'hôpital est tombé à à peine plus d'un jour. L'administration de l'hôpital cherche cependant à avoir un taux d'occupation le plus élevé possible pour maximiser les revenus. Ils se sont rapidement retrouvés avec des lits vides, puis une salle vide.

Quand l'administration a commencé à évoquer des diminutions d'effectifs, les infirmières ont bien compris ce qui se passait et le séjour moyen à l'hôpital a dès lors retrouvé son niveau antérieur. Le changement qui était bon pour les patients ne l'était pas pour le système de l'hôpital dans son ensemble. Pour que ce soit écologique pour l'hôpital, il aurait fallu une méthode de maintenir son économie — trouver plus de malades pour remplir les lits, diminuer les effectifs par attrition, etc.

De nombreuses personnes suivent une thérapie, commencent à changer et finissent par divorcer. C'est souvent parce que les changements qu'ils effectuent ne prennent pas en compte leur époux ou épouse. Si on veut dissimuler son incompétence, on peut évidemment dire ensuite qu'ils ont « grandi hors de leur mariage » ou que leur partenaire n'était « pas prêt(e) à changer ». Mais si vous êtes en mesure d'utiliser le recadrage avec tout le système familial, vous pouvez faire un travail vraiment propre. Ce sera plus facile et ça durera plus longtemps parce que les autres parties du système familial n'essaieront pas de défaire ce que vous essayez de mettre en place.

Pour effectuer un recadrage de système réussi, vous devez prendre en compte les besoins et souhaits de tous les membres du système. C'est la base de ce que nous avons souvent appelé la « thérapie par objectif ». Je pense que vous pouvez tout faire en thérapie de couple, en thérapie familiale ou en travail de conférence en utilisant ce seul schéma. Vous commencez par remarquer tout message qui évoque une réponse négative chez quelqu'un d'autre — au sein d'un couple, dans une interaction familiale, ou pendant une conférence ou une réunion au sein d'une entreprise. Puis vous demandez à l'émetteur du message si la réponse qu'il a obtenu était véritablement celle qu'il *cherchait* à obtenir. En d'autres termes, c'est la vieille formule : « Le message intentionnel n'est pas forcément le message reçu. »

Le recadrage de couple

Démonstration

Laissez-moi vous faire une démonstration de la « thérapie par objectif » — ce que nous appelons le recadrage de couple. Lise et Thomas, voulez-vous bien venir, s'il vous plaît ? J'aimerais que vous jouiez le rôle d'un couple. Je vais vous demander arbitrairement d'interagir de la façon suivante : Lise, vous faites ou vous dites ce que vous voulez, Thomas, vous faites le déprimé.

LISE : Bonjour Thomas, comment vas-tu aujourd'hui ?

THOMAS : Oh, je ne sais pas. [Il commence à s'avachir et à parler d'un ton monocorde.]

Bien. Je ne sais pas précisément à quelle fraction du comportement de Lise Thomas réagit mais, quoi que ce soit, je vois que cela suscite une réaction qui n'est pas utile ; j'interromps donc l'interaction et j'ancre la réaction de Thomas. Si Lise m'avait posé cette question à moi, j'aurais simplement répondu, mais elle semble avoir un impact profond et trop déterminant sur Thomas, donc je sais qu'il se passe quelque chose d'important.

Ma prochaine étape est de me tourner vers Thomas et de lui demander : « Ces sensations sont-elles familières ? » en activant l'ancre que j'ai installée il y a quelques instants.

THOMAS : Oh, oui.

Quel est le nom du message que vous recevez de la part de Lise quand elle vous dit « Bonjour Thomas, comment vas-tu aujourd'hui ? » de cette façon-là ?

THOMAS : « Va-t'en. »

« Va-t'en. » Lise, aviez-vous l'intention de lui donner le

message : « Va-t'en. » ?

LISE : Non.

Quelle était votre intention ?

LISE : Je veux juste savoir comment il se sent.

Bon. C'était donc juste une question directe. Vous voulez savoir comment il se porte.

Je me tourne maintenant vers Thomas et lui demande : « Vous avez entendu ce que Lise vient de dire ? »

THOMAS : Oui.

Je comprends que vous avez reçu un message différent de celui qu'elle voulait. Avez-vous compris qu'elle ne voulait pas vous envoyer celui que vous avez reçu ?

THOMAS : Oui.

Bien. Alors, Lise, voulez-vous vraiment faire passer votre message ?

LISE : Oui.

Cette étape d'engagement est vraiment nécessaire. Je mets en place le levier dont j'aurais peut-être besoin par la suite si Lise objecte à changer son comportement pour obtenir la réponse qu'elle attend.

Je lui demande maintenant : « Avez-vous déjà pu aborder cet homme et lui demander comment il va sans avoir cet effet profondément déprimant sur lui ? [Oui.] Passez en revue votre histoire personnelle et rappelez-vous ce que vous avez fait par le passé qui a marché pour obtenir la réponse que vous vouliez. »

Si elle peut trouver un exemple d'une fois où elle a réussi à faire passer le message voulu, alors je vais lui demander de faire la même chose ici et de constater si ça marche ou non.

Lise tend la main et touche gentiment Thomas en lui demandant doucement : « Comment ça va ? » « Bien. »

Dans le cas présent, ça a très bien marché. Si elle ne peut pas trouver un exemple qui marche dans son histoire personnelle, je peux lui faire penser à une femme qu'elle respecte et lui demander comment fait cette femme. Elle peut l'utiliser comme modèle et essayer ce comportement.

Si je n'arrive pas à trouver facilement une nouvelle réponse dans le vécu de Lise, alors j'irai la chercher chez Thomas. Je lui demanderai : « Avez-vous déjà eu le message 'Hé, comment va-tu ?' et l'avoir compris simplement comme indiquant de l'intérêt et de l'inquiétude ? »

THOMAS : Oui.

Voulez-vous bien montrer à Lise exactement comment le message a été délivré, de sorte qu'elle sache exactement comment vous le faire passer ?

THOMAS : Eh bien, elle s'est approchée et m'a posé la main sur mon épaule, comme ceci, et...

Bien, merci. Je peux maintenant le faire essayer par Lise, et j'observe ce qui se passe pour m'assurer que ça marche.

Si ça ne marche pas, je peux demander à Thomas ce que Lise pourrait changer précisément pour que ça marche, ou je peux lui demander de trouver un autre comportement qui a fonctionné dans le passé. Lise et Thomas, merci.

Discussion

HOMME : Cela ne semble pas être un exemple très réaliste. Thomas ne devrait pas être déprimé quand Lise dit seulement : « Bonjour, comment va-tu ? »

Il est en fait très fréquent chez les couples véritables qu'un comportement anodin déclenche une réaction forte. Le stimulus peut ne pas être évident, mais la réaction de Thomas *est* évidente et me permet de savoir qu'il se passe quelque chose d'important. Le ton de la voix de Lise ou sa façon de le regarder est peut-être associé à d'autres expériences passées que je ne connais pas.

Il peut vous être difficile de détecter le stimulus qui provoque une réaction déplaisante chez quelqu'un parce que cela vous paraît réellement trivial ou anodin. Un jour, j'ai travaillé avec un adolescent schizophrénique et sa mère. Tout ce que je pouvais observer, c'est que chaque fois que le fils devenait dingue, c'était juste après que la mère indique son propre bras. Il s'est avéré qu'elle avait survécu aux camps de concentration nazis. Quand elle voulait obtenir une réponse précise de la part de son fils, elle indiquait l'endroit sur son bras où avait été tatoué son numéro d'identification. Je ne sais pas comment elle s'y était prise pour mettre en place une ancre qui ait un tel impact sur son fils, mais c'était aussi rapide que lorsque le médecin vous donne un coup de marteau pour tester vos réflexes. Le gamin devenait complètement fou sur le champ, et pourtant peu de gens auraient remarqué le stimulus.

Lorsque vous utilisez ce format de recadrage, vous faites l'hypothèse que les gens veulent communiquer de façon à obtenir ce qu'ils veulent, *et* qu'ils veulent respecter l'honnêteté et l'intégrité des autres personnes impliquées. Cette hypothèse est peut-être erronée, mais c'est une bonne hypothèse de travail parce qu'elle vous donne quelque chose à faire qui peut être très utile. Si vous faites cette hypothèse, il est toujours possible de trouver une autre solution — et pas un compromis — qui satisfasse les deux partis.

Chaque fois qu'il y a une différence entre le message intentionnel et la réponse, vous devez entraîner la personne qui a envoyé le message à se rendre compte qu'elle n'a pas obtenu la réponse prévue. « Quelle réponse avez-vous obtenu ? Décrivez-la. Avez-vous remarqué ce que vous avez obtenue ? Bien. » Ceci construit une stratégie perceptuelle chez la personne qui a envoyé le message initialement et la rend plus sensible aux réponses qu'elle obtient. La question suivante est : « Est-ce la réponse voulue ? Est-ce ce que vous aviez prévu ? » Je n'ai encore jamais rencontré de situation où c'était le cas dans le cadre d'une communication inefficace. Puis vous apprenez à l'émetteur du message à récupérer de l'information qui lui sera utile pour varier son comportement et obtenir le résultat escompté.

Exercice

C'est le format de recadrage de couple le plus simple. Je veux que vous l'essayez par groupes de quatre en utilisant le protocole ci-contre. Deux d'entre vous, A et B, vont jouer le rôle d'un couple dans une interaction problématique. Un autre, C, sera le programmeur. Le dernier, D, sera une personne méta qui vous aidera à suivre où vous en êtes et à fournir un retour d'information au programmeur.

Variation : trouver un objectif commun

Maintenant que vous vous êtes tous entraînés avec ce format simple, je vais vous montrer quelques variations. Faisons un autre jeu de rôle. Jacques et Monique, c'est à vous de jouer. Ça commence comme ça : Monique, vous attaquez Jacques verbalement, Jacques, vous réagissez en vous sentant mal.

Protocole
Le recadrage de couple

1) Identifiez et interrompez une boucle stimulus-réponse (X →Y).
2) Demandez à la personne qui répond :
   a) « Ces sensations (Y) sont-elles familières ? »
   b) « Quel est le message que vous recevez quand elle fait X ? »
3) Demandez à la personne qui envoie le stimulus :
   a) « Est-ce ce que vous attendiez (Y) en envoyant X ? »
   b) « Quelle était votre intention ? »
4) Demandez à la personne qui envoie le stimulus : « Vous engagez-vous à faire passer votre message ? »
5) Trouvez un moyen pour que le message reçu soit égal au message envoyé :
   a) Trouvez-le dans le vécu de la personne qui envoie le stimulus. « Avez-vous déjà obtenu la réponse que vous souhaitiez ? Qu'aviez-vous fait à cette occasion ? »
   b) Trouvez-le dans le vécu de la personne qui répond. « Quel comportement marcherait pour obtenir cette réponse de votre part ? »
   c) Choisissez un modèle ou prétendez que vous savez comment obtenir cette réponse.
6) Faites essayer le nouveau comportement à la personne qui envoie le stimulus pour découvrir si ça marche de façon satisfaisante.

MONIQUE : Imbécile ! [Jacques se tend.]

J'interromps cette boucle et j'ancre la réponse de Jacques. Je lui demande : « Jacques, ces sensations sont-elles familières ? [Oui.] Bon, quel message avez-vous reçu ?

JACQUES : Elle est en colère contre moi.

Monique, est-ce que vous vouliez faire savoir que vous êtes en colère ?

MONIQUE : Oh, oui !

Donc, cette fois-ci, le message reçu est égal au message intentionnel. Je dis : « Bravo, félicitations, vous communiquez très efficacement. » Ceci valide le fait que leurs communications et leurs intentions sont efficaces, du moins d'après ce qu'ils m'en disent. Ils se trouvent toutefois tous les deux dans un état désagréable, ce qui n'aide probablement pas à résoudre de façon satisfaisante leur difficulté.

Puisque le message reçu est égal au message intentionnel, mais qu'il n'est pas satisfaisant, je dois utiliser une variante du format que nous avons vu précédemment. Je peux découvrir le « méta-message » de Monique et gagner en flexibilité. « Monique, que cela vous apporte-t-il de lui faire savoir que vous êtes en colère ? Que voulez-vous accomplir ainsi ? »

MONIQUE : Je veux vraiment qu'il m'écoute, qu'il me prête attention.

Bien. Que cela vous apportera-t-il qu'il vous prête vraiment attention ?

MONIQUE : Je saurai qu'il m'aime.

Bon. Donc, quand vous élevez la voix et que vous commencez à hurler, vous dites : « Nom de Dieu. Je suis en colère parce que tu ne me prêtes pas attention. Si nous sommes dans une telle relation, je veux que tu me prêtes attention parce que je veux savoir que tu m'aimes. »

Alors, Jacques, cela peut vous paraître contradictoire, surtout quand vous avez ce ressenti désagréable, mais elle tente de dire : « Hé, montre-moi en me prêtant attention que tu m'aimes parce que c'est important pour moi. » Est-ce que ce message vous intéresse ?

JACQUES : Oui.

Et Monique, vous vous engagez à le faire passer, n'est-ce pas ?

MONIQUE : Oui.

Je vais maintenant rechercher des comportements alternatifs appropriés et acceptables pour tous deux.

Vous pouvez employer cette variation chaque fois que le message intentionnel ne produit pas de résultat productif. Jacques sait que Monique est en colère, et alors ? En soi, cela ne va pas mettre fin à cette interaction d'une manière satisfaisante pour Jacques *et* Monique. Je demande donc : « Que cela va-t-il vous apporter de lui faire savoir que vous êtes en colère ? » « Qu'allez-vous accomplir ainsi ? » « Allez-vous vous contenter de ça, ou bien chercherez-vous à atteindre un autre objectif ? » Et Monique va trouver un autre objectif. Si elle n'en avait pas initialement, elle va nous en trouver un qui sera plus utile.

Remarquez que lorsque je pose ces questions, j'obtiens l'objectif de l'objectif, ou l'intention de l'intention. Je vais peut-être devoir poser cette question quatre ou cinq fois avant de trouver un objectif qui les intéresse *tous les deux*. Ce que je cherche en vérité, c'est un message ou un objectif que les deux partis souhaitent atteindre. Une fois que j'ai trouvé ça, j'ai fait 75 % de la négociation. Une fois que j'ai un cadre d'objectif sur lequel les deux partis sont d'accord de façon congruente, il ne s'agit plus que de modifier leurs comportements jusqu'à ce qu'ils trouvent un moyen précis d'y arriver ensemble.

Variation : trouver des comportements alternatifs

Monique veut donc envoyer le message : « Je veux que tu montres que tu m'aimes » et Jacques est intéressé par le recevoir. Je suis maintenant à un point de choix. Je peux obtenir un comportement alternatif de la part de l'un ou de l'autre. Si j'utilise Monique pour créer un nouveau comportement, je peux demander : « Monique, pendant ce temps que vous avez passé ensemble, vous souvenez-vous d'une fois où vous avez pu obtenir de sa part l'attention et l'amour que vous voulez et que vous n'obtenez pas actuellement ? Avez-vous le souvenir d'y être arrivée ? » C'est comme la quatrième étape du recadrage en six points : créer des alternatives. Elle cherche maintenant dans son histoire personnelle et retrouve une occasion où elle l'a fait. Je peux m'arranger pour qu'elle s'en souvienne d'une façon précise et détaillée. « Regardez-vous le faire clairement ; écoutez la façon dont vous le faites, etc. Quand vous avez vu et entendu en détail ce que vous avez fait, essayez ce comportement avec Jacques et nous allons découvrir si ça marche ici et maintenant. »

Si Monique dit : « Je n'ai jamais réussi comme je le voudrais », je demande un modèle. « Qui obtient de l'attention et de l'amour de la part de Jacques ? Que fait-elle ? Essayez de faire ça maintenant. »

Je peux même dire : « Imaginez-le en partant de zéro. Faites comme si vous saviez le faire et essayez. » Si j'ai une idée, je peux la guider. « Pourquoi n'essaieriez-vous pas X, Y et Z de cette façon ? » Voilà des méthodes pour lui faire générer et essayer sur-le-champ un nouveau comportement afin de s'assurer que cela fonctionne, que le message intentionnel est égal au message reçu.

L'avantage de faire rechercher Monique dans sa propre histoire personnelle pour générer de nouveaux comportements, c'est que vous savez que c'est congruent avec son propre style. Si vous suggérez quelque chose, ce sera congruent avec *votre* propre style mais ça ne collera peut-être pas avec le *sien*.

JEANNETTE : Quand Monique pense à un nouveau comportement, est-ce que vous l'ancrez ?

Ce n'est pas la peine, mais j'ai tendance à en faire plus qu'il n'en faut pendant les séminaires. Dès que j'ai l'occasion d'employer une nouvelle ancre, je le fais. Jeannette suggère que je pourrais en utiliser une ici et elle a entièrement raison. Alors que Monique cherche et trouve l'exemple, je peux l'ancrer puis dire : « Bien, essayons. » Je maintiens l'ancre pour stabiliser l'état à partir duquel elle génère le comportement qui a fonctionné auparavant.

L'autre possibilité est d'employer Jacques comme source créative pour trouver des alternatives que Monique peut utiliser afin de satisfaire son intention. Dans les deux cas, il est très important d'obtenir d'elle qu'elle s'engage sur le fait que ce qu'elle veut est suffisamment important pour qu'elle soit prête à modifier son comportement afin de l'obtenir.

« Monique, êtes-vous réellement sérieuse quand vous dites que vous voulez faire passer ce message ? Vous voulez qu'il vous prête attention ? C'est important pour vous ? » [Oui.] Il est important de remarquer si le ton de sa voix et ses comportements analogues sont vraiment congruents. Et dans le cas présent, c'est le cas.

Monique, je sais que vous êtes vraiment sérieuse à ce sujet. C'est très important pour vous en tant que femme. Alors, est-ce *suffisamment* important pour que vous soyez prête à changer votre comportement afin d'obtenir la réponse que vous souhaitez ? [Oui.]

Je me tourne alors vers Jacques : « Et je prends ça comme un compliment à votre égard, Jacques. Elle veut que vous lui prêtiez attention. Vous connaissez maintenant son intention. Elle dit : 'Jacques, je veux que tu me prêtes attention !' L'avez-vous compris ? Ce n'est pas le message que vous avez reçu auparavant, mais vous pouvez maintenant comprendre quelle est son intention. Maintenant, pouvez-vous lui donner des instructions précises sur ce qu'elle peut faire pour que vous puissiez reconnaître son *intention* et y répondre ? Que peut-elle faire pour avoir votre attention d'une façon positive ? Pensez à des exemples où elle a fait quelque chose qui vous a donné *envie* de lui prêter attention. Qu'avait-elle fait ? »

Je m'arrange maintenant pour qu'il spécifie ses comportements à elle de sorte qu'ils correspondent à ce qu'il sera capable de reconnaître et ce à quoi il pourra répondre. Monique s'est déjà engagée à ajuster son comportement. Elle s'est engagée à suivre ses instructions sur le fait de savoir comment capter son attention. Qui sait mieux que lui comment capter son attention ?

Je souhaite préciser que la *séquence* est très importante. J'ai besoin d'obtenir d'elle son engagement *en premier*. Si je ne le fais pas, elle aura probablement un tas d'objections à tout changement qu'il pourraproposer : « Il me contrôle. Il veut juste être le chef. » J'ai d'abord besoin qu'elle s'engage sur le fait que ses désirs sont importants — *si* importants qu'elle est prête à changer ses propres comportements afin de les satisfaire. Ceci cadre les changements par rapport à *ses* désirs ; elle sera donc d'accord pour aller dans le sens des changements. Pour lui, je peux mettre un cadre différent. Je vais lui dire que ses réponses sont importantes pour elle — *si* importantes qu'elle est prête à ajuster ses comportements de telle sorte qu'il lui sera facile de répondre comme elle le souhaite.

L'ordre des interventions

FEMME : Pouvez-vous en dire plus sur cette séquence ? Je pense que c'est très important.

Nous sommes des syntacticiens. S'il fallait nous décrire avec un titre académique, ce serait celui-là. La syntaxe signifie « ce qui va où et dans quel ordre ». Ce qui fait que la dissociation visuel-kinesthésique est une si bonne technique pour travailler avec les phobies, c'est l'ordre. Un homme à qui nous l'avons enseigné a décidé de l'utiliser de façon « créative » parce qu'il ne voulait pas être un robot. Il faisait donc revivre le traumatisme, *puis* se dissocier ses clients. Si vous observez cet ordre-là, la personne ressent une grande douleur, ce qui rend la suite très difficile. Si vous commencez par la dissociation, *puis* que vous faites revivre l'expérience, vos clients n'ont pas à subir l'inconfort. Cela rend les choses beaucoup plus faciles et élégantes. Plutôt que nous dire : « Oh, je pourrais faire ça ! » et de se précipiter pour le faire, nous prenons des décisions très pratiques quant à l'ordre dans lequel nous allons procéder, et c'est ce qui rend la PNL si rapide.

Tous les livres que nous avons publiés disent : « *Récoltez de l'information !* ... Faites évoluer le système... Solidifiez le changement. » C'est le modèle global. L'emphase porte sur « récoltez de l'information » parce que c'est la partie que presque tout le monde oublie. La plupart des communicateurs rentrent dans la transe où ils font ce qu'ils ont l'habitude de faire, et lorsque quelqu'un arrive, ils déclenchent leur technique. La même technique *fonctionnerait* souvent s'ils faisaient autre chose auparavant.

FEMME : C'est pour cela que j'ai posé la question. Imaginons que vous disposez de l'information. Comment décidez-vous ce que vous allez faire et dans quel ordre ? À quoi pensez-vous avant d'entamer quelque chose ?

Hé bien, je me pose une question. Je rentre en moi-même et me dis : « Hé, moi. Quel objectif est-ce que je souhaite atteindre et comment puis-je l'atteindre ? » Je remonte à partir de l'objectif.

Par exemple, j'ai travaillé avec une famille dont la mère était une assistante sociale. Elle *savait* ce qui était bon pour sa fille parce qu'elle était experte en la matière. Sa fille lui disait : « Lâche-moi ! » La mère disait : « Regarde, je suis la seule personne dans cette famille qualifiée pour parler de ce genre de chose. Même si ma fille n'écoute pas et pique une crise, je sais ce qui vaut mieux pour elle. » Une façon d'opérer un changement serait d'attaquer sa croyance qu'elle sait ce qui vaut mieux. Mais c'est la façon la plus ardue. Pour faire cela, vous allez devoir la combattre.

Mon objectif était de les faire communiquer à nouveau. J'ai donc dit à la mère : « En êtes-vous sûre ? Je dis ça sérieusement et sans sarcasme. Croyez-vous *vraiment* que vous disposez d'une bonne information qui va aider votre fille ?

— *Absolument !*

— Je veux bien vous croire parce que, si vous êtes sérieuse et que ce ne sont pas des mots en l'air, je connais quelque chose de vraiment utile que nous pouvons appliquer ici. Êtes-vous vraiment sérieuse ?

— Absolument. Et je le dis littéralement. Je suis une personne très honnête.

— Bien. Si j'arrive à trouver un moyen pour que vous lui communiquiez cette information sans qu'elle pique une crise, alors elle aura l'information. Êtes-vous prête à employer un autre moyen de communiquer, même si ce n'est pas celui qui vous vient naturellement ? Est-ce que l'information que vous avez à lui donner est *suffisamment importante* pour que vous soyez prête à faire quelque chose dans ce genre-là ?

— *Absolument !* »

À ce moment-là, je la tenais, parce qu'elle ne pouvait plus reculer. J'avais construit des réalités congruentes avec son système de croyance.

Je me suis alors tourné vers la fille et lui ai demandé : « Comment est-ce que votre mère doit vous parler pour que vous écoutiez vraiment ce qu'elle dit et y pensiez sérieusement ? » Vous n'allez peut-être pas vouloir faire ce que dit votre mère mais, au moins, vous l'aurez écoutée. » La fille a arboré le sourire du chat dans Alice au Pays des Merveilles : « Eh bien, il faudrait qu'elle me traite comme une personne.

— Comment vous a-t-elle traité ? comme un crayon ? » c'est une façon de lui faire préciser ce que signifie « comme une personne ». Si vous donnez une réponse entièrement fausse exprès, elle va devoir la corriger.

« Eh bien, elle ne crierait pas, elle ne...

— Non, non. Je ne veux pas savoir ce qu'elle ne *ferait pas*. Que *ferait*-elle ? À quoi ressemblerait-elle ; qu'est-ce qu'on entendrait ? »

La fille a alors fait la démonstration d'un ton de voix particulier qu'elle souhaitait entendre sa mère utiliser et j'ai dit : « Bien, essayons. Et vous savez ce que cela signifie si ça ne marche pas ? Cela signifie que vous êtes une menteuse et que votre mère a raison quand elle dit que vous ne voulez pas écouter ! »

Je me suis donc tourné vers la mère : « Choisissez une des choses que vous pensez qu'il est important que votre fille sache et dites-lui comme elle vous l'a montré. » Au bout de quelques phrases, je l'ai interrompue et j'ai demandé à la fille : « Est-ce comme cela que vous voulez qu'elle fasse ?

— Eh bien, sa voix est encore un peu geignarde. » Nous avons donc aidé la mère à ajuster sa voix et elle a recommencé. La fille est resté assise et a écouté, puis elle a dit : « C'est ce que je vais faire. » La mère était *choquée* ! « Tu vas *faire ça* ? » La plupart du temps, auparavant, la fille n'avait même pas entendu ce que disait la mère parce qu'elle réagissait au ton de sa voix. »

Ce qui est important, c'est que, dans le contexte que j'avais créé, elles n'avaient aucun moyen de répondre différemment. La fille n'allait pas laisser la mère avoir raison en ne l'écoutant pas. Et la mère n'allait certainement pas dire : « Ces choses sont *tellement* importantes, mais pas si importantes que je refuse de changer ma voix », surtout après avoir prêté serment sur une pile de bibles que faire passer l'information était la chose la plus importante au monde. Rechercher leur *volonté* de communiquer *avant* de chercher à restructurer leur communication était un choix syntaxique *très* important. Le faire dans l'autre sens aurait déclenché un conflit. Vous faites la même chose avec le modèle de recadrage en six points : vous demandez à la partie si elle est prête à communiquer et vous déterminez son intention avant de rechercher des changements de comportement.

La question clé est la suivante : « Qu'est-ce qui va faire qu'il me sera possible d'obtenir les changements que je recherche ? » « Quel sont les prérequis des changements que je souhaite obtenir ? » Si vous poursuivez directement le changement, il va se produire deux choses inutiles. Premièrement, ce sera comme creuser des tranchées ; ce sera un travail difficile et vous allez devoir vous battre avec les parties de la personne. Deuxièmement, si vous y allez trop directement, vous risquez d'interférer avec ses stratégies.

Valérie est un bon exemple de ce genre d'interférences. Imaginons que je sois un thérapeute plein de bonnes intentions avec un système de croyances selon lequel « tout le monde doit avoir un moyen de générer de l'expérience ». Après avoir dit : « Le moment est venu pour chacun de mentir de façon congruente », plutôt que de laisser Valérie sortir de la pièce, j'ajoute : « Vous devez rester ici et apprendre ceci ! » Ce faisant, je perturbe ses stratégies et la rend folle. Elle était assise et disait : « Si je fais ça, je deviens folle ! » et sa plainte était *totalement exacte*. Étant donné ses stratégies, c'était entièrement vrai. Il me fallait donc trouver les prérequis pour qu'il lui soit possible de faire ce que je demandais.

La même chose est vraie en ce qui concerne la mère qui-sait-tout inflexible dont j'ai parlé ou l'homme qui a un système de croyance selon lequel les femmes cherchent à le contrôler. C'est vrai pour *tout* changement que vous effectuez. Je veux connaître la *séquence appropriée* pour atteindre le but visé plutôt que de décider que je suis tellement omniscient que je connais la bonne façon de faire. Les gens objectent élégamment. En ce qui me concerne, leurs objections sont *toujours* valides et vous disent exactement ce que vous avez besoin de savoir. Il y a un réel danger pour vos clients si vous passez outre leurs objections. Si vous ne pouvez pas communiquer une idée à quelqu'un, c'est lié à la façon dont il est organisé. La façon dont il est structuré maintenant ne lui permet pas de faire certaines choses *sauf si* vous en faites d'autres en premier.

Dès que j'ai un objectif bien formulé, je prends du recul et me demande : « Qu'est-ce qui rendrait possible le fait qu'ils tombent naturellement là-dedans ? » Si j'essaye quelque chose qui ne marche pas, je reviens en arrière et je me demande : « Bon, s'ils ne peuvent pas faire cela, que puis-je trouver d'autre qui doit être vrai ? » Lorsque je réponds à cette question, je dispose de plus d'informations pour continuer.

Variation : trouver le méta-objectif

FEMME : J'ai vu de nombreux couples où l'objectif de la femme, ce qu'elle veut, est insupportable pour l'homme. Comment est-ce que vous pouvez gérer ça ?

C'est généralement un comportement précis plutôt que l'objectif qui est source d'objection. Si l'objectif est source d'objection, vous passez au *méta*-objectif. Vous trouvez l'intention derrière l'intention de ce qu'elle vient de dire. Monique, qu'est-ce que ça vous apporte de capter son attention ?

MONIQUE : Je me sens bien, comme une femme désirable.

Bien. Quelles autres façons avez-vous de vous sentir bien et désirable ?

FEMME : Imaginons que son intention est de capter son attention et qu'il dit que pour y arriver, ils devraient avoir des relations sexuelles d'un genre qu'elle n'accepte pas.

Je veux d'abord dire que c'est un exemple où c'est le comportement spécifique qui est inacceptable, pas l'objectif. Si cela se produit, je peux lui dire à elle : « De quelle autre manière pouvez-vous capter son attention ? Quels autres moyens pouvez-vous employer ? »

FEMME : Je ne réussis pas à trouver d'autres moyens.

Bon. Alors essayez la modélisation. « Voulez-vous bien penser à une demi-douzaine de femmes qui semblent être capables d'attirer l'attention de leur mari et remarquer les moyens par lesquels elles semblent y arriver, du moins en public ? » Si elle ne connaît personnellement aucune femme qui y arrive, envoyez-la en trouver ailleurs.

Il est aussi possible d'induire une transe profonde et d'utiliser une technique qu'on appelle la « pseudo-orientation temporelle ». Vous lui faites faire un bond de trois mois dans le futur : « Vous souvenez-vous d'il y a trois mois quand nous nous sommes rencontrés ? Je parlais avec une femme dans la même situation que vous il y a trois mois et je me souviens que vous ne pouviez pas attirer l'attention de votre mari excepté par des activités sexuelles bizarres et inacceptables. Puisque c'était inacceptable pour vous moralement et éthiquement, je me souviens que vous avez trouvé des alternatives si efficaces qu'elles l'ont surpris autant que vous. Mais je ne me souviens plus exactement en quoi elles consistaient. Est-ce que vous voulez bien me décrire en détail ce que vous avez fait ? »

Il y a des tas d'alternatives à ce point de choix, mais il faut être respectueux de l'écologie du système. Vous pouvez aussi savoir s'il est possible de rendre acceptable les pratiques sexuelles bizarres. « Si vous vous engagiez dans ces pratiques sexuelles bizarres, que ce passerait-il d'inacceptable pour vous ? » Vous pouvez peut-être traiter ses objections. Vous disposez de nombreuses manières d'effectuer des changements satisfaisants. Vous devez respecter son intégrité à elle et son intégrité à lui, découvrir l'intention derrière chacune de leurs communications et trouver des moyens efficaces pour qu'ils se retrouvent.

FEMME : D'accord. Je pensais que vous cherchiez son intention *à lui* : ce qu'*il* tire de l'activité sexuelle bizarre.

Vous pouvez aussi le faire comme ça. [Il se tourne vers

Jacques.] « Si elle participait à ces activités sexuelles bizarres, qu'est-ce que cela vous ferait ? »

JACQUES : Cela me procurerait de l'excitation et de l'intensité.

D'accord. Avez-vous déjà été impliqué d'une façon qui vous a permis de vous sentir excité avec cette intensité ?

JACQUES : Au début de notre relation.

Je pourrais alors accéder à ces expériences et trouver les différences entre elles et ce qui se produit actuellement.

Vous pouvez viser l'objectif de n'importe lequel des deux partenaires. Pensez au modèle de recadrage de base. Il y a un déséquilibre entre le conscient et l'inconscient, donc vous vous rangez toujours du côté de l'inconscient en ce qui concerne la flexibilité des nouveaux choix. Lorsque vous faites un recadrage entre plusieurs personnes, vous faites l'hypothèse qu'elles ont la même flexibilité. Dans ce cas, vous pouvez aller d'un côté ou de l'autre à n'importe quel moment. Lorsqu'il exerce une demande sur elle à laquelle elle refuse de répondre, vous pouvez découvrir ce que cela lui apporterait à lui si elle acceptait, ou vous pouvez trouver ce que ça lui apporterait à elle de refuser.

J'ai rencontré des cas où l'homme veut plus d'activité sexuelle. Sa vie sexuelle ne le satisfait pas. Elle n'est pas non plus satisfaite par leur vie sexuelle, mais elle utilise l'action de dire « Non » comme moyen d'accomplir autre chose. Par exemple, si elle répondait sexuellement à ses avances, elle pense que cela voudrait dire qu'il la domine partout dans sa vie. Elle devient insensible à ses avances pour affirmer son autonomie. Et j'ai aussi vu ça dans l'autre sens. Le mari se retrouve parfois dans cette situation. La protection de l'autonomie représente l'objectif, ce qu'on appelle souvent le « bénéfice secondaire ».

La question devient alors ; « Peut-elle trouver d'*autres* façons de se comporter qui lui garantissent son autonomie et son indépendance et qui font qu'il la respecte ? » Lorsqu'elle a trouvé, elle peut alors permettre ce qu'ils souhaitent tous les deux, c'est-à-dire un comportement sexuel plus satisfaisant. Pour ce faire, vous devez marquer la séparation entre l'idée qu'elle se fait de son indépendance et autonomie, et le comportement sexuel en lui-même. Elle doit disposer d'autres façons de savoir qu'elle reste son propre maître et qu'elle a toujours la possibilité de choisir, façons qui doivent être au moins aussi convaincantes pour elle que le fait d'être insensible sexuellement. Si les deux veulent plus de comportements sexuels, alors ils peuvent y aller librement tout en protégeant son autonomie.

C'est toujours en allant vers le contexte, en allant vers le cadre, en allant vers l'objectif que vous obtenez la liberté de bouger comportementalement. Si vous vous occupez directement du comportement, cela peut se révéler écologiquement nuisible pour le couple. Une fois que vous avez trouvé l'intention et validé le fait qu'ils l'approuvent tous les deux, *alors* vous pouvez modifier le comportement.

Laissez-moi vous donner un autre exemple. Imaginons qu'un père vient de dire à sa fille : « Si tu ne m'écoutes pas et que tu ne rentres pas avant dix heures, je t'interdis de sortie pendant une semaine, et bla bla bla...

— Nicolas, avez-vous remarqué ce qui s'est passé quand vous avez dit ça à votre fille ? Et Mathilde, qu'avez-vous ressenti à ce moment-là ?

— Oh, vous savez, je me suis sentie comme une petite fille à qui on doit dire exactement ce qu'il faut faire, et bla bla bla...

— Alors, Nicolas, était-ce votre intention de lui faire passer le message qu'elle est encore une petite fille et que vous devez contrôler sa vie avec une poigne de fer ?

— Oh non. Ce n'est pas ce que je voulais.

— Quelle était votre intention ?

— Je m'inquiète pour elle. Je ne veux pas qu'elle traîne avec des loubards. Je ne veux pas qu'elle traîne dans la rue. Il y a de la drogue. Je veux m'assurer qu'elle est en sécurité à la maison. C'est ma fille et je veux être certain qu'elle a le genre d'expérience nécessaire pour grandir comme je veux. »

— Mais c'est *ma* vie ! dit la fille.

— Nicolas. Est-ce que votre vision de votre fille quand elle aura grandi inclut le fait qu'elle est indépendante ? Est-ce que vous voulez qu'elle devienne une femme qui sait ce qu'elle veut, qui peut tenir debout toute seule et qui peut prendre ses décisions en fonction de la réalité du monde extérieur ? Ou bien voulez-vous qu'elle soit influencée par les opinions d'autrui ? »

Là, j'ai lié sa plainte à propos de sa fille — qu'elle ne fait pas ce qu'il lui dit — à son objectif — qu'elle grandisse et qu'elle devienne autonome.

FEMME : C'est comme changer l'objectif d'un appareil photo : vous mettez un grand angle pour avoir un cadre plus large.

C'est une belle métaphore visuelle du recadrage. Un comportement qui, isolément, semble problématique ou inapproprié, a un sens quand il est replacé dans un contexte plus large. C'est en fait un exemple de recadrage de contexte. Je transpose le comportement dont se plaint le père dans le contexte où sa fille grandit et devient indépendante.

L'exploration de l'intention du père va assouplir sa façon d'exprimer son message intentionnel initial. « Rappelle-toi, tu dois être rentrée pour dix heures » n'est pas le message reçu. De quelle autre façon peut-il lui faire passer le message qu'il veut qu'elle soit protégée, tout en lui permettant de grandir et de devenir indépendante ? Comment peut-il s'assurer — d'une façon qui n'offense pas sa fille — qu'elle grandit comme il faut ? Le comportement précis qui consiste à rentrer avant dix heures peut n'avoir aucun rapport avec l'atteinte de cet objectif.

C'est le genre de situation de négociation que vous rencontrez chez des cadres d'entreprise qui ne sont pas d'accord sur la manière d'atteindre un objectif précis. Vous devez d'abord leur rappeler le cadre général au sein duquel ils opèrent et sur lequel ils sont d'accord. Vous leur rappelez par exemple que leur objectif est d'augmenter les profits et de maintenir ou d'améliorer la qualité des services ou des produits qu'ils proposent, quelle que soit la politique qu'ils adoptent au final. Nous parlerons plus tard en détail des applications dans le monde du travail.

FEMME : Si vous ne précisez pas correctement le cadre général — l'intention positive —, est-ce que vous obtiendrez plus tard une réponse polaire ?

Typiquement, oui. Lorsque vous traitez le contenu, vous courez le risque que celui-ci ne soit pas approprié. Même si le contenu n'est pas approprié, vous obtiendrez peut-être un accord grâce à la qualité de votre rapport et votre puissance personnelle. Mais vous aurez un retour de flamme plus tard — un retournement polaire.

Il existe trois méthodes pour l'éviter. L'une d'elle est de faire un recadrage de processus pur en utilisant le modèle du recadrage en six points ; il ne donne aucune opportunité d'imposer un contenu inapproprié.

Une seconde méthode est de prendre le temps de recueillir beaucoup d'informations. « Alors, que voulez-vous faire précisément en lui demandant de rentrer avant dix heures ? » « Eh bien, je veux... » et vous obtenez l'ensemble de mots qui est approprié pour cet être humain unique. Puis lorsque vous employez le *même* ensemble de nominalisations, verbes non spécifiques et idiomes lorsque vous décrivez une nouvelle façon de transmettre l'information, vous allez vous synchroniser avec ce qu'il souhaite faire, au niveau inconscient comme au niveau conscient. Cela permettra d'éviter le problème de polarité.

Le troisième — et véritablement indispensable — moyen de vous assurer que votre recadrage est approprié est d'avoir suffisamment d'expérience sensorielle pour remarquer les réponses que vous obtenez et observer si votre client répond de façon congruente.

Variation : vérifier qu'il y a une base de négociation

HOMME : Jusqu'à présent, vous avez donné des exemples d'incongruence entre l'intention et le comportement. Rencontrez-vous des cas où la relation au sein d'un couple est conflictuelle parce qu'ils ont des intentions différentes ? Il veut plus de ça, elle en veut moins.

S'il existe une base de négociation, il y a toujours un cadre au sein duquel ils peuvent tous deux se mettre d'accord sur un objectif commun. Donnez-moi un exemple où vous pensez qu'il n'y a probablement pas de cadre commun.

HOMME : Elle veut être monogame et lui non.

D'accord. Faisons un jeu de rôles. Jeanne, vous voulez une relation sexuelle exclusive avec Georges et il n'est pas prêt à s'engager là-dessus. Je commence par demander quel est le méta-objectif de chacun. Je demande à Jeanne : « Quelle est votre intention quand vous demandez une exclusivité sexuelle monogame avec cet homme ? Qu'est-ce que cela va vous apporter ? »

JEANNE : Oh, cela va me sécuriser sur le fait que je suis la femme la plus désirable pour lui.

Puis je découvre le méta-objectif de Georges : « Sur quoi est fondé votre refus d'être monogame ? Qu'est-ce que cela va vous apporter de pouvoir être autre chose que monogame et de pouvoir vous impliquer avec d'autres femmes ?

GEORGES : Cela me permet de savoir que je suis encore désirable pour d'autres femmes et je me sens important.

Chaque fois que je pose une question sur l'objectif, j'élargis le contexte dans lequel se produit le comportement. Cela me donne plus de marge de manœuvre. Georges ne va probablement pas objecter à ce que Jeanne se sente sécurisée, et elle ne va pas objecter à ce qu'il se sente important et désirable. Ils objectent chacun au comportement précis, pas à l'objectif.

J'utilise maintenant cette information pour formuler un objectif commun sur lequel ils peuvent s'accorder. « Ai-je raison de dire que vous voulez tous les deux trouver un arrangement mutuellement satisfaisant par lequel, Jeanne, vous pouvez avoir un sentiment de sécurité et désirabilité et, Georges, vous vous sentirez également important et désirable ? »

S'ils sont tous deux d'accord, j'ai un cadre d'accord mutuel sur la base duquel je peux commencer à négocier. Je peux alors rechercher une solution précise. Je peux demander à Jeanne : « De quelle autre façon pourrait-il vous montrer sans équivoque que vous bénéficiez du genre de sécurité que vous désirez ? » Et je peux demander à Georges : « Quels autres moyens avez-vous de vous sentir désirable et important ? »

HOMME : Imaginons qu'elle dit : « Non, c'est la seule façon », et qu'il dit aussi : « Non, c'est le seul moyen. »

J'émets des doutes ; je crois qu'il se cache toujours quelque chose derrière le comportement et qu'il existe d'autres façons d'y arriver. Mais s'ils croient tous deux fermement qu'il n'y a pas d'alternatives, je vais remettre en question le cadre de notre interaction.

« Je ne trouve pour le moment aucune base de négociation. Y a-t-il une base pour que vous continuiez ensemble ? Soyons clairs. Je ne veux pas perdre mon temps, et je ne veux pas vous faire perdre votre temps ni votre argent. Est-ce que cela vous intéresse d'investir du temps et de l'énergie pour découvrir s'il est possible de changer des choses, de sorte que ce soit suffisamment excitant et intéressant pour vous d'être à nouveau ensemble. Ou bien vous êtes-vous déjà engagés par ailleurs ? »

S'ils ne sont pas prêts à révéler d'intention positive, il n'y a peut-être aucune base de négociation. Elle est peut-être déjà éperdument amoureuse de quelqu'un d'autre et a une relation en dehors du couple. Il s'agit juste de se débarrasser de cet imbécile-ci et de passer à autre chose. C'est ce qu'on appelle souvent un « agenda caché ». La recherche explicite d'une base de négociation et le cadrage du processus global vont faire ressortir les agendas cachés et cela sera bénéfique pour tout le monde !

FEMME : Si tel est le cas, puisque votre investissement n'a pas pour but de les maintenir ensemble, est-ce qu'elle n'a pas malgré tout besoin de mettre en œuvre la séparation avec vous ? N'aurait-elle pas besoin de trouver comment le quitter pour aller avec l'autre homme ?

Oui, si elle est prête. Et je dois l'aider lui à récupérer les parties de lui-même qu'il a investies dans sa relation avec elle.

Remettre en cause le cadre de négociation leur fait souvent peur et les motive tous deux pour faire plus d'efforts afin de trouver des solutions mutuellement acceptables. Je peux alors viser les objectifs ou les méta-objectifs — le but du but.

« Jeanne, cela vous apporterait-il de savoir que vous êtes en sécurité ? » « Georges, qu'est-ce que ça vous apporterait de savoir que vous êtes encore attirant pour d'autres femelles ? » Les deux vont probablement dire en substance : « Eh bien, cela me procurerait un sentiment d'estime de moi que je n'éprouve pas vraiment à l'heure actuelle. » J'ai un élargissement complémentaire du cadre. Pour élargir le cadre, je peux passer aux objectifs ou aux méta-objectifs ou aux méta-méta-objectifs. « Jeanne, avez-vous d'autres façons d'avoir de l'estime de vous-même ? » Si je vais aussi loin dans les intentions, il y aura probablement *beaucoup* de comportements qui vont satisfaire ce besoin. Lorsque vous arrivez à ce niveau de généralité, il vous faudra faire de nombreuses expériences pour tester parce qu'ils ne sauront pas encore à ce moment-là si les comportements alternatifs seront acceptables.

Une des premières choses que je fais est d'engager une négociation pour établir un moratoire de trois mois sur les activités sexuelles en dehors de cette relation. Pendant ce temps, il aura l'opportunité d'essayer certains des nouveaux comportements qui vont satisfaire ses besoins que la monogamie lui nie actuellement. Elle aura trois mois pour engager toutes ses ressources afin de trouver des manières de découvrir comment elle peut développer sa propre sécurité au sein de cette relation, de sorte que l'idée qu'il soit impliqué avec une autre femme ne présente pas une menace comme c'est le cas aujourd'hui.

Comme je l'ai dit précédemment, je les envoie trouver des modèles. Je demanderai à la femme : « Y a-t-il des femmes dans votre entourage que vous respectez vraiment et qui sont dans une relation *non* monogame ? Comment prennent-elles soin de leur sentiment d'insécurité ? Et je dirai au mari : « Connaissez-vous des hommes que vous respectez vraiment et que vous admirez qui sont monogames et parfaitement satisfaits de leur propre désirabilité ? Bien. Fréquentez-les et découvrez ce qu'ils font. »

La recherche des comportements alternatifs peut être effectuée intérieurement avec toutes leurs ressources inconscientes, et également extérieurement en utilisant des modèles autour d'eux. N'ayez pas peur de leur donner des devoirs à la maison. Faites-les sortir et trouver des modèles appropriés à regarder et à écouter.

FEMME : Vous avez dit que s'il y a une base de négociation, alors il y a un cadre dans lequel le changement est possible.

Ces deux choses sont synonymes. Quand je parle de cadre ou de base de négociation, cela signifie : « Y a-t-il un objectif commun sur lequel vous pouvez vous mettre d'accord ? Par exemple, vous êtes-vous engagé à rester avec cette femme ? Vous êtes-vous engagée à rester avec cet homme ? » C'est peut-être le seul cadre sur lequel ils peuvent s'entendre et, évidemment, chacun pourra poser des conditions.

Une fois qu'ils se sont mis d'accord sur un cadre d'objectif, vous pouvez négocier pour trouver le moyen d'y arriver. « Georges, y a-t-il un ensemble de comportements qui vont satisfaire vos besoins et qui rentreront dans le cadre où vous restez avec cette femme ? » « Jeanne, Nous allons devoir découvrir pour vous des comportements qui vont vous permettre de rester avec cet homme tout en vous procurant la sécurité que vous souhaitez. Notre tâche est maintenant de découvrir quels sont ces comportements. »

HOMME : Lorsque vous posez la question du cadre et que l'un d'eux répond : « Je ne sais pas si je veux rester avec elle ou lui, » comment procédez-vous ensuite ?

Je négocie une période d'essai pour essayer de nouveaux choix. « Georges, êtes-vous prêt à passer trois mois en acceptant cette contrainte de la monogamie que vous trouvez artificielle ? » Ou « Jeanne, êtes-vous prête à passer trois mois en n'acceptant pas la contrainte que vous voulez pour votre sécurité, de façon à découvrir s'il est possible de trouver des comportements qui vont vous satisfaire dans ce cadre ? »

Il est important d'être très explicite à ce moment-là. Dès qu'il y a un désaccord frontal à propos d'un comportement particulier au sein de la relation, bondissez sur le cadre de l'objectif et trouvez s'il y a un comportement acceptable. S'il y en a un, vous pouvez passer à la suite. Sinon, autant être explicite et faire gagner du temps à tout le monde.

Le fait de trouver un cadre d'objectif ou d'accord entre les membres d'une famille, d'un couple ou d'une organisation est une étape importante à côté de laquelle passent de nombreux thérapeutes ou consultants. Ils essayent généralement de trouver des solutions précises trop rapidement et il y a ensuite des objections.

Exercice de cadre d'accord

J'aimerais vous faire faire un exercice dans lequel votre tâche principale est de trouver un objectif commun. Si vous avez aussi le temps d'identifier une solution fonctionnelle, bien. Mettez-vous par groupes de quatre. A et B sont les membres d'un couple ou d'une organisation. C est le programmeur. D sera la personne méta. Je veux que C précise le contexte — travail ou thérapie. A et B vont alors générer un conflit et C va suivre le protocole ci-contre.

Lorsque vous êtes le programmeur, soyez aussi général qu'il le faut pour trouver un objectif sur lequel les deux partenaires seront d'accord. Vous n'obtiendrez parfois qu'un accord du genre : « Donc vous êtes tous deux ici afin de trouver le moyen de continuer votre relation d'une manière mutuellement bénéfique et satisfaisante. »

Le cadre d'accord en entreprise

Déterminer un cadre d'accord vous donne aussi un moyen de trier les comportements en fonction de leur pertinence pendant le processus de la négociation même. Ceci est particulièrement important dans le cadre des réunions et négociations professionnelles. Au bas mot, 80 % du temps passé en réunion est perdu parce que ce qui est dit est hors sujet. Cela ce passe comme ainsi : on parle de la campagne X pour le produit Y et Gérard dit : « Hé, vous savez ce qu'on pourrait faire avec le produit Z ? » Et c'est une idée formidable, elle est merveilleusement créative — et complètement *hors sujet*.

Protocole d'exercice
Le cadre d'accord

1) Demandez à A et B ce qu'ils veulent précisément, puis reformulez-le à leur entière satisfaction afin de vous synchroniser.
2) Demandez à A et à B ce que leur objectif précis va leur apporter (leur méta-objectif) et reformulez-le.
3) Trouvez un objectif commun de sorte que, lorsque vous l'énoncez, A et B sont tous deux d'accord pour dire que c'est ce qu'ils veulent. « Donc ce que vous voulez tous les deux, c'est... »

Sauf si vous remettez en cause cette première remarque hors sujet, vous allez déclencher une avalanche d'associations libres plus appropriées dans le cabinet d'un thérapeute que dans une salle de réunion. Plus tard, il vous faudra dix minutes pour réorienter les participants vers le cadre au sein duquel vous travaillez. Si vous explicitez le cadre d'objectif au début de la réunion, vous disposez d'une base explicite sur laquelle tout le monde est d'accord et que vous pouvez utiliser pour distinguer ce qui est pertinent de ce qui ne l'est pas. Nous appelons ça le « défi de pertinence ». Lorsque quelqu'un est hors sujet, vous pouvez dire : « Gérard, je ne comprends pas ta remarque par rapport à ce qu'on s'était mis d'accord de traiter au cours de cette réunion. Pourquoi n'en parles-tu pas vendredi à notre réunion de développement produit ? » La prochaine fois qu'il fait une remarque hors sujet, je dis : « Je ne suis pas certain de percevoir le lien avec ce qu'on fait ici » et je montre le tableau. La fois suivante, je n'aurai probablement qu'à jeter un coup d'œil au tableau et cela suffira pour ancrer le fait qu'il arrête.

Dans les entreprises où nous avons mis cela en place, la durée des réunions a été rapidement divisée par cinq. Les gens attendent avec impatience les réunions parce que les critères de pertinences sont très explicites et le travail avance. Le défi de pertinence ne fait pas partie du comportement organisationnel de la plupart des entreprises alors que ça devrait l'être pour les besoins de l'efficacité.

Vous pouvez observer le même processus plus clairement dans une situation d'arbitrage. Deux groupes se font face ; ils en sont au corps à corps et ils ont complètement oublié le contexte. Ils ont complètement oublié le cadre d'objectif et la plupart de leurs comportements sont hors cadre. La plupart des négociateurs vous diront qu'on fait appel à eux au pire moment — quand la situation est complètement bloquée. Personnellement, je pense que c'est le *meilleur* moment car les problèmes sont précisément définis et les différences clairement établies. Vous savez exactement ce qu'il faut faire.

Je commence par séparer les groupes, puis j'élargis le cadre. Je dois rétablir un cadre d'objectif large — qui est la notion traditionnelle de la base de négociation. Dès que le cadre d'objectif est défini, j'ai une base pour le défi de pertinence. Je peux écarter certaines choses comme étant contreproductives, parce que les deux partis se sont déjà engagés publiquement sur le cadre d'objectif.

J'ai alors suffisamment de jeu pour trouver le moyen d'équilibrer les deux propositions et suggérer des concessions. J'insiste alors sur le fait que le cadre d'objectif contient ce que les deux partis auraient dû y mettre depuis le début : des éléments qui ne sont pas essentiels, qui sont « jetables » pour les besoins du troc. J'ai besoin d'en avoir la même quantité de part et d'autre. Je dois commencer par me créer de l'espace pour manœuvrer. Si je n'ai pas de marge de manœuvre, je suis coincé.

HOMME : J'éprouve parfois de la difficulté dans mon travail à mettre en place un cadre d'objectif très précis avec des gens. Quand j'essaie, ils résistent souvent.

Laissez-moi vous donner mon cadre pour effectuer un recadrage : « Vous voyez, je suis un professionnel. Je refuse de m'engager ici dans des comportements aléatoires. J'ai certains critères pour ma performance, et tant que nous ne savons pas s'il y a une base sur laquelle travailler, je ne suis pas prêt à dépenser mon temps et mes compétences. » Il n'y a qu'une seule fois où un homme a remis ça en cause, en disant : « Eh bien, je ne vais pas le faire ! » J'ai répondu : « D'accord. Au revoir. » Je me réserve le droit de sortir de toute transaction, y compris des transactions psychothérapeutiques.

Au fait, si vous rencontrez des difficultés avec certains types de clients, recherchez-les activement. Travailler avec eux vous donnera l'opportunité de développer votre propre flexibilité. Cependant, une fois que vous vous êtes prouvé que vous êtes compétent pour travailler avec ce genre de clients et que vous ne les appréciez toujours pas, alors ne les prenez plus en clientèle. Un professionnel doit avoir l'option de s'engager ou non dans une transaction professionnelle sur la base de ses propres critères.

Néanmoins, dans le contexte d'une aide thérapeutique professionnelle, si vous voulez exercer l'option de refuser un patient ou un client, je vous recommande d'avoir une liste de personnes à qui les référer pour qu'ils aient un endroit où aller. Cela fait partie de votre responsabilité professionnelle. Mais vous n'avez pas besoin de vous torturer. J'ai travaillé un certain temps avec des héroïnomanes jusqu'à ce que je sois convaincu que je pouvais réussir avec eux. Je ne travaille plus avec eux parce que je n'aime pas les fréquenter.

Cultiver son expérience sensorielle

FEMME : J'aimerais pouvoir affiner mes perceptions afin d'arriver à voir et à entendre les schémas répétitifs entre deux personnes ou plus à un moment donné. J'essaie d'avoir conscience des interconnections au sein d'un système familial, mais je pense que c'est un trop gros morceau. Je veux augmenter ma capacité à le faire. Avez-vous des indications à me donner ?

Chaque fois que vous faites un apprentissage dans le domaine de l'expérience sensorielle, il faut le découper suffisamment finement pour pouvoir le gérer. Les restaurants sont les endroits où j'apprends le plus de choses à propos des systèmes multi-personnels. Asseyez-vous à côté d'une famille et ne regardez jamais la personne qui parle. Ainsi, vous pouvez voir comment réagissent les autres.

FEMME : Ma question concerne la validation. Comment est-ce que je fais la différence entre le moment où je vois et j'entends réellement quelque chose et celui où j'hallucine ? Lorsque vous pensez que vous hallucinez, utilisez-vous quelqu'un d'autre pour vérifier ce que vous voyez ?

Non. Je peux induire n'importe quel système de croyance chez n'importe qui, donc ça ne marcherait pas. J'arrive à convaincre quelqu'un d'autre avec mon hallucination, et alors ? Actuellement, de nombreuses thérapies fonctionnent comme ça. Le thérapeute dit : « Vous savez, je ressens X en ce moment. Ressentez-vous ça maintenant ? » La personne répond : « Je ne l'avais pas remarqué, mais maintenant que vous le dites, oui. » Maintenant qu'il y a une hallucination partagée, nous allons faire comme si c'était une base de choix. Cela ne va pas marcher.

Vous devez apprendre à effectuer des distinctions, et c'est probablement préférable de commencer avec des couples. Vous devez découvrir ce qui se passe en termes de séquences ancrées qui se produisent naturellement. Disons par exemple que, chaque fois qu'il emploie un ton de voix précis, elle effectue des accès kinesthésiques, tandis que s'il emploie un autre ton de voix, elle fait des accès visuels. Lorsque vous remarquez cette relation, vous devez pouvoir la tester comportementalement. Vous pouvez toujours faire ça entre guillemets, bien sûr. Vous dites : « Hé bien, si Élodie vous disait... » et vous pouvez devenir Élodie. Ce faisant, vous observez Bruno et vérifiez si la réponse prédite se produit. Puis vous pouvez être Bruno et tester une autre portion du calibrage. « Si Bruno vous disait... » Vous pouvez donc toujours tester vos calibrages assez simplement en utilisant des guillemets. Ou bien vous pouvez tout simplement adopter secrètement le comportement analogue que vous avez calibré et remarquer ce qui se passe.

Un de mes amis, Léon, est mime. Il est très doué pour imiter d'autres personnes, à la fois par le ton de sa voix et visuellement. Au cours de notre conversation, il va dire : « Oh, j'ai vu Jean-Pierre l'autre jour... » et il va *devenir* Jean-Pierre. Si la femme de Jean-Pierre est présente, elle commence à répondre à Léon comme si elle était sa femme. Tous les systèmes qui opèrent entre Jean-Pierre et sa femme vont opérer entre Léon et elle. Puis il peut devenir quelqu'un d'autre et elle va répondre différemment.

Léon raconte en plaisantant que lorsque mes étudiants arrivent et qu'il veut leur faire faire quelque chose, il devient moi. Ils répondent immédiatement parce qu'ils sont programmés pour me répondre.

Je fais aussi ce genre de jeu de rôle avec des individus. Je deviens une de leurs parties et ça marche de la même façon. Je découvre comment ils répondent à cette partie. La vérification comportementale est le seul moyen que je connaisse sur lequel vous pouvez compter pour valider votre expérience sensorielle à propos des relations au sein d'un système. Vous et moi et Nadine pouvons avoir la même hallucination, mais ce n'est pas une base sur laquelle fonder une décision.

Déterminer et utiliser le système familial

Exemple

HOMME : Pouvez-vous nous donner un exemple du moment où vous devenez une partie ?

Cela fait deux jours que je le fais !

HOMME : Pouvez-vous mettre une étiquette sur l'une d'elles pour que mon esprit conscient en ait connaissance ?

J'en suis capable mais je ne vais pas le faire. Je vais vous parler d'une famille avec laquelle j'ai travaillé, pour vous donner un exemple de « comment déterminer et utiliser le système familial ». Dans cette famille, la mère était une matriarche. Et *sa* mère avait été une matriarche. Sa grand-mère avait fondé une église et quelques rues de la région portaient son nom. Cette femme connaissait le nom de sa grand-mère décédée, mais elle n'arrivait pas à se souvenir de celui de son grand-père, bien qu'*il* soit encore vivant !

Une chose m'a paru flagrante, c'est que *tout le monde* dans la famille répondait à la mère. Il suffisait qu'elle les regarde et ils se faisaient tout petits. Tous les mâles étaient perturbés. Le mari était alcoolique, le fils aîné un voyou et le plus jeune, qui échouait à l'école, commençait à suivre la même voie que son frère. C'est un schéma classique. Il y avait cependant une fille de cinq ans qui était très mignonne et très expressive. Elle pouvait faire répondre sa mère positivement chaque fois qu'elle faisait quelque chose.

Afin d'intervenir efficacement dans cette famille, je devais apprendre comment elle fonctionnait en tant que système. Je voulais connaître la séquence naturelle des interactions. Le meilleur moyen d'y arriver était de déclencher une crise, chose que la plupart des thérapeutes familiaux évitent de faire. Si je m'arrange pour que tout soit rose, gentil et doux, alors je ne vais pas au fond des choses. Je parle donc généralement du sujet le plus tabou au monde pour cette famille.

C'est Virginia Satir qui m'a appris cela. Beaucoup de gens pensent qu'elle ne le fait pas parce qu'elle le fait d'une voix douce, mais elle parle de tout ce dont la famille *ne veut pas* parler. Mon style s'approche peut-être plus de celui de Frank Farrelly par ma façon de faire, mais l'effet est le même.

La famille entre et je dis : « Alors, que faites-vous ici ? Qu'est-ce qui *ne va pas* ? » La mère répond immédiatement : « Cet enfant stupide fait vraiment n'importe quoi. » Je me tourne vers le fils et lui dis : « Espèce d'enfant de salaud ! » Puis je demande à la mère : « Qu'a-t-il fait ? dire des gros mots ? » La famille entière tilte sur-le-champ et le système commence à opérer. Je peux dire : « Alors, que faites-vous quand il fait cela ? Vous ne le grondez probablement pas. » Elle parle tout de suite entre guillemets : « Hé bien, je lui dis bla bla bla... » et le fils perd les guillemets et dit : « Hé, lâche-moi ! » Le père dit ensuite : « Pourrais-je avoir un verre d'eau ? » Dès que le système familial commence à fonctionner, je prends du recul et j'observe parce que je veux voir comment le système fonctionne sans moi. S'il commence à ralentir, je donne un coup pour qu'il reparte. J'apprends quels sont les points sensibles pour que je puisse en parler et que la famille continue.

Cela les use aussi, et c'est vraiment utile. C'est une des choses qui me facilite la vie. J'ai longtemps essayé de former mes étudiants pour qu'ils fassent de même. Malheureusement, ils se laissent emporter par le contenu de ce que fait la famille ; ils devraient plutôt prendre du recul et la laisser se battre afin de découvrir comment fonctionne le système.

Le programme de cette famille-là était très intéressant. Quand la femme parlait, le mari répondait à fond. Il entrait dans ce que les psychologues appellent un « déni massif ». Il s'enfonçait au fond de la chaise et se cachait derrière les coussins. Le fils aîné était une copie conforme de sa mère et se défendait « Rrrrrr ! » Et plus il se défendait, plus elle l'attaquait. Si j'interrompais le comportement de la mère, le fils continuait d'attaquer, mais le père se détendait. C'était important à savoir : le père ne répondait pas au fils ; il ne répondait qu'à ce que faisait la mère.

FEMME : Qu'avez-vous fait pour que le père se détende ?

J'ai désactivé la mère pendant un moment. Une fois la querelle lancée, je me suis levé et je me suis tenu debout devant elle, et le fils a continué de hurler comme si je n'étais pas là. Dès que j'ai coupé la mère visuellement, le père a soupiré et s'est détendu, bien que le fils soit encore en train de hurler à tue-tête. Quand je me suis écarté, le père s'est immédiatement tendu à nouveau. Vous ne pouvez pas faire ce genre de test si vous restez collé à votre chaise comme le font de nombreux thérapeutes.

Dans cette famille, le benjamin répondait positivement à son frère. Et lorsque la mère attaquait l'aîné, elle aurait tout aussi bien pu s'en prendre au plus jeune parce qu'il répondait comme si elle l'attaquait lui. Il vivait totalement par procuration. Si vous vous adressiez directement à lui, il regardait toujours derrière lui, où qu'il soit assis. Il était vraiment comme ça. Je lui ai demandé : « Que pensez-vous de ça ? » ; il a regardé derrière lui et a répondu : « Euh, ah... Je ne sais pas. » C'est comme s'il n'était pas là du tout. Mais il répondait à ce que faisait la mère, même si elle s'adressait au père ou à son frère aîné.

La mère a combattu bec et ongles, et elle était pratiquement de ma trempe. Elle pouvait me tenir tête, or peu de gens en sont capables. Mais j'ai des façons de me battre vraiment sournoises. Je peux changer de niveau logique si rapidement que j'ai pu conserver une longueur d'avance sur elle, mais ça a été difficile. J'avais deux étudiants et une étudiante avec moi dans la pièce, et dès que l'étudiante parlait à la mère, son comportement changeait complètement. L'étudiante disait quelque chose comme : « Vous êtes vraiment injuste avec votre fils. » La mère se tournait vers elle et disait gentiment : « Ma chère, vous serez un jour un peu plus âgée et vous serez à ma place... » C'était un programme *complètement* différent. Si un mâle lui avait dit ça, elle lui aurait tiré les oreilles !

Les programmes de la mère pour communiquer avec les hommes et les femmes étaient totalement différents. La petite fille faisait des choses bizarres pendant les séances — se lever et faire tomber des papiers du bureau, interrompre et faire du bruit. Si le fils laissait seulement porter son regard ailleurs que sur ce qui se passait, la mère hurlait : « Prête attention ! » mais la petite fille était à l'abri de ça.

FEMME : Et vous n'avez pas directement commenté ce qui se passait ? Vous avez simplement regardé ?

À quoi est-ce que ça aurait servi d'en parler ? Si je disais aux gens tout que je distingue, cela leur permettrait de rester plus facilement comme ils sont.

Pour tester ce que j'avais observé, il m'a suffit d'alterner entre plusieurs rôles, ceux du fils, du père et de la petite fille, et d'observer les réponses que j'obtenais de la mère. J'ai pu obtenir des réponses différentes rien qu'en adoptant les analogues de la petite fille. Elle a commencé à me répondre d'une façon qui mêlait ses façons habituelles de répondre aux hommes et aux femmes.

Il n'y avait aucun moyen pour que la mère attaque la petite fille. Je lui ai demandé : « Quelle est la pire chose qu'elle ait faite ? » Elle a répondu d'une voix douce : « Oh, une fois, elle a renversé du lait bla bla bla... » Quand la mère parlait à la fillette, la famille entière *adorait* ça. Ils espéraient que les deux partent ensemble ! Ils répondaient tous positivement parce que la petite fille était traitée comme ils souhaitaient tous l'être. Si la fillette communiquait avec la mère, celle-ci répondait positivement, mais si elle communiquait avec quelqu'un d'autre, la mère ne répondait pas. C'est très important. Si elle avait répondu, j'aurais pu effectuer des interventions plus rusées ; j'aurais pu faire interagir la petite fille et son frère, et faire réagir la mère. Mais celle-ci ne répondait positivement à aucun membre de la famille *sauf* quand la petite fille communiquait directement avec elle. Tous les membres de la famille répondaient à la mère.

J'ai donc dû trouver ce que je pouvais faire faire à cette petite fille pour que la mère réagisse d'une façon qui pousserait le reste de la famille à effectuer les changements qu'ils souhaitaient. Lorsque j'ai appris la thérapie familiale, on m'a dit que tout marche par trois — que lorsque trois personnes communiquent, si la première personne communique avec la deuxième, la troisième va toujours répondre à cette communication. Ce n'est pas vrai. Vous pouvez les *pousser* à répondre, mais ils ne le font pas forcément déjà.

Je souhaite savoir dans chaque famille ce qu'ils font *déjà*, parce que je peux alors *utiliser* cela pour changer le système. C'est un principe très important : *comment puis-je introduire un petit changement qui va canaliser l'ensemble des interactions au sein du système familial d'une façon qui va forcer le système à changer de lui-même ?* Lorsque vous savez faire cela, le système familial va faire la plus grande partie du travail pour vous. Si je veux changer tout le monde dans ce système familial-là, alors je vais changer la fille. Elle va changer le comportement de la mère et, finalement, toutes les autres personnes dans le système vont devoir changer en réponse à la mère. Mais ça ne marche pas dans l'autre sens. Si j'avais changé le benjamin, cela n'aurait affecté personne d'autre parce que personne dans la famille ne lui répondait. Il était aussi proche que possible de la non existence. C'était « être ou ne pas être », et il ne l'était pas.

En mettant la barre si haut, la mère faisait en sorte qu'il était facile pour les hommes de réussir à échouer. Je voulais qu'elle soit moins exigeante et un peu plus douce avec eux. Ce que j'ai fait peut sembler direct, mais c'est parfois ce qu'il y a de mieux à faire. J'ai pris la petite fille à part et je lui ai dit : « Écoute, j'ai besoin de ton aide. Je veux que tu joues avec moi et ce sera *notre* secret. Si tu joues avec moi, il se passera quelque chose de *magique* la prochaine fois que tu reviendras ici. » Auparavant, la petite fille s'était toujours sauvée et cachée dès que la mère commençait à critiquer un des frères. Je lui ai dit : « Tu n'as pas besoin de faire ça. Je veux que tu testes tes pouvoirs parce que je t'en donne que tu ignorais avoir et que tu as maintenant. Si elle hurle après ton frère Jean-Marc, je veux que tu ailles vers elle, que tu tires sur sa manche, que tu lui poses la question suivante : 'Maman, est-ce que tu aimes Jean-Marc ?' et que tu continues jusqu'à ce que tu sois convaincue qu'elle te dit la vérité. »

Bien sûr, cette petite fille a été formidable. Elle disait : « Maman, est-ce que tu aimes Jean-Marc ? » et la mère répondait d'un ton furieux : « OUI ! » Elle demandait à nouveau : « Maman, est-ce que tu aimes Jean-Marc ? » La mère disait doucement : « Oui, oui, je l'aime. » « Est-ce que tu l'aimes *vraiment*, Maman ? » La petite fille n'arrêtait pas.

Que va-t-il arriver au système suite à cette intervention ? Toute la famille était convaincue que la mère était la Grande Méchante Sorcière — et vous auriez probablement été d'accord avec eux ! Mais c'est très difficile d'être la Grande Méchante Sorcière quand une petite fille vous demande : « Maman, est-ce que tu aimes Jean-Marc ? » Maintenant, au milieu de : « Regarde, espèce de bon à rien, tu as oublié de sortir les poubelles ! », Jean-Marc va entendre quelque chose comme : « Oui, je l'aime » et cela va tout changer.

HOMME : Il a donc eu à la fois le message négatif désagréable et le « Oui, maman m'aime ».

Oui. Mais le fait d'avoir des messages négatifs est devenu une opportunité d'avoir ensuite des sentiments positifs.

HOMME : « Avoir des messages négatifs est devenu une

opportunité d'avoir ensuite des sentiments positifs », cela ressemble à la manière de programmer quelqu'un de telle sorte qu'il adopte des comportement afin de générer des messages négatifs dans le but de se sentir bien.

Mais *ces* gens-là ne faisait rien de mal pour être critiqués. Et lorsque la mère répondait à la question de la petite fille, elle expliquait souvent ce qu'elle faisait. « La seule raison pour laquelle je lui dis ceci est que j'ai peur que, si je ne peux rien faire pour le motiver à réussir à l'école, alors il sera un ouvrier comme son père et devra travailler à la mine de charbon. Je ne veux pas qu'il y travaille. Je veux qu'il ait un travail propre. » Elle a commencé à communiquer ce qu'elle essayait de faire — l'intention derrière son comportement. Au fond, cette petite fille a accompli un recadrage des comportements de la mère.

HOMME : La fille devait avoir un moyen de gérer la mère si celle-ci se tournait vers elle et lui disait : « Arrête de poser ces satanées questions. »

La mère n'aurait *jamais* fait ça. Je le savais avant d'intervenir. La mère *ne pouvait pas* lui crier dessus, ou sur quelle femme que ce soit.

FEMME : La petite fille a ancré quelque chose pour la mère.

La petite fille est *devenue* une ancre. Tout le monde a voulu être avec elle à partir de ce moment-là. On n'était pas en sécurité ailleurs ! Cette petite fille avait toujours été ignorée auparavant. Cela arrive très souvent à l'enfant du milieu ou aux enfants après le quatrième. Si vous décidez que ce n'est pas utile, trouvez un moyen pour que l'enfant soit une ancre pour tout un tas de comportements positifs. C'est une intervention très puissante.

Quand la famille est revenue la semaine suivante, ils semblaient complètement différents et interagissaient complètement différemment. Au fur et à mesure que ce nouveau système familial se développe, les gens vont enfin répondre au petit frère parce que cette fillette va le leur demander, et ça se passera par l'intermédiaire de la mère. La petite fille a maintenant la charge de prêter attention à tous ces gens parce que je lui ai dit.

Quelle personne viser dans un système familial

FEMME : C'est fascinant parce que vous avez réellement utilisé la personne qui était la moins perturbée. Les autres thérapeutes diraient qu'il n'y a pas de problème chez cette fille et la mère.

Il n'y a pas de *problème* avec qui que ce soit. Je ne crois pas aux problèmes. Ce qui est important, c'est que j'utilise non seulement le système existant, mais que *j'utilise aussi le système existant pour créer un nouveau système*. Pour ce faire, je dois déterminer quelle est la personne dans le système qui va pouvoir changer toutes les autres. C'est rarement la personne agressive et bruyante qui va pouvoir faire ça. Les gens pensent que la persuasion vient avec le bruit, et ce n'est pas le cas. La persuasion vient avec la *ténacité*. Les personnes expressives sont aussi très fluctuantes. Toute personne qui explose de colère va aussi avoir des réponses polaires dans l'autre sens.

Dans une situation de thérapie familiale, le thérapeute va trop souvent travailler avec la personne facile à changer, ce qui signifie bien sûr que la famille va pouvoir le rechanger tout aussi facilement. Si vous changez quelqu'un de symptomatique, qui perd la tête, qui répond déjà massivement à la famille, il sera *très* facile à la famille de le changer pour qu'il revienne comme avant.

La personne qui a le plus de symptômes est la *dernière* avec laquelle il faut travailler. Le fait même que le système familial puisse produire de la schizophrénie ou de l'anorexie ou autre chose montre que la personne symptomatique est facile à influencer. Si vous pouvez l'influencer pour qu'elle devienne normale, la famille va pouvoir la remettre telle qu'elle était avant. Vous devez l'atteindre d'une autre façon.

Le membre de la famille que vous allez viser est celui qui est vraiment *tenace*. Si vous effectuez un changement chez un individu vraiment tenace, tous les autres vont perdre leurs repères pendant quelque temps, mais ils vont finalement s'ajuster à son changement.

Le recadrage en entreprise

HOMME : Pouvez-vous recontextualiser le recadrage d'un système familial en termes de problèmes qui peuvent survenir dans un organisme professionnel ?

Bien sûr. Une entreprise ressemble en beaucoup de points à une famille étendue, et on peut y appliquer une grande partie de ce que nous avons présenté ici. Vous devez cependant modifier vos comportements verbaux et non verbaux pour qu'ils soient acceptables dans le monde de l'entreprise. Par exemple, vous ne parlez pas d' « esprit inconscient », vous parlez d' « habitudes », et il vous faudra peut-être porter un costume plutôt qu'un tee-shirt. Vous devrez également changer vos présupposés de base.

Par exemple, nous présupposons en PNL que le choix est toujours meilleur que l'absence de choix. C'est rarement vrai en entreprise. Il y a quelques contextes où vous cherchez à avoir beaucoup de flexibilité et de créativité mais, souvent, beaucoup d'efforts sont faits pour standardiser et planifier les activités des gens afin qu'ils soient fiables. Ils ne veulent pas que les opérateurs sur les lignes de montage essayent tout le temps de trouver de meilleures façons d'accomplir leur travail, ou de le faire avec un bandeau sur les yeux pour varier les plaisirs.

Vous devez aussi avoir conscience du fait que, dans le contexte de l'entreprise, toute chose perçue comme étant un avantage sur la compétition est entourée d'un certain degré de secret et de paranoïa. Dans le contexte thérapeutique, il n'y a pas de « secret de fabrication ». Dès que quelqu'un trouve quelque chose de nouveau, il le dit à *tout le monde* pour obtenir de la reconnaissance. Les entreprises dépensent souvent beaucoup d'argent pour développer de nouvelles techniques et elles essayent de les conserver le plus longtemps possible lorsque celles-ci fonctionnent.

Les entreprises et le changement

Les individus en entreprise sont aussi très conservateurs, pour deux raisons : 1) ils ne comprennent pas très bien comment fonctionne une organisation professionnelle, 2) ils ont fait l'apprentissage douloureux que, s'ils essayent quelque chose de nouveau, cela perturbe le système.

Ceci se produit fréquemment quand un poste élevé se libère par promotion, licenciement ou départ en retraite. L'organisation va pratiquement toujours décider de chercher un remplaçant *à l'extérieur*. C'est une déclaration comportementale qui dit que les membres de l'entreprise n'ont aucune idée des qualités qui caractérisent un bon manager. Puisqu'ils ne savent pas, ils n'ont aucune base de formation ou de sélection en dehors du parcours de la personne. Ils ne veulent typiquement pas prendre un employé qui occupe un autre poste dans leur organisation. S'ils avaient des critères précis sur ce qui est nécessaire pour occuper un poste particulier, ce serait beaucoup plus rentable de former les gens au sein de l'organisation.

Même après une recherche externe réussie, l'ensemble de l'organisation se détériore pendant quelque temps après que le nouveau manager soit arrivé. S'il est vraiment efficace, il finira par réorganiser ses départements, et il licenciera ou transférera plusieurs personnes au passage.

Chaque manager a tendance à avoir un mode de traitement de l'information qui lui est propre. Puisqu'il n'y a pas de modèle explicite de traitement de l'information, les gens emploient le pifomètre *au moins* autant en entreprise qu'en thérapie.

Gérer le flux d'information dans une entreprise

Une facette du style de management est la quantité d'information précise ou de détail que le manager exige dans les rapports.

Au bout de quelques années, l'équipe d'un manager sait quel niveau de détail il veut et elle ajuste ses procédures d'élaboration de rapports en conséquence. Ces procédures fonctionnent rapidement au niveau de détail souhaité par le manager. Si cette relation dure depuis un certain temps, un employé de l'équipe sera perturbé si le manager demande plus ou moins de détail.

Le fait de demander plus de détail peut être perçu par l'employé — en particulier au niveau inconscient — comme un défi lancé à sa compétence. « Pourquoi demande-t-il plus de détail qu'avant ? Cela veut-il dire qu'elle ne me fait pas confiance ? » La relation interpersonnelle négative résultante peut être très gênante.

Cela peut aussi poser des problèmes de demander moins de détails. La personne qui fait le rapport offre un certain niveau d'information détaillée mais le nouveau manager met cela de côté et demande une estimation plus globale. Il demande seulement une décision « oui/non ». La personne qui fait le rapport se sent alors incomplète, comme si elle et son travail n'étaient pas estimés. Elle sent que l'information qu'elle a mis tant d'effort à mettre en valeur n'est pas exploitée. Elle s'inquiète aussi du fait qu'elle a maintenant la responsabilité de prendre des *décisions* et non plus la simple responsabilité de récolter et de présenter de l'information. Cela peut la tracasser de conserver de l'information qu'elle donnait traditionnellement au manager et dont elle n'avait donc plus la responsabilité.

Une des interventions les plus puissantes et rapides est d'enseigner à un nouveau manager la notion de contrôle de la qualité de l'information. Cela vous permet de faire pour l'information verbale ce que les technologies d'agrandissement font pour les photos aériennes. Cela vous permet de contrôler le détail de l'information. Vous pouvez avoir l'information la plus détaillée et de la meilleure qualité possible, ou vous pouvez la réduire à une simple décision : un signal « oui/non ».

Une fois qu'un manager a appris cela, il a l'impression de pouvoir exercer un contrôle de qualité sur tout le réseau d'information qui mène de son bureau au point de production ou de service. S'il n'est pas confiant dans le fait que ce qu'il décide et prévoit peut être transmis — en maintenant une représentation de qualité à travers l'ensemble du réseau qui va devoir répondre au changement —, alors il ne fait pas de vagues. Il laisse tourner les choses suffisamment bien, et c'est pourquoi vous avez cette médiocrité et ce conservatisme traditionnel au sein des entreprises. Tout changement court le risque d'être mal représenté ou mal interprété le long de cette chaîne. Il est alors raisonnable d'être tout à fait conservateur.

Ayant compris cela, un manager peut exercer un contrôle complet sur la qualité du flux d'information au sein de son réseau. Il peut effectuer des changements avec l'assurance que sa représentation sera transmise en détail et avec une qualité élevée. Il peut alors mettre en place des normes d'excellence par opposition à des normes de médiocrité.

Une fois qu'un manager a compris le principe d'exercer le contrôle sur la qualité de l'information, il y sera sensible lorsqu'il prendra un nouveau poste. Il va se rendre compte que les personnes qui lui rendent des comptes, ses pairs et les personnes à qui il rend des comptes ont tous des besoins typiques en qualité de l'information qu'ils traitent. Nous avons souvent appris à un manager qui prend un nouveau poste à établir un cadre positif en disant à ses collaborateurs : « Je crois comprendre que je rejoins une équipe bien huilée, etc. » Il évoque explicitement la notion de qualité de l'information et dit que certains ajustements seront nécessaires.

« Vous avez tous eu des relations importantes et significatives avec mon prédécesseur. Il avait son propre style et vous avez tous appris — à la fois consciemment et délibérément, et par habitude — comment lui présenter de l'information. Je suis différent. Je ne sais même pas de quelle façon précise je suis différent, mais je veux que vous soyez particulièrement sensibles pendant les prochaines semaines et prochains mois — et je le serai aussi — au fait qu'il y aura des fois où j'aurais besoin d'information très précise, très détaillée, de qualité supérieure. Et parfois je vous demanderai simplement une opinion « oui/non ».

Cette façon de cadrer la transition est à la fois un recadrage et un pont vers le futur. Elle précise l'objectif : développer un niveau adéquat de circulation de l'information. Elle avertit les collaborateurs qu'il y aura des différences. Le nouveau manager n'est pas Dieu et ne sait pas exactement quelles seront les différences puisqu'il n'a jamais été exposé aux mesures de contrôle de la qualité qu'employait son prédécesseur. Elle permet aux collaborateurs de pousser un soupir de soulagement et de dire : « Bien. Il dit qu'il reconnaît qu'il y aura des ajustements et il veut que je coopère pour atteindre l'objectif : trouver un niveau de spécificité approprié quand je lui rapporte de l'information. »

Cadrer les changements

HOMME : Vous pouvez faire une généralisation à partir de cet exemple, à savoir qu'il faut faire attention de cadrer tout changement de sorte que les personnes affectées vont répondre positivement.

Oui, exactement. Et cela peut vouloir dire cadrer les changements différemment suivant les différents niveaux ou départements dans l'organisation. Chaque manœuvre au sein d'une organisation doit être opérée de sorte qu'elle ait un sens dans le cadre perceptuel des personnes affectées. Un plan quinquennal transmis dans sa totalité à un opérateur sur une ligne de production n'aurait aucun sens. Pour lui, il faut lui présenter ce plan en terme de ce qu'il va arriver à lui et à son travail. Parler de la conjoncture financière et autre ne ferait qu'ajouter à la confusion. C'est de l'information qu'il n'a littéralement pas besoin de connaître. La description d'un plan quinquennal au niveau de la direction ne fait pas partie de la réalité perceptuelle de l'ouvrier. Il faut le relativiser par rapport à son cadre perceptuel.

Par exemple, j'ai un ami qui a été embauché comme directeur d'une grande compagnie. C'est un des rares communicateurs de haut vol que je connaisse dans le milieu de l'entreprise. Il a une très grande sensibilité aux communications non verbales et au reste. Une catégorie d'employés au siège de la société pointait. Les employés pointaient le matin en arrivant, avant d'aller déjeuner, au retour de déjeuner et le soir en partant. Mon ami a comme philosophie que les machines ne devraient jamais superviser ou diriger les gens. Un des premiers changements qu'il a effectué après avoir pris les rennes en tant que directeur a été d'enlever les pointeuses. Il a expliqué à ses adjoints ses principes selon lesquels une machine ne dirigerait pas les gens dans son organisation. Il a présenté cela dans un cadre adéquat pour qu'ils comprennent et il a ordonné d'enlever les pointeuses un vendredi soir.

Imaginez la situation des employés le lundi matin. Cela faisait des années qu'ils pointaient. Quoi qu'il se passe en venant au travail ou la nuit précédente, le fait de pointer fonctionnait pour eux comme ce que les hypnothérapeutes appellent un « signal de réinduction » : c'était une ancre qui déclenchait l'accès à toutes les capacités et états de conscience appropriés pour qu'ils travaillent efficacement. La pointeuse fournissait un signal dans tous les systèmes de représentation. Vous voyez la pointeuse, vous poussez kinesthésiquement votre carton et vous entendez ce drôle de bruit quand elle perfore votre carton.

Mon ami avait enlevé par inadvertance précisément l'ancre dont ils avaient besoin pour bien fonctionner. L'efficacité de l'organisation a été divisée par deux au cours de la première semaine. Je suis arrivé la semaine suivante et tout le monde était vraiment bouleversé. J'ai trouvé une solution qui a bien retourné la situation. Je lui ai proposé de prononcer une courte déclaration aux chefs de service qu'ils devaient transmettre aux employés le vendredi après-midi. Cette déclaration expliquait sa croyance qu'il était inapproprié que les gens soient dirigés par des machines. Dans son organisation, il voulait que les gens dirigent les gens. En conséquence, il avait fait enlever les pointeuses. Et quand ils arriveraient au travail lundi matin, ils seraient intéressés de trouver leur chef de service à l'endroit où se trouvait la pointeuse, et ils pourraient se sentir bien à la vue du sourire sur le visage du chef de service — chose qu'ils n'avaient jamais vu sur le visage de la pointeuse. On a dit aux chefs de service de dire « bonjour » et de serrer la main de chaque employé à son arrivée. Ceci a fourni un pont direct en remplaçant la pointeuse par le chef de service dans tous les systèmes de représentation. Je suis persuadé que la plupart des employés ont vu l'image de la pointeuse superposée sur le visage de leur chef de service ! Cela leur a donné un accès immédiat aux capacités et aux états de conscience requis pour un travail efficace.

Ceci a recadré le changement et préservé la fonction de signal de la pointeuse. En fait, la productivité a explosé. Les employés ont largement dépassé les niveaux précédents d'efficacité la semaine suivante. Puis tout est redescendu à un niveau légèrement supérieur à l'habitude. Les managers d'entreprise savent que s'ils laissent les routines se développer efficacement, alors le moindre changement va probablement les bouleverser. Cependant, s'ils accompagnent les changements avec un lien ou un pont vers le futur pour préciser la façon dont ils veulent que ces changements opèrent, ils peuvent réduire le risque de perturber l'organisation.

HOMME : Alors, est-ce un recadrage ou un pont vers le futur ?

Les deux. Vous voyez, si vous effectuez un changement sans mettre un cadre explicite autour, cela permet aux employés de mettre leur propre cadre. Certains pourraient penser : « Ils m'ont enlevé ma pointeuse, c'est le seul moyen qu'ils ont trouvé pour me perturber et pour que je ne fasse pas mon travail correctement parce qu'ils veulent se débarrasser de moi. » Peu importe ce que les employés hallucinent. Le fait est que le changement peut être considéré appropriée ou perturbant selon le cadre qu'ils choisissent. La tactique que j'ai décrite a recontextualisé le changement de telle sorte que les employés ont pu répondre positivement au moment et à l'endroit approprié.

HOMME : J'ai travaillé de nombreuses années comme chimiste de laboratoire. J'enlevais ma blouse blanche le vendredi après-midi et j'avais une amnésie complète de tout ce qui touchait au laboratoire jusqu'à ce que je la remette le lundi suivant. Au moment où je la remettais, je me demandais : « Alors, où est-ce que j'en étais vendredi après-midi ? »

C'est un bel exemple. Imaginez ce qui se serait produit si quelqu'un avait pris toutes les blouses !

Tous les comportements opèrent dans un contexte particulier, et ce contexte est un ancrage pour un certain nombre de réponses. Le cadre est un autre mot pour la contextualisation, et le recadrage est la recontextualisation. Vous faites ça parfois en changeant le contexte externe réel. Vous changez le plus souvent le contexte interne — la façon dont une personne cadre et comprend en interne les événements — afin d'obtenir une réponse différente. Chaque fois que vous faites ça au sein d'un système, vous devez tenir compte du mode opératoire du système en entier pour vous assurer que les changements que vous opérez sont écologiques.

Chapitre 6

Le recadrage d'état dissocié : l'alcoolisme, l'abus de drogues, etc.

Il faut remplir certaines conditions pour que le recadrage en six points soit efficace. Si vous travaillez avec quelqu'un qui est extrêmement dissocié, le recadrage ne fonctionnera pas. Les alcooliques, les drogués, les maniaco-dépressifs et les personnalités multiples sont tous extrêmement dissociés. Les gens qui mangent trop ou qui fument rentrent aussi souvent dans la même catégorie. Je vais principalement parler des alcooliques à titre d'exemple, mais je veux que vous sachiez que cela s'applique aussi à tous les autres cas d'extrême dissociation.

Les incongruités séquentielles

Si vous demandez à un alcoolique en état de sobriété de vous décrire son expérience quand il est ivre, il sera généralement partiellement ou totalement amnésique. De même, si vous lui demandez quand il est ivre de vous parler de son expérience quand il est sobre, il aura beaucoup de mal à le faire. C'est un des différents indices que vous pouvez exploiter pour identifier une personne dissociée : elle n'accède pas aux expériences et ressources qu'il a lorsqu'elle opère à partir de l'autre modèle du monde. Elle est une personnalité multiple dans le sens où elle a deux façons distinctes d'opérer dans le monde qui ne coexistent pas dans son expérience. Les deux ne se retrouvent jamais ensemble dans son corps ni dans ses comportements.

Ce qui rend le recadrage opérationnel, c'est le fait d'ouvrir un canal vers l'inconscient. Par inconscient, je désigne la partie de la personne qui le force à avoir le comportement qu'il veut consciemment changer ou qui l'empêche d'adopter le comportement qu'il veut consciemment pouvoir avoir.

Le recadrage est une communication à deux niveaux : vous parlez avec la partie qui est consciente, quelle qu'elle soit, et vous employez des réponses involontaires pour communiquer avec la partie responsable du comportement ciblé par le changement. La partie de l'alcoolique qui l'amène dans votre cabinet est souvent la partie sobre. C'est elle qui franchit le pas de la porte. Mais comme cette partie s'est déjà totalement engagée à rester sobre, vous n'avez rien à faire avec elle. Elle est la partie qui connaît très bien les désavantages de la boisson, mais qui n'y peut rien. Si vous travaillez avec elle, vous pouvez obtenir des réponses parfaitement congruentes concernant le changement. Mais dès que la personne rentrera dans un bar, elle recommencera à boire. Il vous faut accéder à la partie qui la pousse à faire la tournée des bars parce que c'est elle qui mène la danse vis-à-vis de la boisson. Puisque ces deux parties de la personne sont extrêmement dissociées, vous ne pouvez pas communiquer avec un état si la personne est dans l'autre. Donc, quand un alcoolique entre dans votre cabinet dans un état sobre, il est extrêmement difficile d'accéder à la partie qui boit, c'est-à-dire celle que vous devez changer.

La plupart des problèmes que les gens rencontrent sont liés à l'incongruité, ou ce qui est souvent appelé le « conflit ». Il y a un décalage, une incongruence, entre la partie de la personne qui lui fait faire quelque chose et celle qui veut qu'il arrête. Cette incongruence est généralement *simultanée* : la personne exprime comportementalement les deux parties simultanément. Par exemple, une personne peut dire d'une voix très douce : « je veux être assertif ». Les deux parties sont quelque peu dissociées mais elles s'expriment en même temps.

Dans le cas de l'alcoolisme ou de la consommation de drogue, la dissociation est différent : l'incongruence est exprimée *séquentiellement*. La partie sobre et la partie ivre sont *tellement* dissociées qu'elles ne s'expriment pas en même temps dans le vécu de la personne. Elles se manifestent par séquence : d'abord l'une, puis l'autre.

Le format du recadrage en six points est prévu pour traiter des incongruités simultanées. Plutôt que de mettre en place une approche complètement différente pour gérer l'incongruité séquentielle, vous pouvez simplement la transformer en incongruité simultanée et employer ce que vous connaissez déjà : le recadrage en six points.

Ce genre de tactique est fréquemment employée dans d'autres domaines. Un bon mathématicien va toujours tenter de ramener un problème complexe à un niveau plus simple qu'il sait résoudre.

L'utilisation de l'ancrage avec les états dissociés

La façon la plus simple de transformer une incongruité séquentielle en incongruité simultanée est d'employer l'ancrage. Dans le cas de l'alcoolisme, j'accède d'abord à la partie ivre et je l'ancre. Puis j'ancre la partie sobre. Enfin, je fusionne les deux ancres pour forcer les deux états à coexister.

Accéder à l'état alcoolique

Quand quelqu'un entre dans votre cabinet, la partie sobre est juste devant vous, elle est donc facile à ancrer. Il faut un peu plus d'habileté pour accéder à la partie ivre : vous pouvez faire une induction hypnotique au cours de laquelle vous faites régresser la personne jusqu'à la dernière fois où elle a été ivre (ou à un autre bon exemple de l'état alcoolique), en récoltant de sa part des informations sensorielles détaillées sur son vécu en tant qu'alcoolique. « Retournez à la dernière fois. Comment vous sentez-vous au moment où vous êtes sur le point de boire ce premier verre ? Comment était-ce la dernière fois que vous avez fait la tournée des bars ? Où étiez-vous assis ? Qu'avez-vous vu ? Qu'avez-vous entendu ? Qu'avez-vous dit lorsque vous avez commandé le premier verre ? Qu'est-ce que c'était ? À quoi est-ce que ça ressemblait ? Vous pouvez le sentir maintenant. Et quel goût est-ce que ça avait exactement ? Et comment savez-vous que vous êtes vraiment ivre ? »

Si vous posez ce genre de questions à votre client, vous allez percevoir une modification notable de son comportement. Il va revivre l'état d'ivresse à mesure qu'il vous donne cette information. Vous allez voir des changements de respiration et de posture et vous entendrez des changements dans le ton, le tempo et le timbre de sa voix. Vous verrez des différences d'expression faciale et de mouvements du corps. Si vous lui renvoyez les éléments de son vécu qui changent le plus son état, vous allez amplifier son expérience d'alcoolique. Lorsque vous observez un changement vraiment définitif, vous pouvez ancrer cet état.

Le fait de penser à l'odeur et au goût va généralement ramener directement la personne à l'état alcoolique. L'accès olfactif est probablement le moyen le plus rapide de régresser. Chaque fois que vous voulez que quelqu'un revive un état passé, si vous avez découvert une odeur associée à cet état, le fait de lui faire sentir cette odeur propulsera la personne dans cet état, dans tous les systèmes. Les odeurs ont un impact beaucoup plus direct sur les comportements et les réponses que les autres entrées sensorielles à cause de la façon dont elles sont traitées neurologiquement.

HOMME : Vous avez appelé cette méthode une induction hypnotique. Cela signifie-t-il qu'on induit un état hypnotique ou qu'on commence une induction chaque fois qu'on demande à quelqu'un de retourner dans le passé ?

Savoir si vous voulez appeler ça de l'hypnose ou non est peut-être une question de sémantique. Je ne l'appellerais pas ainsi ouvertement ; cela peut engendrer une résistance de la part du client. Mais ma perception est que ce que je viens de décrire n'est pas différent d'une induction de transe « officielle ». La profondeur de la transe peut varier un peu mais la procédure elle-même et la stratégie interne utilisée par la personne restent les mêmes.

Une façon d'avoir l'accès serait donc d'employer ce genre d'induction. Quelle autre manière y a-t-il d'accéder à la partie alcoolique ?

HOMME : Chevaucher les systèmes de représentation. L'inviter à se visualiser ivre, puis le faire rentrer dans l'image.

Oui. Comment est-il encore possible d'accéder à la partie alcoolique ? Vous devriez avoir une demi-douzaine d'options.

HOMME : Vous lui donnez un verre.

Et vous avez alors le problème d'accéder à sa partie sobre.

HOMME : Vous l'emmenez dans un bar.

Oui. C'est utiliser le contexte comme ancre pour solliciter l'état.

Vous pouvez aussi vous synchroniser et mener votre client dans un état d'ivresse. Soyez le miroir de votre client, puis commencez à parler, marcher et agir comme si vous étiez vous-même ivre.

Il est aussi possible de lui donner des instructions directes. « Je veux que vous fassiez semblant d'être ivre. » Il va probablement vous dire : « Mais c'est ce que j'essaye d'éviter ! » Vous dites alors : « Oui, je l'ai bien compris, et pour l'éviter, vous devez d'abord avoir la possibilité de faire semblant. » Cette déclaration ne suit aucune logique réelle, mais elle donne l'impression d'avoir un sens et poussera votre client à obéir.

Une fois qu'il a commencé à faire semblant, vous pouvez augmenter la qualité de l'accès en lui donnant des indications. « Allez, employez un langage plus brouillé. Vacillez un peu plus. Est-ce que votre vision est déjà floue ? » Donnez-lui des informations verbales et comportementales pour ajuster son comportement jusqu'à avoir un bon accès à sa partie alcoolique.

Il est important d'avoir une variété de méthodes pour obtenir l'accès quand vous travaillez avec les gens qui ont des incongruités séquentielles extrêmement dissociées. Si vous n'êtes pas satisfait par l'accès que vous obtenez à l'aide d'un procédé, vous pouvez toujours en employer un autre.

Fusionner les ancres

Une fois que vous avez obtenu l'accès, ancrez-le de façon à pouvoir le retrouver. Lorsque vous avez une bonne ancre pour ses parties sobre et ivre, vous êtes prêt, techniquement parlant, à lui « faire sauter la cervelle ». Vous fusionnez les ancres de ces deux états en les déclenchant simultanément, en vous assurant que les deux états se produisent en même temps. J'utilise généralement des ancres kinesthésiques pour faire ça parce que la personne ne peut pas fuir mon toucher.

Les effets visibles de la fusion des ancres d'états aussi différents que la sobriété et l'ivresse est remarquable. J'ai déjà vu des clients perdus dans un état de semi-conscience ou d'inconscience sur des durées allant de trois minutes à une heure et demi. Vous observerez quelque chose qui ressemble à de la confusion totale ; il sera littéralement incapable d'organiser une réponse cohérente. Ses mouvements corporels sont parfois incontrôlés et son corps est traversé par des convulsions. J'ai même eu un client qui a fait une crise psychotique et qui a tout tenté pour m'échapper parce qu'il savait que son vécu était lié à mon toucher.

Ce qui se passe, c'est que je rassemble brusquement deux états physiologiques qui étaient absolument dissociés. Le client n'a jamais éprouvé simultanément ces sensations dans son corps. Il n'a jamais essayé de respirer comme un ivrogne et comme une personne sobre en même temps. Il était en quelque sorte une personnalité multiple et vous les flanquez brusquement ensemble. C'est une sorte de traitement de choc, certaines personnes l'ont d'ailleurs décrit comme tel. La différence est que ce n'est pas induit extérieurement et que ça n'atteindra que des intensités que les gens peuvent gérer. De ce point de vue, c'est écologique.

Lorsque vous avez fini de fusionner ces deux ancres, l'intégration est loin d'être complète. Cela vous permet simplement d'avoir un pont afin que l'alcoolique et la personne sobre coexistent dans le même corps au même moment. Les deux parties ne sont plus mutuellement exclusives et complètement dissociées. Cela vous permet de faire du recadrage. C'est un *prérequis* pour établir un canal de communication efficace depuis la partie sobre vers la partie alcoolique qui rencontre le problème de boisson et qui connaît le besoin que celui-ci satisfait.

FEMME : Que faites-vous pendant que vous maintenez les deux ancres et que la personne est confuse une heure et demie durant ?

Je n'ai besoin de maintenir les deux ancres que jusqu'à ce que l'intégration soit bien entamée. Puis je m'assure simplement que la personne se trouve dans un endroit où elle ne va pas se faire mal ; c'est tout ce qu'il faut.

Il peut aussi être utile d'introduire des tas de suggestions post-hypnotiques tant qu'elle est dans cet état de confusion. À ce stade-là, elle sera totalement sans défense. Assurez-vous que vos suggestions hypnotiques n'ont pas de contenu afin d'éviter d'en imposer. Vous pouvez dire : « Alors que vous continuez de vous débattre, remarquez qu'il y a une relation directe entre l'intensité actuelle de vos sentiments et la rapidité avec laquelle vous allez vous approprier les choix comportementaux que vous recherchez vis-à-vis de la boisson. »

Puisqu'elle ne peut pas se défendre contre les suggestions à cet instant-là, vous avez une formidable responsabilité quant à la façon dont vous cadrez les suggestions. « Vous n'aurez *plus envie de boire* » serait la pire façon d'en parler, il vaut mieux vous taire. Vous devez parler en termes positifs de ce qui *va* se passer, plutôt que de ce qui ne va pas se passer. C'est beaucoup mieux de dire : « Vous serez capable de trouver des façons différentes de *vous satisfaire* comme *le faisait* l'alcool. » Lorsque vous parlez d'alcool, vous devez parler au passé, présupposant que la personne n'en prendra plus. Tous les schémas linguistiques hypnotiques décrits dans *Patterns I*[1] et *Transe-Formations* sont appropriés dans ce contexte. Si elle dit : « Mais je ne vous comprends pas, » vous pouvez répondre : « Bien sûr que vous ne me comprenez pas, et moins vous me comprenez consciemment, plus vous serez capable de vous réorganiser inconsciemment de façon positive. »

HOMME : Lorsque vous fusionnez les ancres de l'alcoolisme et de la sobriété, ne courez-vous pas le risque de rendre la personne tout le temps ivre ?

C'est une préoccupation légitime. Les instructions hypnotiques sur le processus — telles celles que j'ai décrites — sont un moyen de s'assurer que l'intégration que vous obtenez en fusionnant les ancres est utile. Vous parlez de la façon dont « ces deux états peuvent commencer à se fondre de façon à ce que la personne intègre tout ce qui est utile et précieux dans chaque état, sans rien perdre, de sorte que l'intégration puisse servir de base pour avoir plus de choix, etc. »

Recadrer les états initialement dissociés

Laissez-moi vous rappeler qu'il ne s'agit que d'une première étape. Je détruis les barrières entre deux états dissociés et crée de la confusion délibérément. Je viole littéralement une discrimination, un processus de tri interne, que l'alcoolique avait inconsciemment mis en place pour être efficace dans la vie. Ceci fait, je vais devoir y mettre de l'ordre avec du recadrage. J'ai uniquement créé le prérequis du recadrage. J'ai maintenant accès à la partie ivre et à la partie sobre en même temps. J'ai ramené une situation très difficile d'incongruité séquentielle à quelque chose que je peux gérer : l'incongruité simultanée.

Une fois que la personne a retrouvé ses esprits et qu'elle est relativement cohérente, je vais procéder à un recadrage en six points afin de fixer des comportements alternatifs précis et de faire des ponts vers le futur appropriés pour ces nouveaux comportements. À ce stade-là, vous recadrez comme vous recadreriez n'importe quoi d'autre.

Toutefois, une chose est très importante. Si vous travaillez

---

[1] Livre de Bandler et Grinder sur les techniques hypnotiques de Milton Erickson, non traduit à ce jour.

avec l'alcoolisme, la tabagie, la boulimie..., assurez-vous que les nouvelles alternatives sont non seulement plus efficaces mais aussi *plus accessibles* que les anciens choix. Soyez très sensible aux critères ; « meilleur » est souvent lié à l'accessibilité dans le cas de la dépendance. Si votre nouveau choix est de prendre des vacances, c'est loin d'être aussi rapide à faire que prendre un morceau de chocolat dans le réfrigérateur. Il est beaucoup *plus facile* de fumer une cigarette que de méditer ou de courir sur la plage. Vous ne pouvez pas courir sur la plage lorsque vous êtes dans un ascenseur, mais vous pouvez fumer.

Vous pouvez inclure l'accessibilité en la précisant au cours de l'étape quatre. « Entrez en vous-même et trouvez trois choix qui sont plus acceptables, plus immédiats, plus disponibles, plus faciles et plus rapides que celui que vous employez aujourd'hui. » Généralement, les gens ne font pas ça quand ils font du recadrage. Leurs clients trouvent des alternatives à long terme qui ne fonctionnent pas parce qu'il leur faut quelque chose de vraiment immédiat.

Avec n'importe quel drogué, vous pouvez prendre sa sensation de vouloir la drogue et en faire une ancre pour autre chose. La personne a besoin de vivre le sentiment comme ayant un sens différent : elle éprouve actuellement une certaine sensation, elle l'interprète comme signifiant qu'elle meurt de soif, ce qui la pousse à boire. Vous pouvez la mettre en transe et faire en sorte que cette sensation *signifie autre chose.* La sensation d' « envie » peut par exemple maintenant mener à une curiosité intense vis-à-vis de son environnement.

J'ai employé efficacement en une session cette approche de fusion et de recadrage avec des alcooliques et des héroïnomanes. J'effectue des suivis depuis plus de deux ans et c'est une réussite.

Une fois que vous avez effectué le recadrage et trouvé de nouveaux choix pour satisfaire le bénéfice secondaire de l'alcool ou de la drogue, vous devez tester votre travail. Avec un alcoolique, mon test est de lui donner de l'alcool et de voir s'il peut s'arrêter après un verre. Je considère que c'est le seul test valable pour savoir si j'ai fait un travail complet et intégré. Avec l'héroïne, je trouvais quelles ancres déclenchaient la prise de drogue puis j'envoyais le client dans ce contexte pour tester ses nouveaux choix.

Discussion à propos des alcooliques

LOUISE : C'est vraiment étonnant. J'ai travaillé avec des gens d'Alcoholics Anonymous[1] qui pensent qu'un alcoolique restera toujours un alcoolique. Êtes-vous en train de dire qu'il est possible de guérir les alcooliques pour qu'ils puissent boire sans devenir ivre, entrer dans un bar, prendre un verre et puis sortir ?

Tout à fait. Quand je travaille avec un alcoolique, je l'invite à prendre un verre dans un bar trois mois plus tard. J'observe et j'écoute attentivement pour détecter les modifications comportementales anciennement associées à l'état d'ivresse. Cela teste si j'ai effectué un travail intégré. Je veux savoir s'il peut prendre un verre et avoir la même réponse que moi, à savoir qu'il s'agit juste d'un verre. Je vais découvrir s'il peut adopter le comportement qui était auparavant automatique et compulsif sans être poussé à en reprendre. L'alcool est une ancre, et l'utilisation de cette ancre est un bon test pour mon travail.

Au passage, je ne cherche pas à critiquer Alcoholics Anonymous qui ont longtemps été le seul organisme efficace auprès des alcooliques. Historiquement, c'était quelque chose de formidable, et il est maintenant temps de passer à autre chose. Alcoholics Anonymous a une approche non intégrative et ses membres sont presque toujours des soûlots et tous partagent la même conviction : « alcoolique un jour, alcoolique toujours ». Si l'un d'eux s'assied et prend un verre, il ne saura pas s'arrêter : il va continuer à se saouler.

Ce que je prétends peut leur paraître outrancier dans leur cadre de référence, ainsi que par rapport aux systèmes de croyances que la plupart des thérapeutes ont appris. Ce n'est pas incroyable si on examine la dépendance du point de vue de la PNL : il suffit de 1) fusionner les ancres sur la dissociation, 2) obtenir la communication avec la partie qui fait boire la personne, 3) découvrir le bénéfice secondaire — camaraderie, relaxation, etc. — que lui procure l'alcool, 4) trouver des comportements alternatifs qui obtiennent le bénéfice secondaire de l'alcool sans produire ses dégâts. Une personne sélectionnera toujours le meilleur choix parmi ceux disponibles. Si vous lui offrez de meilleurs choix que l'alcool pour obtenir tous ses bénéfices secondaires, elle opérera une bonne

---

[1] NdT : *Alcoholics Anonymous* est l'équivalent américain d'*Alcooliques Anonymes*.

sélection.

LOUISE : Comment traiteriez-vous un membre d'Alcoholics Anonymous ? Ils semblent croire que rien d'autre ne marchera et n'écoutent personne d'autre.

Oui. Alcoholics Anonymous est un système de « croyants fidèles ». Si vous travaillez avec un des leurs, il suffit de l'accepter. Vous dites : « Vous avez entièrement raison. » Vous pouvez ajouter : « Puisque vous êtes si convaincu que 'alcoolique un jour, alcoolique toujours', alors le fait d'essayer quelque chose de différent ne devrait pas vous menacer, puisque de toute façon ça ne marchera pas. » Face à quelqu'un qui a un système de croyances fort, j'accepte le système et trouve ensuite le moyen de travailler à l'intérieur. Je peux toujours ensuite induire secrètement une transe et programmer directement.

Votre question à propos des systèmes de croyance me rappelle ce qu'a fait un médecin en Angleterre avec des héroïnomanes. Il avait une clinique avec un vaste programme de méthadone pour empêcher ses patients de souffrir de manque. Un jour, un nouveau groupe de drogués est arrivé et il a fait une expérience contrôlée. Il les a séparés aléatoirement en deux groupes. Le groupe de contrôle a reçu sa méthadone comme d'habitude et il a appris aux sujets de l'autre groupe à être de bons sujets de transe. Les deux groupes arrivaient en même temps pour prendre leur méthadone mais le groupe expérimental entrait dans son bureau. Là, ce médecin les mettait en transe et les faisaient halluciner qu'ils prenaient la drogue. Après six semaines, aucun membre des deux groupes n'avaient de symptôme de manque. Il a alors dit au groupe expérimental ce qu'il avait fait et tous sauf deux ont immédiatement été en manque ! Ceci indique que le corps est capable de gérer les déséquilibres chimiques si le système de croyance de la personne permet de le faire.

Une fois que j'ai testé l'écologie, afin de vérifier que les nouveaux choix fonctionnent, je donne généralement à la personne un objet qu'elle peut tenir afin de servir d'ancre pour ses nouveaux choix. Ce peut être une pièce de monnaie ou tout autre chose qu'elle peut mettre dans sa poche et toujours avoir sur elle. Cela l'aidera à s'occuper des anciens programmes moteurs associés avec l'alcool, le tabac, etc. Par exemple, une partie du choix de boire réside dans le mouvement de tenir un verre et de l'amener vers la bouche. Le fait d'avoir une ancre physique tangible donne à la personne quelque chose d'autre à faire de ses mains.

Les gens trouvent souvent que les membres d'Alcoholics Anonymous sont rébarbatifs parce qu'ils veulent que personne d'autre ne boive non plus. Leur raison est bien évidemment que le fait de voir quelqu'un boire stimule par identification ce choix en eux. Puisque les anciens programmes moteurs n'ont pas été intégrés dans de nouveaux choix, cela invite en eux les anciens comportements d'alcoolique. Le fait qu'un ancien buveur n'a pas cette sensibilité est également une bonne indication que vous avez obtenu une intégration complète.

Précisions sur le processus

FEMME : J'ai une question sur l'ancrage. Ancrez-vous d'abord l'état sobre avant d'accéder à l'état ivre ?

Il existe plusieurs façons de procéder. Vous n'avez même pas besoin d'ancrer l'état de sobriété pour obtenir l'intégration. Une fois que votre client a accédé à l'état d'ivresse, vous pouvez dire : « Hé ! Faites attention, là. Qu'est-ce que vous croyez que vous faites, à agir comme un ivrogne dans mon bureau ? » La partie sobre va revenir. le client va dire : « Oh, je suis désolé ! Je pensais que c'est ce que vous me demandiez. J'essayais de suivre vos instructions. » Vous poursuivez avec : « Quoi ? Rassemblez vos esprits. » Et vous activez l'ancre de l'état alcoolique tout en disant : « Restez sobre ; conservez votre attention ici. »

FEMME : L'état sobre est-il une ancre suffisamment puissante pour être fusionnée avec l'état d'ivresse ?

L'état de sobriété n'a pas besoin d'être aussi intense que l'état d'ivresse. Si vous fusionnez les ancres et n'obtenez pas une intégration, mais plutôt quelque chose qui ressemble à l'état d'ivresse, cela indique que vous devez ancrer l'état de sobriété plus intensément. J'arrêterais l'intégration et je dirais : « Hé, réveillez-vous ! Allez ! Réveillez-vous ! » Je ramènerais la personne à un état de sobriété complète. Je la ferais se lever, bouger, boire une tasse de café, etc. Quand elle serait à nouveau sobre, je lui demanderais : « Savez-vous où vous êtes ? Savez-vous ce que vous faites ici ? Pourquoi êtes-vous ici ? » Je ramènerais complètement la partie sobre, puis je l'ancrerais.

HOMME : Peut-il être dangereux d'accéder à l'état alcoolique si le client devient violent quand il est ivre ?

Vous devez alors prendre des précautions supplémentaires. Il faudrait employer des ancres visuelles ou auditives plutôt que kinesthésiques. Il faudrait peut-être conserver deux mètres et une chaise entre vous, et rester près de la sortie. Ou être bien entraîné dans les arts martiaux et avoir totalement confiance en votre capacité à vous défendre, comme c'est mon cas. Vous méritez d'être sûr que votre intégrité physique et psychologique sera toujours préservée. Vous êtes un psychothérapeute ; vous n'êtes pas payé pour mettre votre corps ou votre esprit en jeu.

FEMME : Est-il possible d'interrompre un état violent si vous ancrez l'état sobre en premier ? Vous pouvez utilisez cette ancre pour sortir le client de l'état alcoolique.

Bien sûr, mais n'utilisez pas une ancre kinesthésique. Si vous êtes suffisamment proche pour toucher quelqu'un qui agit violemment, alors il est suffisamment proche de vous pour vous frapper. Une ancre qui interrompt un état de rage peut représenter un bon choix tant que vous pouvez l'activer à distance. Pour ce faire, vous pouvez utiliser des ancres auditives ou visuelles. Un de nos étudiants apprend aux parents dans des familles d'accueil à employer des ancres non-tactiles pour interrompre des états de rage. Selon votre clientèle, vous pouvez en avoir besoin. Vous pouvez ancrer à une distance sûre en claquant des mains où par un autre geste. Vous pouvez aussi le faire en employant un certain ton de voix quand la personne est sobre et un autre quand elle entre dans l'état d'ivresse. Votre ton de voix devient alors une ancre. Comme ça, quand il devient furieux, vous dites : « Attendez ! » avec le ton de voix que vous employez avec son état normal.

HOMME : J'apprécie votre commentaire sur le fait de donner des suggestions post-hypnotiques vides de contenu à l'alcoolique après avoir fusionné les ancres. Je pense que de nombreux programmes de réhabilitation d'alcooliques ont échoué parce que le thérapeute ou l'agent a essayé de trouver des comportements alternatifs à la boisson. Ils disent à l'alcoolique : « Allons tous faire un bowling » ou « Allons faire de la broderie ». Cette approche est tristement inefficace.

Absolument. Le bowling et la broderie sont probablement *très* loin de satisfaire le bénéfice secondaire de la consommation d'alcool.

Le contexte de l'intervention

HOMME : Ce serait une bonne idée d'avoir un temps indéfini devant soi pour utiliser cette approche avec des alcooliques, car cela semble être difficile à faire pendant des sessions d'une heure.

Oui, ce serait l'idéal. Vous vivez cependant dans un univers découpé en tranches horaires. De ce point de vu, je ne suis pas un bon modèle pour les psychothérapeutes en exercice. Je ne gagne plus ma vie à faire de la psychothérapie. Je n'en fais même plus du tout. J'en ai fait un certain temps afin de m'assurer que je testais tous les schémas que je vous enseigne avec un large éventail de problèmes. Donc, quand je vous montre quelque chose, je sais que ça marche et je peux vous le montrer. Cependant, même à l'époque où j'avais mon propre cabinet, je n'avais pas plus de deux ou trois clients par jour et je laissais un laps de temps important entre eux pour avoir des sessions qui duraient de dix secondes — mon temps le plus court avec un client — à six heures et demie — le temps le plus long.

HOMME : Il faut nous parler du client des dix secondes !

Vous pouvez facilement effectuer un recadrage de contenu en dix secondes. Cependant, je pensais là à un homme dont le problème était qu'il ne pouvait pas supporter les gens agressifs. Dès qu'il m'a dit ça, je l'ai expulsé hors de mon bureau ! En ce temps-là, nous étions plusieurs à nous être arrangés entre nous et avec quelques voisins pour interagir de certaines manières avec nos clients lorsque nous envoyions certains signaux. Je l'avais à peine expulsé que j'ai hurlé à ma femme : « Attrape-le ! » Donc Judith Ann est sortie juste au moment où il passait, presque en gémissant : « Il m'a viré. » Elle a commencé à lui parler. « Oh, non ! John a recommencé ? Il vous a expulsé sans marque de sympathie, sans aucune sensibilité envers vos besoins en tant qu'être humain ? »

Bien sûr, elle avait à ce stade-là un rapport parfait. Il disait : « Oh, prenez soin de moi ! Aidez-moi ! » Comme un ami qui passait par là, elle lui a alors expliqué comment gérer la situation. Il m'a fallu dix secondes pour accéder à l'état problématique, puis elle l'a récupéré et l'a programmé en quelques minutes.

Si vous travaillez en groupe, vous avez des tas d'occasions de faire ce genre de chose. Vous enseignez des choses à vos clients à travers des jeux de rôle, et l'apprentissage passera si vous faites un bon pont vers le futur. Cependant, ça marchera toujours beaucoup mieux si vous *n'annoncez pas que le cadre est un jeu de rôle* ; vous le *faites*.

vous pouvez agir exactement de la façon qu'ils n'arrivent pas à gérer, accédant par là même pleinement et purement à cet état limitant. Ils ne font pas semblant et n'y songent pas. Si vous vous arrangez alors pour que quelqu'un les attrape au rebond, vous pouvez faire des choses étonnantes en très peu de temps.

Autres méthodes pour traiter les incongruités séquentielles

Détecter et gérer les incongruités séquentielles

FEMME : D'après ce que vous avez dit, nous pouvons faire l'hypothèse que les alcooliques et les consommateurs de drogues dures ont des états très dissociés, et nous pouvons veiller au fait que certains fumeurs ou boulimiques ont ces incongruités séquentielles. Y a-t-il d'autres indicateurs d'incongruité séquentielle ?

Je ne connais aucun moyen sûr à 100 % de détecter une incongruité séquentielle, mais vous pouvez prêter attention à certains éléments. J'ai parfois effectué ce que je pensais être un travail formidable mais qui n'a pas du tout marché parce que je n'avais pas détecté d'incongruité séquentielle. Avec ces cas de « presque-personnalité-multiple », ce que vous faites semble parfois très bien fonctionner. Vous obtenez toutes les réponses appropriées ; vous trouvez de nouveaux choix pour votre client, vous testez, vous faites un pont vers le futur, etc. Puis il part, et quand il revient la semaine suivante, il se souvient à peine de ce que vous avez fait la semaine précédente et ne peut pas vérifier si ça a fonctionné ou non. Vous pouvez cependant dire que votre travail n'a pas été efficace du tout. Si le problème est quelque chose de l'ordre de la tabagie ou de la boulimie, cela peut être flagrant.

Lorsque cela se produit, vous pouvez soupçonner qu'il y a une incongruité séquentielle. Pour les identifier, je remarque que j'observe des modifications radicales dans les comportements d'un client sur une certaine période de temps. Lorsque les gens qui mangent trop vous racontent des choses du genre : « Je me retrouve devant une pile d'os de poulet et c'est comme si je venais de me réveiller », c'est une bonne indication qu'il y a une incongruité séquentielle. Vous pouvez parfois le soupçonner si leurs comportements paraissent étranges ou si votre travail progresse trop facilement.

Lorsque je soupçonne qu'il y a une incongruité séquentielle, j'emploie parfois des états de conscience modifiés pour faire des tests. Une cliente, qui avait une paralysie hystérique de la jambe, est venue me voir ; nous avons fait un recadrage et hop ! sa jambe n'était plus paralysée. Je l'ai tout de suite reparalysée et elle était furieuse envers moi. « Ma jambe allait bien et elle va de nouveau mal. Pourquoi m'avez-vous fait ça ? » Je lui ai dit : « C'était *trop* facile. Je sais qu'il y a une partie de vous qui va ressortir furtivement plus tard. »

Je lui ai fait revivre plusieurs contextes de vie intérieurement, sans quitter les coordonnées espace-temps de mon bureau. Sa vie était assez restreinte. Elle allait à l'hôpital, chez le médecin, et passait le reste de son temps chez elle. La partie qui objectait à ce qu'elle se porte bien s'est soudainement manifestée à la maison, et j'approuvais sa motivation. Elle voulait que le mari fasse différentes choses dans la maison. Son mari était fondamentalement un de ces hommes « vieux-jeu » qui disent que : « Les femmes doivent faire toutes les tâches ménagères. Le rôle de l'homme est d'aller travailler et de gagner de l'argent. » C'était une situation unique : elle était riche, donc il n'avait pas besoin d'aller travailler, mais il pensait malgré tout qu'elle devait tout faire à la maison. Si elle ne le faisait pas, il la battait. Bien sûr, quand sa jambe était paralysée, *il* devait faire des choses pour *elle*. Il fallait faire quelque chose à ce sujet avant de soigner la paralysie. Autrement, si elle retournait à la maison sans paralysie, elle aurait à faire toutes les tâches ménagères.

MARIE : Alors, qu'avez-vous fait ?

J'ai changé le mari. Nous l'avons embauché pour qu'il « participe au programme de réhabilitation de sa femme ». Je me suis arrangé pour qu'il y ait une légère amélioration de sa paralysie quand je l'ai ramenée chez elle. Nous avons dit au mari : « Pour que le programme de réhabilitation fonctionne, vous allez devoir faire preuve de persévérance. Elle peut actuellement faire certaines choses, mais vous ne devez absolument pas lui permettre d'en faire d'autres parce qu'elle courrait le risque d'une rechute. Et, bien sûr, ce programme pourrait prendre *des années*. »

S'arranger pour que la femme gère son mari représentait un trop gros morceau. Je veux que vous pensiez aux objectifs en termes de découpage. Je me pose la question : « Quel est le plus gros morceau que je peux faire vite et bien ? » Est-ce que ce sera un simple ré-ancrage, ou un morceau plus complexe ? Je commence avec le plus petit morceau que je puisse réaliser facilement et je construis dessus.

HOMME : Donc vous apportez un changement minimal dans le système, récoltez des informations en retour et effectuez un autre changement minimal — en augmentant la taille des morceaux à mesure que vous progressez, si vous le pouvez.

Oui. J'ai eu une autre cliente du même genre, qui avait des symptômes hystériques radicaux. Les deux femmes sortaient du même moule. Une avait les pieds engourdis, l'autre une jambe paralysée, et les deux des maris italiens. Je suis certain que tous les maris italiens ne sont pas comme ça, mais ces deux-là étaient des Italiens « du pays » et ni l'un ni l'autre n'avait épousé une Italienne. Ces hommes avaient des systèmes de croyance culturels très forts qui n'étaient pas congruents avec les croyances de leurs femmes ou avec la culture américaine.

La pseudo-orientation temporelle

Laissez-moi vous donner un autre exemple d'incongruité séquentielle où j'ai employé une approche très différente. Je ne commence pas toujours par fusionner les ancres avant de viser un objectif d'intégration totale. Il existe d'autres façons de gérer l'incongruité séquentielle. Un de mes amis psychiatres a une secrétaire qui est un exemple parfait de maniaco-dépressive. On pouvait même prédire les jours où elle allait déjanter. Il y avait six mois de partie « haute » où tout était merveilleux : elle perdait du poids, devenait attrayante et pleine de vie, et faisait tout le travail. Puis, le 31 juillet, l'autre partie sortait soudainement : elle grossissait, devenait déprimée, incompétente, etc. Cela durait depuis douze ans quand j'ai rencontré le psychiatre. Il était trop fasciné pour la licencier, même si elle était complètement incompétente six mois de l'année. Il savait toujours que la situation se renverserait à un moment donné et qu'elle prendrait soin de tout ce qu'elle n'avait pas fait les six mois précédents.

Ce qui est fascinant, c'est que lorsque j'ai travaillé avec elle, quelle que soit la partie avec laquelle je travaillais ou quoi que ce soit qu'elle apprenne — même à taper sur un clavier qui avait une configuration différente —, lorsque les parties changeaient de place, rien n'était transféré. Elle était comme deux personnes, même si elle n'était pas complètement une personnalité multiple. Elle avait dans chaque état des mémoires liées à l'autre état : elle se souvenait où elle habitait et de la plupart des choses qui s'étaient passées dans l'autre état. Mais les apprentissages et les changements personnels n'étaient jamais transférés. Donc, bien sûr, celle qui était « haute » sortait et accomplissait des tas de choses tandis que la « basse » allait se cacher. Une devenait de plus en plus confiante et capable, et l'autre de plus en plus déprimée et incompétente.

Lorsque vous avez des gens de ce genre, il vous faut intégrer ces deux parties d'une façon ou d'une autre — quoi que vous fassiez d'autre. Mais pour ce faire, il faut les réunir dans les mêmes coordonnées espace-temps. Ce n'est pas très facile parce que celle qui n'est pas dans votre bureau peut être très difficile à attraper. Vous pouvez en ancrer une et attendre six mois avant d'ancrer l'autre. Et si avez des ancres vraiment performantes, vous pourrez peut-être réussir à les rassembler.

L'approche qui a vraiment bien fonctionné est la « pseudo-orientation temporelle ». C'est un phénomène hypnotique : vous hypnotisez le client et le projetez dans le futur par bonds successifs. Puis vous le sortez de transe en le faisant croire, par exemple, que ce n'est pas sa deuxième visite mais sa seizième. On est trois mois plus tard et vous pouvez lui poser des questions sur le passé. La pseudo-orientation temporelle est un moyen vraiment astucieux pour que le client vous enseigne la thérapie. Vous l'hypnotisez, vous lui dites que vous l'avez guéri et que vous allez le sortir de sa transe. On est au mois d'août, il revient pour sa dernière visite et il est d'accord pour vous décrire tous les changements qui se sont produits. Puis vous le sortez de transe : « Bonjour ! Comment allez-vous ? » « Très bien. » Vous dites : « J'ai une très mauvaise mémoire. Voulez-vous bien me rappeler la chose que vous pensez être la plus essentielle que j'ai faite pour vous changer ? » Votre client va alors vous indiquer des choses formidables à faire ! De nombreuses techniques que nous enseignons dans nos ateliers sont issues de séances de pseudo-orientation temporelle.

Il faut un bon sujet hypnotique ou une formation rigoureuse en hypnose pour pouvoir faire ça. C'est un phénomène de transe complexe. Bien sûr, une fois que vous en avez pris l'habitude, ce n'est plus compliqué.

Recadrer plusieurs parties en même temps

Ce que je fais aussi, c'est mettre en place un signal pour les différents états. Je tente de détecter où se trouvent les polarités. Si elles sont temporelles, je mets en place des signaux pour les différentes zones temporelles. Certaines incongruités sont liées au contexte : des personnes ont par exemple des incongruités séquentielles entre leur lieu de travail ou leur domicile ; d'autres changent entre les vacances et la vie quotidienne. Si c'est lié à une substance chimique, je mets alors évidemment en place une ancre qui induit l'état correspondant.

Lorsque j'ai de bonnes ancres pour chaque partie, je peux littéralement converser avec chacune séquentiellement. Avec la femme maniaco-dépressive, j'avais une ancre pour une visite en juillet et une pour une visite en décembre. J'ai mis en place des ancres secrètement mais aussi directement sous hypnose : « Lorsque je vous touche sur le genou, nous sommes en juillet. » de sorte que je pouvais littéralement alterner entre les deux parties et travailler avec les deux. Donc quand j'effectuais un recadrage, j'induisais un état et disais : « Allez demander à la partie... », puis j'induisais l'autre état et faisait la même chose. C'était comme faire un recadrage avec deux personnes en même temps.

J'animais des groupes où je réunissais dix ou quinze personnes. Là, je commençais à tourner dans la pièce en utilisant le modèle de recadrage en six points. La première semaine, je le faisais toujours avec un contenu, puis purement formellement quand ils revenaient la deuxième semaine. Les premières fois, je leur faisais choisir quelque chose dont ils pouvaient parler pour m'assurer qu'ils pouvaient bien distinguer l'intention d'un comportement et ce genre de choses, puis je parcourais la pièce et les assistais tandis qu'ils passaient par les différentes étapes tous en même temps.

HOMME : Mais les deux parties de la femme maniaco-dépressive sont dans la même personne. Comment pouvez-vous les recadrer pour obtenir la même conclusion ?

Si vous avez une incongruité séquentielle — quelqu'un fait un régime comme un fou puis reprend du poids tout aussi follement —, il s'agit en fait d'une incongruité uniquement au niveau du contenu. Au niveau formel, les deux parties sont les mêmes. Les deux sont des obsessions et montrent une perte de contrôle. Une dit : « Je vais m'affamer » ; l'autre : « Je vais manger tout ce qui me tombe sous la main. » Elles sont opposées au niveau du contenu mais absolument identiques au niveau formel. Ces gens-là ne font pas des régimes intelligemment. Ils ne mettent pas progressivement en place un programme de maintenance. C'est toujours un régime choc ou la gloutonnerie. Si vous leur proposiez l'anorexie, ils la prendraient ! La solution doit prendre la partie qui mange trop et lui donner d'autres façons d'obtenir ce qu'elle veut de sorte qu'elle puisse recommencer à manger avec modération. Et la partie qui fait un régime n'importe comment doit aussi être recadrée pour éviter que, lorsque vous recadrez la partie qui mange, la partie qui fait régime dise : « Ahhhh ! Voici ma chance ! » et devienne folle.

Après avoir travaillé avec les deux états d'une personne qui a une incongruité séquentielle, je fabrique généralement une partie dont le rôle est d'intégrer ces deux états, ou alors je mets en place une sorte de programme inconscient pour que leurs périodes de fonctionnement se recoupent. Je ne voulais pas procéder ainsi avec la secrétaire car les durées étaient de six mois et il aurait fallu des années avant d'obtenir un résultat. J'ai décidé d'opérer une distorsion temporelle : je suis allé dans son passé et j'ai mis en place un programme d'intégration qui devait commencer cinq ans auparavant et terminer l'intégration le jour-même où elle était dans mon bureau.

Cela ne m'a pas pris longtemps à faire car toute personne autant dissociée est un formidable sujet hypnotique. Elle *devait* l'être sinon elle ne serait pas dissociée à la base. J'ai fait une induction et je suis arrivé dans sa vie en tant que quelqu'un d'autre, un psy qu'elle avait vu cinq ans auparavant. Sous le couvert de ce thérapeute, j'ai installé le programme d'intégration dans son inconscient et lui ai fait créer toutes les modifications nécessaires dans son histoire pour qu'elle termine l'intégration spontanément dans mon bureau, cinq ans plus tard. Il vous faut parfois créer beaucoup d'histoire personnelle pour que tout cela marche bien.

L'amnésie

Vérifier l'objectif

FEMME : J'ai un client qui a oublié tout ce qui précédait un incident au cours duquel il s'est « réveillé » et s'est trouvé face au canon d'un fusil, avec un bâton sur la gâchette pour faire partir le coup. Il est aujourd'hui victime d'une amnésie totale concernant tout ce qui a précédé ce moment-là. Comme vous pouvez l'imaginer, il sort d'une situation familiale abominable. Il a beaucoup d'expériences de dissociation, ayant longtemps été alcoolique. Il est maintenant un membre sobre d'Alcoholics Anonymous.

Je pense que vous parlez du même genre de situation formelle. Quel est son objectif en thérapie ?

FEMME : Son objectif déclaré est de retrouver sa mémoire.

Ce genre d'objectif me rappelle une sorte de conte de fées que j'entendais dans mon enfance. Petit garçon, mes parents me racontaient des histoires quand c'était l'heure d'aller se coucher. J'étais l'aîné de neuf enfants et nous passions des moments en famille à raconter ces longues histoires rigolotes. C'était un joyeux rituel. Une de leurs histoires me rendait fou. Un personnage marchait dans la forêt et rencontrait soudain une créature magique dont la barbe était restée coincée sous un arbre. Je n'ai jamais pu imaginer le genre de créature magique suffisamment stupide pour coincer sa barbe sous un arbre ! Le personnage principal sauvait la créature magique qui lui disait alors : « Vous pouvez maintenant faire trois vœux. » Le personnage se plantait toujours car il disait immédiatement : « Je veux être immensément riche. » Et la campagne environnante était entièrement détruite et sa famille anéantie parce que tout était recouvert d'or.

Cette histoire est une bonne métaphore du besoin de protection que nous devons inclure dans le recadrage. Le personnage ne pense pas au effets secondaires de ses vœux. Il ne précise ni contexte ni procédure ; il se contente de citer un objectif. C'est plus désastreux d'atteindre l'objectif que de ne pas l'atteindre du tout. En conséquence, le personnage utilise le deuxième vœu pour inverser les effets néfaste du premier. Il dit ensuite quelque chose comme : « Je voudrais bien n'avoir jamais rencontré cette créature. » Ça compte pour son troisième vœux et il se retrouve à la case départ.

Les demandes conscientes des gens en thérapie ressemblent souvent à ça. Ils demandent quelque chose sans prendre en compte leur contexte personnel ou le contexte familial dans lequel ils se trouvent.

Donc, dans votre cas, je ferais le naïf, comme si je prenais sa demande au sérieux, et je m'arrangerais pour qu'il fasse un retour en arrière et qu'il se souvienne de quelques petites choses.

J'installerais d'abord une ancre puissante d'amnésie. Puis j'induirais une transe dans laquelle je serais certain de créer de l'amnésie si je le demandais. Je le ferais ensuite rester dissocié pour qu'il observe de l'extérieur des éléments de son passé sans être impliqué kinesthésiquement. Je demanderais alors à son inconscient de sélectionner trois événements de son histoire personnelle, un événement agréable, un autre déplaisant et un troisième désastreux, afin de lui donner une idée de la variété de ses expériences vécues. Une fois qu'il les aurait observées, je le réveillerais et lui demanderais de me raconter sa réaction. S'il veut continuer, je poursuivrais, sinon je pourrais réinduire la transe, créer l'amnésie sur ces éléments d'information qu'il vient de retrouver et je continuerais en établissant de nouveaux objectifs.

Un thérapeute a un jour amené une participante qui voulait que j'emploie l'hypnose pour retrouver un élément de son passé. Elle croyait que son frère aîné et un ami l'avaient violée quand elle avait onze ans. Elle n'était pas certaine que ça c'était réellement produit et elle voulait le vérifier. Ma réaction a été de lui demander : « Quelle différence cela va vous faire de le savoir ? » Elle n'a pas su répondre — elle n'y avait jamais pensé. Vous pourriez poser la même question à votre client.

JEANNETTE : Je le lui ai demandé et il m'a dit qu'il veut se souvenir afin de ne pas se sentir bête lorsqu'il rencontre quelqu'un qu'il a connu et dont il ne se souvient plus. J'ai l'impression qu'il s'est fixé un objectif impossible car il ne veut pas *vraiment* savoir.

C'est aussi ce que je pense à première vue. Il a consciemment demandé de retrouver sa mémoire, donc c'est l'objectif, mais il a aussi de bonnes raisons de *ne pas* se souvenir.

JEANNETTE : Il a aussi été dans un hôpital psychiatrique pendant quelques temps. Il est fier du fait qu'ils ont employé du pentathol de sodium et n'ont rien pu tirer de lui ! Ils ont également employé l'hypnose mais cela ne l'a pas aidé à retrouver son passé. Il ne se souvient que du jour où il s'est réveillé nez à nez avec le canon du fusil.

Je viserais probablement ses méta-objectifs. « Vous souhaitez retrouver la mémoire. Pour quoi faire ? » « Comme ça, quand je rencontre une personne de mon passé, je sais comment me comporter avec eux. » « Oh, donc vous ne voulez pas vraiment retrouver la mémoire, Vous voulez gérer élégamment la situation dans laquelle vous rencontrez quelqu'un qui prétend venir de votre passé. » Or il pourrait atteindre cet objectif en biaisant légèrement : « Mon Dieu, ça fait si longtemps ! *Où* est-ce que c'était, déjà ? » C'est très facile de lui enseigner des techniques qui vont gracieusement solliciter l'information dont il a besoin pour répondre de façon appropriée.

Dès qu'il y a un conflit à un certain niveau, sautez au niveau supérieur. Demandez le méta-objectif. « Qu'allez-vous gagner en faisant cela ? Que cela va-t-il vous apporter ? » Une fois que vous le savez, vous pouvez proposer des alternatives plus élégantes. Il va rapidement abandonner sa demande originelle parce que ça n'aura pas de sens de retrouver son histoire.

Créer une nouvelle histoire de vie

JEANNETTE : Pour autant que je sache, sa situation familiale est toujours horrible. J'ai essayé de lui dire : « Eh bien, vous ne vous rappelez de rien, alors pourquoi ne demandez-vous pas à votre famille de vous raconter tout ce qui vous est arrivé de bon dans votre vie ? » Sa famille n'a *rien* pu trouver !

Une autre alternative serait d'en faire un bon sujet hypnotique dans le but de lui créer une nouvelle histoire personnelle. Obtenez son accord pour employer l'hypnose non pas pour retrouver sa mémoire, mais pour lui construire une nouvelle histoire de vie. Si vous avez eu une vie pourrie la première fois, retournez en faire une meilleure. Tout le monde devrait vraiment avoir plusieurs histoires.

JEANNETTE : Comment faites-vous ça ?

Directement. Vous pouvez dire : « Regardez, vous êtes un homme talentueux, mais vous ne savez pas d'où vous venez. D'où aimeriez-vous venir ? »

JEANNETTE : C'est un simple fermier.

Cela rend les choses plus faciles. Les clients les plus difficiles à traiter sont les psychothérapeutes sophistiqués parce qu'ils pensent qu'ils doivent connaître chaque étape de ce que vous faites. Ils ont des esprits conscients farfouilleurs.

Il y a dans le livre *Un thérapeute hors du commun*, de Jay Haley, la description d'un cas où Erickson a construit pour une femme un ensemble d'expériences passées. Il a créé pour elle une histoire dans laquelle il apparaissait régulièrement en tant qu' « Homme de février ». Ce cas-là est une excellente source d'informations pour étudier la structure de la création d'histoires de vie alternatives.

La schizophrénie

FRÉDÉRIC : La schizophrénie est-elle un autre exemple d'incongruité séquentielle et de dissociation ?

Les personnes diagnostiquées comme étant schizophréniques ont souvent certains aspects d'eux-mêmes qui sont sévèrement dissociés. La dissociation est cependant généralement simultanée. Par exemple, un schizophrène peut entendre des voix et penser que les voix proviennent d'en dehors de lui-même. Les voix sont dissociées, mais les deux « parties » de la personne sont présentes simultanément.

Ce qui différencie le travail avec les schizophrènes

FRÉDÉRIC : D'accord. Je travaille depuis longtemps avec des schizophrènes. J'ai employé certaines de vos techniques mais pas aussi efficacement ou précisément que je le voudrais. Quels ajustements particuliers préconiseriez-vous avec les prétendus schizophrènes ?

D'après la formulation de votre question, j'imagine que vous avez remarqué que certaines des personnes qui sont classées schizophrènes ne montrent pas les mêmes symptômes que d'autres qui ont la même étiquette. La façon de travailler avec un schizophrène diffère en deux points de celle de travailler avec les gens ici présents.

La première est que les gens dits « schizophrènes » vivent dans une réalité qui différe de celle sur laquelle la plupart d'entre nous sommes d'accord. Celle d'un schizophrène est suffisamment différente pour nécessiter beaucoup de flexibilité de la part du communicateur pour y pénétrer et se synchroniser avec elle. Cette réalité diffère radicalement de celle à partir de laquelle les psychothérapeutes opèrent habituellement. La problématique de l'approche et du rapport est la première différence entre aborder un prétendu schizophrène et une personne qui ne l'est pas. Pour créer le rapport avec un schizophrène, vous devez employer toutes les techniques de miroir et de miroir croisé, tout en appréciant les métaphores que le schizophrène propose pour expliquer sa situation et en observant son comportement non-verbal unique. C'est une tâche très exigeante pour tout communicateur professionnel.

La seconde différence est que les schizophrènes — et en particulier ceux qui sont internés — sont sous traitement médicamenteux. C'est en réalité la différence la plus difficile à gérer parce que c'est la même situation qu'essayer de travailler avec un alcoolique quand il est ivre. Il y a une contradiction directe entre les besoins de la gestion d'une salle d'un hôpital psychiatrique et ceux de la psychothérapie. La médication est typiquement utilisée comme moyen de gérer une salle d'hôpital. Pour être efficace dans le recadrage, j'ai besoin comme prérequis d'avoir précisément accès aux parties de la personne qui sont responsables des comportements que je tente de changer. Tant que je n'enclenche pas la participation de ces parties dans le processus de modification des comportements de la personne, je tourne à vide — je parle à la mauvaise partie de la personne. Les symptômes expriment la partie de la personne avec laquelle je dois travailler. Cependant, les médicaments considérés appropriés dans le contexte d'une salle d'hôpital sont justement ceux qui enlèvent les symptômes et empêchent l'accès à cette partie de la personne.

Travailler efficacement avec les gens sous médication est une tâche difficile et stimulante. Je l'ai fait une demi-douzaine de fois mais je n'apprécie pas ça particulièrement. Le traitement médicamenteux lui-même est une ancre extrêmement puissante qui est un obstacle au changement.

Laissez-moi vous raconter une petite histoire d'épouvante. Un jeune homme marchait dans une grande ville après une fête. Il étudiait à l'université. Il avait fumé un peu d'herbe et bu un peu d'alcool. Il se promenait, pas vraiment ivre mais certainement pas sobre. Vers trois heures du matin, la police l'a arrêté et emmené au poste pour ivresse sur la voie publique. Ils ont pris ses empreintes et ont vérifié son identité. Il s'est avéré qu'il avait été interné dans une clinique psychiatrique toute proche quelques années auparavant. Là-bas, il avait été classé schizophrène et avait eu la chance de rencontrer un psychiatre qui était un excellent communicateur. Après avoir travaillé avec ce psychiatre, le jeune homme avait changé son comportement, était sorti et se débrouillait bien dans ses études. Il allait bien depuis des années.

Lorsque les policiers ont découvert son passé de « malade », ils ont décidé que son comportement ne résultait pas de l'alcool ou de la drogue mais d'une rechute psychotique. Ils l'ont donc renvoyé à la clinique. On l'a mis dans la même salle et on lui a donné les mêmes médicaments qu'avant. Devinez ce qui c'est passé ? Il est redevenu schizophrène. Il a été directement ré-ancré dans un comportement de folie.

C'est le genre de risque qui me fait insister sur le fait que le test d'un travail efficace avec un alcoolique est l'exposition à l'ancre chimique qui le faisait accéder à l'état alcoolique dissocié — lui faire boire un verre. Vous devez alors être capable d'observer si le fait de prendre un verre mène à un changement radical d'état — s'il y a un changement radical de respiration et de couleur de peau, et tous les autres indicateurs non verbaux d'un changement d'état. S'il y a un tel changement, alors vous n'avez pas un travail intégré ; il y a encore de l'intégration à faire.

Si vous relevez le défi de travailler avec des schizophrènes dans des institutions, vous pouvez rendre votre travail plus confortable et efficace en trouvant un arrangement avec la personne en charge de la salle. Être efficace dans un laps de temps raisonnable va dépendre de votre capacité à travailler avec des gens tant qu'ils ne sont *pas* sous médicaments ou de votre capacité à établir des états hypnotiques dissociés dans lesquels ils sont essentiellement indépendants de substances chimiques. Ce sont des tâches vraiment hardues ; c'est un véritable défi.

Commencer par le méta-objectif

JEANNETTE : J'ai une cliente diagnostiquée schizophrène. Elle était sous traitement médicamenteux ; ce n'est plus le cas en ce moment, mais elle recommence à entendre des voix. Ça lui fait peur. Elle est terrorisée.

D'abord, cela ne lui fait pas peur. Elle a une réponse kinesthésique quand elle entend ces voix. Au niveau conscient, elle a appelé cette réponse « avoir peur ». Cela peut sembler jouer sur les mots mais ce n'est pas le cas. Il y a une grande différence entre les deux et le recadrage la mettra en évidence.

Ma première réaction envers cette femme serait de lui dire : « Dieu merci les voix sont encore là ! Autrement, comment sauriez-vous ce que vous devez faire ensuite ? Comment pourriez-vous planifier quoi que ce soit ? » Il y a une ou deux générations de cela, une personne qui entendait des voix était déclarée folle. Ceci en dit long sur le degré primaire de cette culture en ce qui concerne l'organisation et les processus de l'esprit humain. Les voix sont un des trois principaux modes par lesquels nous organisons notre expérience pour planifier et analyser. Cela nous différencie des autres espèces. Ma première réaction est donc : « Dieu merci ! Et découvrons maintenant ce qu'elles essayent de vous communiquer. » Je pourrais dire : « Bien ! laissez-moi leur parler aussi. Elles ont peut-être d'excellentes informations à nous donner. Rentrez donc en vous-même et demandez-leur ce qu'elles essayent de vous dire. »

JEANNETTE : « Comment je devrais tuer ma mère. »

« Bien ! Demandez maintenant à ces voix ce que ça vous apporterait de tuer votre mère. » Cherchez le méta-objectif. Si une voix interne exprime un but moralement, éthiquement ou culturellement inacceptable tel que « tuer ma mère », vous devez immédiatement viser un cadre dans lequel *c'est* un comportement approprié. Celui-ci peut paraître bizarre la première fois que vous l'entendez, mais c'est approprié dans *certains* contextes. La question est de savoir si vous pouvez découvrir les contextes. « Qu'est-ce que ça vous apporterais de tuer votre mère ? Demandez aux voix ce qu'elles tentent d'obtenir pour vous en vous faisant tuer votre mère. »

La personne va probablement vous interrompre et vous dire : « Je ne veux pas tuer ma mère ! » Vous pouvez répondre : « Je ne vous ai pas dit de tuer votre mère. J'ai dit de demander aux voix. » Vous devez maintenir la dissociation, puis procéder au recadrage en six points standard. « Ces voix sont des alliées. Vous ne le savez pas encore, mais je vais vous le montrer. Demandez-leur maintenant ce qu'elles essayent de faire pour vous. »

La schizophrénie dans un contexte familial

BENOÎT : Je travaille actuellement avec un schizophrène chronique. J'ai découvert que, en travaillant avec lui, j'ai remis en cause la carrière de schizophrène qu'il mène depuis treize ans. Lors de notre dernière session, il m'a dit en substance que maintenir cette carrière est un investissement. J'ai applaudi son immense succès.

Benoît nous dit quelque chose de très important. Il applaudit les treize ans de carrière de ce schizophrène. « Qu'est-ce que vous vous êtes bien débrouillé en tant que schizophrène pendant treize ans ! »

BENOÎT : Il porte le même nom qu'une personne célèbre et je lui ai dit qu'il avait autant de talent à être un schizophrène de profession que son homonyme dans son propre domaine ! Il a en fait été en traitement pendant trente-deux ans, mais il n'avait jamais eu de thérapie familiale adéquate auparavant. Dans le contexte de sa thérapie familiale, il m'a dit qu'il croyait que sa mère mourrait s'il résolvait ses problèmes et devenait réellement lui-même.

Sa mère était-elle présente quand il a parlé de cette croyance ?

Oui. J'ai expliqué qu'elle ne mourrait pas s'il allait mieux. J'ai même dit qu'elle serait contente. En fait, la mère est quelque peu incongruente quand elle dit qu'elle veut qu'il aille mieux. Mais je ne sais pas où aller à partir de là. J'ai l'impression que je devrais travailler avec la mère.

Bon. Benoît a travaillé avec un schizophrène et il va maintenant travailler avec la mère. La prochaine étape est la façon précise par laquelle il va les tenir. En d'autres termes, la mère dit au schizophrène : « Je ne vais pas mourir si tu vas mieux. Vas-y, porte-toi mieux. En fait, je veux que tu ailles mieux. » [Il secoue la tête pour dire « non ».]

BENOÎT : Je n'ai pas perçu l'incongruence aussi clairement, mais j'ai l'impression que c'est bien ça.

La question est : le schizophrène va-t-il croire cette déclaration incongruente ? Certainement pas. Le schizophrène est beaucoup plus sensible à ces signaux non verbaux que nous. Il a eu toute une vie pour s'entraîner à les lire.

Une des choses que vous pouvez faire est d'obtenir une réponse congruente de la part de la mère. Vous pourriez commencer par distinguer les parties d'elle qui ne veulent pas qu'il aille mieux. « Bien. Faites comme si vous vouliez qu'il reste malade. Maintenant, dites-moi toutes les raisons pour lesquelles il est important qu'il reste malade. » Elle répond : « Mais je ne veux pas qu'il reste malade », et vous dites : « Ce sera donc plus facile pour vous de faire semblant. » Vous ajoutez plus tard : « Faites comme si vous vouliez qu'il aille mieux. » « Mais c'est exactement ce que je veux. » « Bien sûr, et ce sera plus facile de faire semblant. » La logique est floue et n'a aucun rapport avec ce qui se passe. Ce qui est important, c'est que ce soit plus facile pour elle de répondre. Si vous voulez voir quelque chose de vraiment impressionnant en terme d'ancre non kinesthésique, faites alterner la mère entre ces deux comportements pendant que vous observez le schizophrène. De la fumée va sortir de ses oreilles !

Notre objectif ultérieur est évidemment de rendre le schizophrène indépendant de la congruence de la mère. En un sens, la maturité, c'est arriver à une relation symétrique qui permet à un parent d'être aussi incongruent qu'il le souhaite tandis que l'enfant peut maintenir son propre contexte et son propre élan dans la vie.

Que le schizophrène croit que sa mère veut qu'il reste malade ou qu'elle veut qu'il aille mieux, vous pouvez dire si vous faites du recadrage que le schizophrène reste schizophrène pour honorer la mère. Son but est de montrer à quel point il l'aime et est préoccupé par son bien-être.

C'est juste un recadrage standard. Je suis passé d'un comportement — être schizophrène — à l'intention ou l'objectif du comportement. J'enfonce un coin entre le comportement « schizophrénie » et l'intention ou objectif du comportement, et je valide l'issue. « Vous avez *raison* ! Ne faites pas de faux-pas parce que vous aimez votre mère et, en ce qui me concerne, vous devez le lui montrer. Moi aussi j'aime ma maman. » Employez les analogues appropriés pour cet homme.

Vous *insistez* alors qu'il reste schizophrène jusqu'à ce qu'il ait testé d'autre façons de montrer le respect et l'amour que sa mère mérite et qu'il souhaite lui montrer. Vous insistez sur le fait qu'il reste schizophrène tant qu'il n'a pas découvert des comportements alternatifs qui permettent d'atteindre l'objectif : montrer son amour et son respect envers sa mère. « Elle mérite ce qu'il y a de mieux. Si la schizophrénie est ce qu'il y a de mieux, alors continuez. Si vous trouvez une meilleure façon pour vous de lui montrer votre respect et votre amour, vous aurez envie de le faire de cette façon-là, parce qu'elle mérite ce qu'il y a de mieux. » Ce faisant, vous opérez entièrement dans son modèle du monde. Je travaillerais en même temps avec la mère pour mettre de l'ordre dans ses comportements.

Viser un objectif restreint

Il est arrivé plusieurs fois qu'une personne vienne avec certains aspects de son expérience dissociés et que nous ayons choisi de *ne pas* viser un objectif d'intégration totale. Une énorme femme hollandaise qui avait vécu ici pendant vingt ans nous a été amenée par son mari parce qu'elle montrait des symptômes aigus de schizophrénie. Elle entendait des voix qui lui faisaient des avances sexuelles et des déclarations obscènes et incompréhensibles. Elle ne comprenait même pas le sens de ces déclarations car elle était une « femme propre ».

Plusieurs psychiatres bien intentionnés avaient essayé de traiter cette femme. Ils lui avaient expliqué que les voix étaient réellement *ses* voix et résultaient du fait qu'elle était en colère contre son mari qui avait eu une liaison avec une autre femme dix ans auparavant. Cette femme était extrêmement croyante et il n'y avait aucun moyen pour elle d'accepter cette explication dans son modèle du monde. Sa rage était pour elle inacceptable, donc elle était projetée dans des hallucinations auditives. Le fait de croire que ces voix lui appartenaient aurait anéanti l'appréciation consciente qu'elle avait d'elle-même. Les voix proposaient des choses et en disaient d'autres qui lui étaient insupportables en tant que femme bonne, propre et croyante. Les psychiatres bien intentionnés rencontraient un mur en tentant de lui faire accepter cela.

Cette femme refusait d'aller voir des psychiatres parce qu'ils étaient insultants. Son mari et sa fille nous l'avaient donc amenée. Le problème commençait à devenir sérieux parce qu'elle frappait des gens qui, croyait-elle, lui faisaient des propositions indécentes. Elle frappait et giflait des serveurs dans les restaurants et des passants dans la rue — et elle était un adversaire de taille ! Par conséquent, elle allait bientôt se faire interner. Nous nous sommes mis d'accord sur un objectif thérapeutique relativement restreint. La famille était pauvre et n'était pas intéressée par un changement génératif. Maman voulait simplement être à l'aise et le reste de la famille voulait simplement que Maman se porte bien.

Elle était manifestement déjà très dissociée. Dans ce cas-là, il s'agissait d'une dissociation de systèmes de représentation. Elle était dissociée à la fois de la kinesthésie de la rage et de sa représentation auditive. Nous avons profité de la dissociation et l'avons simplement élargie pour obtenir un état de conscience modifié. Nous avons alors directement fait appel à la partie d'elle qui savait ce qui se passait. Lors de la première session, nous nous sommes contenté de convaincre son inconscient de la véracité d'une logique fausse. Nous avons dit à son inconscient que, puisqu'il lui disait des choses importantes, il devait lui dire dans sa langue natale de sorte qu'elle comprenne *complètement*. Ce faisant, nous avons transposé en hollandais toutes les voix hallucinées. Ainsi, elle ne pouvait plus frapper qui que ce soit aux États-Unis parce qu'elle entendait des voix *hollandaises*, et elle savait que les gens autour d'elle ne parlaient qu'anglais. Cela la perturbait beaucoup mais c'était une bonne manière de l'empêcher de se mettre dans des situations où on pourrait l'arrêter ou l'enfermer.

Lorsqu'elle est revenue, nous avons à nouveau induit un état de conscience modifié et j'ai eu une « révélation ». Dieu s'est adressé à moi et je lui ai répété ce qu'il me disait. « Dieu a dit : 'C'est bien et juste et approprié que bla bla bla.' » Cette révélation lui a donné des instructions pour qu'elle déplace toutes les voix et qu'elle les mette dans ses rêves. Donc, chaque nuit, cette femme s'endormait et avait des rêves violents au cours desquels elle se vengeait de son mari qui l'avait trompée. La journée, tout allait bien. Nous avons mis en place des garde-fous pour que les rêves violents ne débordent pas dans ses comportements durant la nuit, puisqu'elle aurait pu réellement battre son mari.

C'est un exemple d'objectif thérapeutique extrêmement restreint. Cela fait cinq ans et demi que nous avons travaillé avec elle. Elle est aujourd'hui heureuse, de même que sa famille. Mais ce n'est pas une approche intégrée. Elle a toujours deux parties d'elle-même dissociées. En reprenant la métaphore de l'alcoolique, elle est encore capable de faire la tournée des bars.

HOMME : Vous voulez dire dans ses rêves ?

Oui, et il y a aussi la possibilité que ça déborde dans ses comportements éveillés. Mon idée est que si son mari a une nouvelle relation avec une autre femme, cela brisera toutes les barrières que nous avons mises en place pour séparer ses comportements. Vous pouvez toujours employer ce genre de dissociation pour séparer les comportements d'une personne, mais vous devez vous rendre compte des limitations à ne pas accomplir une intégration complète.

En guise de conclusion...

Vous devez pouvoir sélectionner et contextualiser un comportement de façon à pouvoir réagir différemment dans des situations différentes. La surcontextualisation résulte en une dissociation extrême et des comportements inflexibles et sévèrement limités. Une dissociation extrême peut fonctionner suffisamment bien dans des environnements limités et relativement stables, mais elle devient rapidement mal adaptée et inefficace face à des conditions changeantes.

La situation idéale est d'avoir une intégration complète de sorte que n'importe quel comportement est disponible dans n'importe quel contexte. L'objectif que nous avons pour vous et vos clients est que vous soyez capables de répondre à des conditions changeantes de façon générative et évolutive. Pour ce faire, il est utile d'intégrer complètement les dissociations afin que vous ayez toutes vos ressources disponibles n'importe quand et n'importe où.

Index

pca
cmb
édition pré-presse
livres numériques

44400 Rezé

901842 (I) OSB 90° PCA - API

JOUVE
1, rue du Docteur Sauvé, 53100 MAYENNE
Dépôt légal : janvier 2019 - N° 2811583E
Dépôt légal de la 1re édition : mai 1999

Imprimé en France